社会性
科学议题学习
——从理念到实践

林静 ◎ 主编

图书在版编目(CIP)数据

社会性科学议题学习:从理念到实践/林静主编. —合肥:安徽大学出版社,2022.4
ISBN 978-7-5664-2390-0

Ⅰ.①社… Ⅱ.①林… Ⅲ.①科学教育学－教案(教育)－中小学 Ⅳ.①G633.72

中国版本图书馆 CIP 数据核字(2022)第 015986 号

社会性科学议题学习——从理念到实践

Shehuixing Kexue Yiti Xuexi Cong Linian Dao Shijian

林 静 主编

出版发行:	北京师范大学出版集团 安 徽 大 学 出 版 社 (安徽省合肥市肥西路 3 号 邮编 230039) www.bnupg.com.cn www.ahupress.com.cn
印 刷:	合肥远东印务有限责任公司
经 销:	全国新华书店
开 本:	184mm×260mm
印 张:	16
字 数:	296 千字
版 次:	2022 年 4 月第 1 版
印 次:	2022 年 4 月第 1 次印刷
定 价:	40.00 元

ISBN 978-7-5664-2390-0

策划编辑:钟 蕾　　　　　　　　　　　　装帧设计:李 军
责任编辑:杨小雨 周疆丽　　　　　　　　美术编辑:李 军
责任校对:陈玉婷　　　　　　　　　　　　责任印制:赵明炎

版权所有　侵权必究

反盗版、侵权举报电话:0551—65106311
外埠邮购电话:0551—65107716
本书如有印装质量问题,请与印制管理部联系调换。
印制管理部电话:0551—65106311

前　言

以社会性科学议题学习促中小学校立德树人

我国自21世纪初开启基础教育改革以来,一直致力于如何将以知识为本的应试教育转向能力主旨的素质教育,进而又推进德育的渗透,提出"立德树人"这一教育根本目标。我国中小学校在深化素质教育的历程中,尚需要诸多的助力。例如,指向核心素养发展的教材、优质的教学资源、相匹配的评价方式等。但究其根本,学校需要有一支高素质的师资队伍,从而能践行五育并举的素质教育,通过高质量的教学,在减轻学生作业负担和校外培训负担的同时,促进学生德智体美劳全面发展,即能"提质""双减"地实施素质教育,培养优质的社会主义接班人。

由北京师范大学中国基础教育质量监测协同创新中心与美国北卡罗来纳大学教堂山分校联合发起的科学教育合作研究项目"社会性科学议题学习"（Socio-scientific Issues Learning,本书简称为"SSI-L"）,就是旨在帮扶学校贯彻立德树人根本目标,通过引领和帮助我国中小学教师设计和开展一系列面向青少年的社会性科学议题学习活动,促进学生科学素养与核心素养的整合性发展,由此助推立德树人示范学校与示范区域的形成。

社会性科学议题是指与科学、技术密切相关的复杂社会问题,如全球变暖、大气变化、流行性病毒感染、土地荒漠化、水污染等,与学生日常生活相联系,且由于具备复杂性、开放性、解决方案不易得等特点,为学生的学习提供了丰富有效的现实情境。已有研究显示,整合科学、技术、工程和社会的社会性科学议题学习情境不仅可充分调动学生的学习兴趣与动机,还能有效提升学生科学建模、科学论证、批判和质疑等科学实践能力,并且有效发展学生科学、伦理、道德、法制的意识与能力。因此,进行"社会性科学议题学习"是促进学生科学素养、核心素养发展的有效途径,是培养我国优质未来公民的有效举措。

SSI-L项目办公室设在北京师范大学中国基础教育质量监测协同创新中心科学提升部。项目办公室组织境内外专家成立专家咨询委员会、学科指导专家组,依托国家高端外专引智项目、国家自然科学基金项目以及北京师范大学教育基金项目等开展的遵循脑、数据驱动、技术增强的跨学科融合研究,以支持和服务于SSI-L项目基地校开展社会性科学议题学习的实践研究。

自2020年3月在线公开招募项目合作校并经专家评审后,目前我国首批60多所SSI-L项目基地校开展了一年多的SSI-L活动,形成了北京、浙江、山东和山西这四个区域基地,初具全国、地区与校本三级联动的跨学科合作研究模式。

实施社会性科学议题学习的终极目标是实现学生的发展,而研究重点则聚焦课堂、提升教师专业素养。各校的项目由校长领衔负责,项目方案服务于学校的办学思路,项目创设的专业支持重点在于帮扶教师,通过促进教师素养的提升来促进学生素养的提升。基地校与区域基地的主要任务是结合当地实际情况,以社会性科学议题学习为路径探索立德树人的校本模式与策略、区域模式与策略,并形成系列专题资源以应用推广。各校具体行动研究内容主要包括三大方面：①建立学校项目实施机制与教师合作研究团队；②结合本地与学校特色，设计和研发社会性科学议题学习活动；③实施活动并提交实证报告。

在专家咨询委员会的指导下，学科指导专家组为各基地校与区域基地提供五大方面的专业支持与帮助，包括：①教师研修，为基地校教师开展多种方式的专业研修活动，包括集中培训、不定期专题工作坊、境内外专业研讨会议等；②在线指导，组织专家团队设置专线，每周三晚上与基地校教师进行在线备课与研讨，以解决参与教师在具体实践中的各种疑难问题；③资源分享，不定期推送专题资源，以服务于基地校教师的研究设计与活动实施；④学术指导，结合基地校的活动推进，有针对性地指导基地校教师开展学术论文、研究报告的撰写；⑤宣传报道，对表现优秀的基地校和教师颁发优秀项目证书，并开展系列推广宣传报道活动。

在构建与实施社会性科学议题学习活动的过程中，项目团队还关注跨学科融合的学习情境创设、大概念引领下的主题设计、学生高阶思维的培养与评价、学生伦理道德的培养与评价、师生法治素养的提升与评价、教师科研能力的提升与评价等专题研究。

本书是项目团队对于一年多以来SSI-L项目实践的反思与总结。全书分为理念篇与实践篇两大部分。理念篇，主要是项目学科指导专家通过定期的在线集体备课活动，以及不定期的线上、线下各类观摩与研讨等活动，对于SSI-L的目标、设计、实施以及评价等方面的思考与初步总结；实践篇，主要是报告项目团队研发与实施的SSI-L活动案例，包括对一个议题的顶层设计、活动计划、实施方案以及学习材料等。

除了反思总结、整理出版本书,项目团队一年来的研究历程与探索足迹还发布于项目网站(http://aisl.bnu.edu.cn)与微信公众号(AISL科学素养提升),供大家批评指正、交流研讨与参考借鉴。请大家不吝赐教!

面对日新月异的科技发展以及深受新冠病毒困扰的当下时局,中小学校如何立德树人、发展学生富含高科技的核心素养,以达到未来与终身可持续发展的目标,是当前基础教育深化综合改革的重点和难点,是各地学校办学的根本目标与任务。希望本书对于素养导向的SSI-L项目反思性的阶段总结,能起到"抛砖引玉"的作用,也呼唤志同道合者,一起携手探索以社会性科学议题学习促教育立德树人的有效模式与策略,最终通过大家的群策群力,真干、实干,提升素质教育质量,落实"双减"政策,助推教育综合改革,培养优质人才。

林　静

2021年11月22日

目 录
MULU

理念篇

社会性科学议题的内涵与教育价值 ················· 林　静　张乐潼（3）
社会性科学议题学习的议题选择 ····························· 张　涛（12）
社会性科学议题学习中的"科学性"探讨 ····················· 彭梦华（26）
社会性科学议题学习的设计框架 ····························· 林　静（38）
社会性科学议题"水资源"校本课程的构建与实施 ············· 沙立国（48）
社会性科学议题学习的实施要点 ····························· 谭永平（53）
社会性科学议题学习评价的内涵与功能 ······················· 尚秀芬（61）
社会性科学议题学习的评价方式 ····························· 金京生（69）

实践篇

SSI-L 案例1　海草房（小学） ················· 山东省荣成市府新小学（91）
　活动1　介绍社会性科学议题：认识海草房 ························（96）
　活动2　了解海草房的现状 ····································（100）
　活动3　怎样修缮和保护海草房？ ······························（103）
　活动4　荣成市的海草房需要传承和保护吗？ ····················（108）

SSI-L 案例2　海洋塑料垃圾（小学） ············· 浙江省温州道尔顿小学（111）
　活动1　提出社会性科学议题：怎样制订一份"减少塑料，清洁海洋"的行动清单 ········
　　　···（118）
　活动2　介绍模拟联合国 ······································（121）
　活动3　制订项目行动计划 ····································（124）
　活动4　认识塑料 ··（127）
　活动5　了解塑料垃圾的处理 ··································（131）
　活动6　建模：海洋生态塑料污染模型（一） ····················（134）
　活动7　建模：海洋生态塑料污染模型（二） ····················（137）

活动 8　撰写行动清单 …………………………………………………………（141）
　　活动 9　呈现：召开模拟联合国大会 …………………………………………（145）
　　活动 10　提交清单，实践行动 ………………………………………………（151）
SSI-L 案例 3　潮汐能发电（初中）………………………山东省威海世昌中学（155）
　　活动 1　威海发电方式调研 ……………………………………………………（160）
　　活动 2　威海发电方式的比较 …………………………………………………（163）
　　活动 3　国内外潮汐能发电现状的调查 ………………………………………（167）
　　活动 4　国内外潮汐能发电政策 ………………………………………………（169）
　　活动 5　潮汐能发电的原理和建模 ……………………………………………（171）
　　活动 6　潮汐能发电对威海自然环境的影响 …………………………………（173）
　　活动 7　潮汐能发电对威海渔业生产的影响 …………………………………（176）
　　活动 8　潮汐能发电的成本和效益核算 ………………………………………（178）
　　活动 9　关于潮汐能发电给政府的建议 ………………………………………（180）
SSI-L 案例 4　水体富营养化（初中）……………………浙江省杭州市三墩中学（182）
　　活动 1　提出社会性科学议题 …………………………………………………（189）
　　活动 2　介绍建模 ………………………………………………………………（192）
　　活动 3　水体富营养化的成因与防控方式 ……………………………………（194）
　　活动 4　水生植物对水体富营养化的防控作用 ………………………………（197）
　　活动 5　利用水生动物防控水体富营养化 ……………………………………（201）
　　活动 6　利用微生物防控水体富营养化 ………………………………………（204）
　　活动 7　水体富营养化防控模型 ………………………………………………（207）
　　活动 8　SSI-L 的自我表现性评价 ……………………………………………（210）
SSI-L 案例 5　汽车动力类型选择（高中）………………北师师范大学 SSI-L 项目办（213）
　　活动 1　汽车动力类型选择之争 ………………………………………………（218）
　　活动 2　燃油汽车与电动汽车是如何工作的 …………………………………（222）
　　活动 3　燃油汽车与电动汽车对环境有何影响（一）…………………………（225）
　　活动 4　燃油汽车与电动汽车对环境有何影响（二）…………………………（228）
　　活动 5　燃油汽车与电动汽车市场的发展现状及前景预测 …………………（231）
　　活动 6　汽车动力类型选择模型 ………………………………………………（236）

后记 …………………………………………………………………………………（241）

理念篇

社会性科学议题的内涵与教育价值

林 静　张乐潼

北京师范大学中国基础教育质量监测协同创新中心

如何在学校教育与现实社会之间建立有机联系，一直是教育的一个瓶颈问题。20世纪70年代末，科学教育界倡议的STS教育，就是要求科学教育构建一个融合科学（Science）、技术（Technology）和社会（Society）的真实教学情境，以促使作为世界未来公民的中小学生关注科技发展导致的生态失衡、环境污染、能源枯竭等一系列问题，从而正确认识科学、技术与社会之间的关系，形成可持续发展的观念[1]。然而，由于缺乏具体教学框架与教学策略，STS教育更多地停留在科学教育理念层面，未能很好地付诸实践[2][3]。而后继发展形成的基于社会性科学议题（Socio-scientific Issues，缩写为"SSI"）的教育，因注重围绕SSI构建有效的建模、推理与论证等科学实践活动，让学生在讨论与决策议题解决方案的过程中提升科学认知与伦理道德水平，从而促进了学生科学素养的整合性发展[4][5][6]。因此，当今许多国家在科学课程标准中都倡议将SSI作为促进学生科学素养整合性提升的重要路径之一。

---

[1] Yager, R. E. *Science/Technology/Society as Reform in Science Education*[M]. Albany, NY: State University of New York Press, 1996.

[2] Shamos, M. H. *The Myth of Scientific Literacy*[M]. New Brunswick, New Jersey: Rutgers University Press, 1996.

[3] Zeidler, D. L., Sadler, T. D., Simmons, M. L. & Howes, E. V. Beyond STS: A Research-based Framework for Socioscientific Issues Education[J]. *Science Education*, 2005, 89(3): 357-377.

[4] Zangori, L., Foulk, J., Sadler, T. D. & Peel, A. Exploring Elementary Teachers' Perceptions and Characterizations of Model-oriented Issue-based Teaching[J]. *Journal of Science Teacher Education*, 2018, 29(7): 555-577.

[5] Peel, A., Zangori, L., Friedrichsen, P., Hayes, E. & Sadler, T. D. Students' Model-based Explanations about Natural Selection and Antibiotic Resistance Through Socio-scientific Issues-based Learning[J]. *International Journal of Science Education*, 2019, 41(4): 510-532.

[6] Sadler, T. D., Foulk, J. A. & Friedrichsen, P. J. Evolution of a Model for Socio-scientific Issue Teaching and Learning[J]. *International Journal of Education in Mathematics, Science and Technology*, 2017, 5(2): 75-87.

一、社会性科学议题的定义与特征

社会性科学议题(SSI)是指与科技相关的社会问题[1]。例如,生态失衡、环境污染、能源枯竭等一系列问题,都是复杂、开放且充满争议的问题[2]。进一步而言,社会学科学议题是开放性的、结构不良的问题,需要基于科学证据的推理(科学循证推理,scientific evidence-based reasoning)来决策如何解决问题;社会性科学议题是具有社会影响的科技话题,需要多方进行对话、讨论、辩论与论证等协商交流;社会性科学议题具有隐性和显性的道德成分,需要一定程度的道德推理。另外,促进美德与优良品质的发展是社会性科学议题相关活动的长期目标。

社会性科学议题具有集社会性、科学性、开放性与伦理性于一体的特征。首先,社会性科学议题属于社会议题,如全球变暖、雾霾、流行病等,与社会经济、政治、文化、伦理道德等因素相关,具有社会影响,往往受到广泛关注。其次,社会性科学议题的产生与解决与科学知识、原理和技术息息相关,具有科学性。社会性科学议题的研究与决策,不仅需要运用相关的科技知识,还需要具备具体的科学思维与实践能力,如非形式推理、建模与论证、探究与交流等[3]。再次,正如全球变暖、转基因食品等议题一样,往往都是结构不良、无固定答案的问题,不能使用算法式的步骤解决问题[4],存在多种合理的解决方案,具有开放性。另外,社会性科学议题涉及个人态度与价值取向。例如,是否支持克隆技术这一议题,便具有伦理性。不同立场的群体在商榷与决策社会性科学议题的过程中,往往会提出不同的观点与方案,导致两难局面的产生[5]。即使是领域专家,也常常在社会性科学议题讨论中产生矛盾[6],需要价值判断和道德推理[7]。

---

[1] Sadler, T. D. Informal Reasoning Regarding Socioscientific Issues: A Critical Review of Research[J]. *Journal of Research in Science Teaching*, 2004, 41(5):513-536.

[2] Sadler, T. D. Situated Learning in Science Education: Socio-scientific Issues as Contexts for Practice[J]. *Studies in Science Education*, 2009, 45(1):1-42.

[3] Bingle, W. H. & Gaskell, P. J. Scientific Literacy for Decisionmaking and the Social Construction of Scientific Knowledge[J]. *Science Education*, 1994, 78(2):185-201.

[4] Kolstø, S. D. Scientific Literacy for Citizenship: Tools for Dealing with the Science Dimension of Controversial Socioscientific Issues[J]. *Science Education*, 2001, 85(3):291-310.

[5] Sadler, T. D., Romine, W. L. & Topcu, M. S. Learning Science Content Through Socio-scientific Issues-based Instruction: A Multi-level Assessment Study[J]. *International Journal of Science Education*, 2016, 38(10):1622-1635.

[6] Thomm, E., Barzilai, S. & Bromme, R. Why Do Experts Disagree? The Role of Conflict Topics and Epistemic Perspectives in Conflict Explanations[J]. *Learning and Instruction*, 2017, 52:15-26.

[7] Zeidler, D. L., Walker, K. A., Ackett, W. A. & Simmons, M. L. Tangled Up in Views: Beliefs in the Nature of Science and Responses to Socioscientific Dilemmas[J]. *Science Education*, 2002, 86(3):343-367.

二、社会性科学议题的类型与示例

如今科技已经渗透到人类社会生产生活的方方面面,备受关注的社会性科学议题涉及面也非常广泛。美国科学教育家拜比提议从以下 5 个方面来归类 SSI 类型,分别是有关健康与疾病、自然资源、环境质量、自然灾害以及科技发展前沿等方面的议题(见表1)[①]。从个体层面,或从一个地区或国家范围来看,乃至从全球范围来看,这 5 个方面的议题可再被划分出 3 个层次的具体议题。例如,"健康与疾病"议题,从个体层面,可以讨论如何保持健康、如何合理膳食以及如何处理突发事件等议题;从一个地区或国家范围来看,可以讨论如何控制地区疾病、如何保持社区居民身体健康等议题;从全球范围来看,可以讨论如何防控流行病、传染病的传播等议题。

表1 常见的社会性科学议题

问题情境	个体	地区/国家	全球
健康与疾病	保持健康合理膳食,处理突发事件	控制疾病,选择食物,保持社区居民身体健康	防控流行病、传染病的传播
自然资源	物质和能量的个体消耗	控制人口,生活质量,安全,食品的生成和运输,能量供应	可再生的和不可再生的自然资源,人口增长,资源的可持续利用
环境质量	环保行为,物质的使用和处理	人口分布,废物处理,环境影响	生物多样性,生态稳定,控制污染,土壤的形成与流失
自然灾害	生活方式的风险评估	急剧变化(地震、恶劣气候),缓慢变化(海岸侵蚀、沉积),风险评估	气候变化,现代通讯的影响
科技发展前沿	科学爱好,个人技术、音乐和体育活动	新型材料,设施和过程,基因改造,健康科技,运输	物种灭绝,太空探索,宇宙的起源和结构

有研究者从 SSI 的教学实践出发,梳理了被广泛使用的议题(见表2)[②]。由此可见,健康与疾病、自然资源等议题是最为普遍应用于教学的社会性科学议题。

[①] Bybee, R. W. The Next Generation of Science Standards: Implications for Biology Education[J]. *The American Biology Teacher*, 2012, 74(8): 542-549.

[②] Sadler, T. D. Situated Learning in Science Education: Socio-scientific Issues as Contexts for Practice[J]. *Studies in Science Education*, 2009, 45(1): 1-42.

表 2　应用于教学实践的社会性科学议题

SSI	类型/层面	研究者	学习者
手机使用对健康的影响	健康/个体	Albe(2008)	12 名 11 年级学生
水质和水污染	自然资源/地区/国家/全球	Barab 等(2007)	27 名 4 年级学生
当地水质监测	自然资源/地区	Bulte 等(2006)	3 个 10 年级班级
生物科技	科学发展前沿/全球	Dori 等(2003)	200 名 10～12 年级学生
人体解剖学和生理学相关议题	健康/个体	Fowler 等(2009)	118 名 11～12 年级学生
生物多样性的保护	自然资源/地区/国家/全球	Grace(2009)	131 名 15～16 岁学生
水质管理	自然资源/地区/国家/全球	Hogan(2002)	14 名 10～12 年级学生
全球变暖	环境质量/全球	Khishfe 与 Lederman(2006)	42 名 9 年级学生
固体废弃物的回收利用	环境质量/个体/地区/国家	Kortland(1996)	35 名 13～14 岁学生
矿产开发	自然资源/地区/国家/全球	Pedretti(1999)	27 名 5～6 年级学生
本地水资源短缺和污染	环境质量/地区	Roth 与 Lee(2004)	3 个 7 年级班级
疟疾	疾病/个体/地区/国家/全球	Tal 与 Hochberg(2003)	139 名 9 年级学生
海洋农业及相关环境问题	自然资源/地区/国家/全球	Tal 与 Kedmi(2006)	128 名 10～11 年级学生
转基因食品	健康/个体/地区/国家/全球	Walker 与 Zeidler(2007)	36 名 9～12 年级学生
人类基因	健康/科技发展前沿/全球	Zohar 与 Netmet(2002)	186 名 9 年级学生

　　我国学者使用德尔菲法，对国内高校和科研机构不同学科背景的 33 名专家进行了 3 轮问卷调查，进一步提出了当今科学课程应该关注的 30 个议题（见表 3）[1]。在具体实践中，教师可以分别从学生个体、当地或全球的视角拟定具体议题，并设计社会性科学议题教学活动，供学生研究与探讨。

---

　　[1]　Yanlan Wan & Hualin Bi. What Major "Socio-scientific Topics" Should the Science Curriculum Focused on? A Delphi Study of the Expert Community in China[J]. *International Journal of Science and Mathematics Education*，2020，18：61-77.

表 3　被提议的社会性科学议题

类型	社会性科学议题
环境问题	水污染,土壤污染,全球变暖,酸雨,陆地垃圾和太空垃圾,臭氧层空洞,海洋酸化
安全与健康	食品安全,防控传染病,化学品的储存和使用,远离毒品,克服不良的生活习惯,抗菌药物的合理使用,电磁辐射和人类健康,核能的使用及预防核污染,人造器官和新型药物的开发
资源与能源	清洁能源的开发与使用,不可再生资源的枯竭及其高效开采,太阳能的应用,全球淡水短缺和海水淡化,工业废物和生活垃圾的回收利用,海洋与太空资源的开发与应用
生态系统	生物多样性丧失,热带雨林和湿地的破坏
生物技术	转基因作物的利弊,克隆的伦理问题,基因诊断与基因治疗
新型材料	纳米材料和纳米技术,高分子材料,光电转换材料,超导材料

三、社会性科学议题的教育价值

把社会性科学议题引入科学课堂,一方面可以构建与学生实际生活密切相关的真实情境,激发学生的学习兴趣,并让学生将所学应用于真实社会问题决策,有助于学生深度学习、理解概念,萌发社会参与与责任意识;另一方面,对议题的多方对话、辩论与论证等协商交流过程,可以锻炼学生科学论证、科学推理以及道德推理等能力,有助于学生科学思维与实践能力、科学情感态度价值观与伦理道德品质等的发展。因此,基于社会性科学议题的教学被认为是发展学生终身受用的"功能性"(functional)科学素养[1],是破解当前知识、能力、情感态度价值观割裂的、"静止的"科学素养教育的重要途径。

针对我国当前深化教育综合改革、贯彻立德树人根本目标的现状与困境,我国中小学校开展社会性科学议题教育应该着重彰显以下 4 个方面的教育价值。

（一）伦理道德教育

生态失衡、环境污染、能源枯竭等一系列问题,促使人们认识到科技的发展需要伦理道德和价值观的指引,而伦理道德教育一直是社会性科学议题教育的重要目标。有学者认为,在本质上,社会性科学议题学习是为了解决伦理道德方面的问题[2][3]。进一步说,学生在社会性科学议题学习过程中需要不断地反思自己的价值取向,并换位思考,从多角度分析问

---

[1] Zeidler, D. L., Sadler, T. D., Simmons, M. L. & Howes, E. V. Beyond STS: A Research-based Framework for Socioscientific Issues Education[J]. *Science Education*, 2005, 89(3):357-377.

[2] Sadler, T. D. & Donnelly, L. A. Socioscientific Argumentation: The Effects of Content Knowledge and Morality[J]. *International Journal of Science Education*, 2006, 28(12):1463-1488.

[3] Bell, R. L. & Lederman, N. G. Understandings of the Nature of Science and Decision Making on Science and Technology Based Issues[J]. *Science Education*, 2003, 87(3):352-377.

题,发展同理心,进行道德推理,实际上就是伦理道德的培养过程。有研究者采用准实验方法[1],在高中生物学课程中引入社会性科学议题来组织教学,研究其对学生道德敏感性的影响。授课一学年后,研究发现,相比于没有接受社会性科学议题学习的学生,接受社会性科学议题学习的学生道德敏感性得到较好的发展。

我国教育的宗旨是培养德智体美劳全面发展的人,德的培育在立德树人这一教育根本任务中处于首位。中小学校应结合自身办学理念,从区域特色和社会热点中寻找并挖掘贴近学生生活且富有时代气息的社会性科学议题,把育人目标放在首要位置,在活动设计上不仅要让学生经历开放性问题的探索过程,更要让学生经历伦理道德与文化价值观等方面的冲突与碰撞过程,破除现在教育被诟病的培养出精致的利己主义者这一现象,使学生在发展科学思维与实践能力的同时,形成科学、正确的价值观与人生观。

(二)科学思维与实践能力培养

社会性科学议题的复杂和开放使它成为学生锻炼非形式推理的绝佳情境[2][3]。大量研究表明,相比于传统教学,在社会性科学议题学习过程中,学生的多种科学思维与实践能力,如理性思维[4]、对科学本质的理解[5]、创造力[6]、反思性判断能力[7]、论证能力[7][8]等,得到了显著提升。例如,研究者开发了社会性科学议题教学单元,支持 10 年级学生理解碳循环、气候变化及二者之间的相互关系[9]。在 2 周的课程中,学生开发、使用、评价和完善自己的碳循环模型,并将其作为意义建构工具,用于研究相应的社会性科学议题。研究结果表明,学生的

---

[1] Fowler, S. R., Zeidler, D. L. & Sadler, T. D. Moral Sensitivity in the Context of Socioscientific Issues in High School Science Students[J]. *International Journal of Science Education*, 2009, 31(2):279 – 296.

[2] Kuhn, D. Science as Argument: Implications for Teaching and Learning Scientific Thinking[J]. *Science Education*, 1993, 77(3):319 – 337.

[3] Sadler, T. D. Informal Reasoning Regarding Socioscientific Issues: A Critical Review of Research[J]. *Journal of Research in Science Teaching*, 2004, 41(5):513 – 536.

[4] Sadler, T. D. Situated Learning in Science Education: Socio-scientific Issues as Contexts for Practice[J]. *Studies in Science Education*, 2009, 45(1):1 – 42.

[5] Zeidler, D. L. *The Role of Moral Reasoning on Socioscientific Issues and Discourse in Science Education*[M]. Dordrecht, The Netherlands: Kluwer, 2003.

[6] Lee, M. & Erdogan, I. The Effect of Science-Technology-Society Teaching on Students' Attitudes Toward Science and Certain Aspects of Creativity[J]. *International Journal of Science Education*, 2007, 29(11):1315 – 1327.

[7] Zeidler, D. L., Sadler, T. D., Applebaum, S. & Callahan, B. E. Advancing Reflective Judgment Through Socioscientific Issues[J]. *Journal of Research in Science Teaching*, 2009, 46(1):74 – 101.

[8] Dori, Y. J., Tal, R. & Tsaushu, M. Teaching Biotechnology Through Case Studies: Can We Improve Higher Order Thinking Skills of Nonscience Majors? [J]. *Science Education*, 2003, 87(6):767 – 793.

[9] Zangori, L., Foulk, J., Sadler, T. D. & Peel, A. Exploring Elementary Teachers' Perceptions and Characterizations of Model-oriented Issue-based Teaching[J]. *Journal of Science Teacher Education*, 2018, 29(7):555 – 577.

建模与推理能力都得到了较好的发展。

我国根据教育部印发的《国家义务教育质量监测方案》实施了2017年科学教育质量监测,其结果显示,学生动手实验、实践调查的机会较少,综合应用能力薄弱,急需提升创新与综合实践能力①。中小学校宜针对非形式推理、科学建模、科学论证等科学思维与实践活动来设计SSI教学活动,让学生有充分的质疑、批判、推理、论证等高阶思维活动过程,并有动手动脑的建模活动,以有效提升学生的科学思维与实践能力。

(三)跨学科融合学习

复杂、开放的社会性科学议题学习可以打破学科之间的壁垒,便于创设多学科融合的真实情境,以培养学生高阶思维与核心素养。教师可将星形图(如图1所示)作为一种教学工具,多角度地系统思考和组织定位社会性科学议题的教学目标与内容。如图1所示,星形图中不同的角可对应不同的目标与内容,如科学、道德、经济、政治、文化等。对于不同的议题,其对应的角的数量也可不固定。例如,关于新冠肺炎的防疫,可以研讨"科学"方面的疫苗研制和消毒用品的使用等、"政治"方面的各国防疫措施的制定与实施等、"道德"方面的个人防疫与互助等。

图1 社会性科学议题教学星形图

中小学校在实施社会性科学议题教学时,应组建跨学科的教师团队,使得多学科教师能够合作商议一个议题的星形图结构。设计议题星形图的过程就是顶层设计社会性科学议题活动框架的过程,非常重要,也比较费时。星形图中各个角的教育立意、教学目标与内容,既应基于各学科国家课程标准的目标与内容而发散,又应围绕议题使各个角之间有内在的逻辑联系。同时,星形图中各个方面的目标与内容应符合学习这个议题的学生的认知与情感发展水平。唯有合理确立一个议题的跨学科融合学习框架,社会性科学议题学习才能彰显其促进学生德智体美劳全面发展的独特价值。

(四)核心素养发展

社会性科学议题学习应是促进学生核心素养发展的优质途径,具体举例如下。

1. 人文情怀

社会性科学议题学习要求学生利用所学的科学知识对影响其生活的科学议题进行决策和辩论。目前典型的社会性科学议题均是在整个社会范围内造成影响的重要问题,与人类的生存、发展和幸福息息相关,而学生在社会性科学议题学习的过程中,对社会议题的兴趣往往得

---

① 教育部基础教育质量监测中心. 中国义务教育质量监测报告[R]. (2018-07-24). http://www.moe.gov.cn/jyb_xwfb/gzdt_gzdt/s5987/201807/t20180724_343663.html.

到了提升。因此,在学生持有立场并基于此问题进行辩护和争论时,其人文情怀得以彰显。

2. 理性思维

目前的研究表明,学生对科学本质的理解显著地影响了他们在遇到社会性科学议题时的决策行为,学习者作出决策时,他们会对"科学说服力"和"科学证据"加以区分[①]。同样,Tytler等人针对公众在面对社会性科学议题时的证据使用进行了研究,发现人们更倾向于使用经验证据而非物质证据[②],而社会性科学议题学习更多地提升了学生利用科学证据而非经验证据来作出决策的能力[③]。这表明社会性科学议题学习可以提升学生对事实和科学证据的重视程度。

3. 批判质疑

在社会性科学议题学习中,学生最终被要求作出选择和决定。Sadler(2009)提到一位学生在对社会性科学议题进行实验研究后,发展出了新的看待科学问题的视角。这与所有科学教育相类似,学生往往在学习后能够更加全面地看待问题。此外,大量的实证研究表明,学生在社会性科学议题学习之后,其论证能力得到了提升[④][⑤][⑥]。

4. 勇于探究与创造性

Yager等人的实证研究表明,相比于对照班,干预班的学生表现出了更好的创造力[⑦]。Lee和Erdogan(2007)的实证研究也得出了类似的结论[⑧]。因此,我们可以认为,社会性科学议题学习有利于学生创造力的提升与发展。同时,由于社会性科学议题本身需要学生寻求解决方案,其解决问题的能力也会在学习过程中得到提升。

5. 乐学善学

对于各个学段各学科(包括生物学、化学、地理等)的大量研究表明,在经过社会性科学

---

① Zeidler, D. L. *The Role of Moral Reasoning on Socioscientific Issues and Discourse in Science Education*[M]. Dordrecht, The Netherlands: Kluwer, 2003.

② Tytler, R. Socio-scientific Issues, Sustainability and Science Education[J]. *Research in Science Education*, 2012, 42:155-163.

③ Sadler, T. D. Situated Learning in Science Education: Socio-scientific Issues as Contexts for Practice[J]. *Studies in Science Education*, 2009, 45(1):1-42.

④ Zohar, A. & Nemet, F. Fostering Students' Knowledge and Argumentation Skills Through Dilemmas in Human Genetics[J]. *Journal of Research in Science Teaching*, 2002, 39(1):35-62.

⑤ Tal, T. & Kedmi, Y. Teaching Socio-scientific Issues: Classroom Culture and Students' Performances[J]. *Cultural Studies in Science*, 2006, 1:615-644.

⑥ Pedretti, E. Decision Making and STS Education: Exploring Scientific Knowledge and Social Responsibility in Schools and Science Centers Through an Issues-based Approach[J]. *School Science and Mathematics*, 1999, 99:174-181.

⑦ Yager, S. O., Lim, G. & Yager, R. The Advantages of an STS Approach Over a Typical Textbook Dominated Approach in Middle School Science[J]. *School Science and Mathematics*, 2006, 106:248-260.

⑧ Lee, M.-K. & Erdogan, I. The Effect of Science-Technology-Society Teaching on Dtudents' Attitudes toward Science and Certain Aspects of Creativity[J]. *International Journal of Science Education*, 2007, 29(11):1315-1327.

议题学习之后,学生在科学相关内容方面的学习动机和兴趣均得到了较大的提升[①②③]。但是,目前社会性科学议题学习中学生的动机提升都是只针对科学相关内容进行评价的。

6. 信息意识

反思性判断是一种试图抓住认识论发展过程的思想,反映了个体对知识合理性的看法[④]。换言之,具有反思性判断思维的个体会对接收到的信息进行评估和鉴别,以判断其合理性。Zeidler 等人通过典型反思性判断面试评估了学生在研究 SSI 前后的能力,验证了社会性科学议题学习能够提升学生的反思性判断能力[⑤]。

7. 社会责任

在 Bell 与 Lederman 针对博士生的研究中,多数被试强调了在进行社会性科学议题决策时道德的重要性,甚至超过了科学本质[⑥]。Sadler 等人也认为,仅凭科学知识无法制定解决方案,解决方案必然受到道德、政治、社会等问题的影响[⑦]。Lee 等人将社会性科学议题学习融入了 STEM 课堂中,并认为这种融合能够提升学生在学习科学时的社会责任感[⑧]。

8. 国际理解

在 Sadler(2009)所总结的社会性科学议题学习研究中,绝大部分 SSI 都并不局限于某国之内,而是全球性的[⑨],是整个人类所面临的挑战(如全球变暖、转基因食品、抗生素耐药性等)。在社会性科学议题学习中,学生常常跳脱出固有的文化背景,而以国际视野看待问题。

---

① Albe, V. When Scientific Knowledge, Daily Life Experience, Epistemological and Social Considerations Intersect: Students' Argumentation in Group Discussion on a Socio-scientific Issue[J]. *Research in Science Education*, 2008, 38:67 – 90.

② Dori, Y. J., Tal, R. & Tsaushu, M. Teaching Biotechnology Through Case Studies—Can We Improve Higher Order Thinking Skills of Nonscience Majors? [J]. *Science Education*, 2003, 87(6):767 – 793.

③ Barab, S. A., Sadler, T. D., Heiselt, C., Hickey, D. & Zuiker, S. Relating Narrative, Inquiry and Inscriptions: Supporting Consequential Play[J]. *Journal of Science Education and Technology*, 2007, 16:59 – 82.

④ King, P. M. & Kitchener, K. S. *Developing Reflective Judgment: Understanding and Promoting Intellectual Growth and Critical Thinking in Adolescents and Adults*[M]. San Francisco: Jossey-Bass, 1994.

⑤ Zeidler, D. L., Sadler, T. D., Applebaum, S. & Callahan, B. E. Advancing Reflective Judgment Through Socioscientific Issues[J]. *Journal of Research in Science Teaching*, 2009, 46(1):74 – 101.

⑥ Bell, R. L. & Lederman, N. G. Understandings of the Nature of Science and Decision Making on Science and Technology Based Issues[J]. *Science Education*, 2009, 87(3):352 – 377.

⑦ Sadler, T. D., Foulk, J. A. & Friedrichsen, P. J. Evolution of a Model for Socio-scientific Issue Teaching and Learning[J]. *International Journal of Education in Mathematics, Science and Technology*, 2017, 5(2):75 – 87.

⑧ Lee, H., Yoo, J., Choi, K., Kim, S., et al. Socioscientific Issues as a Vehicle for Promoting Character and Values for Global Citizens[J]. *International Journal of Science Education*, 2013, 25(12):1 – 35.

⑨ Sadler, T. D. Situated Learning in Science Education: Socio-scientific Issues as Contexts for Practice[J]. *Studies in Science Education*, 2009, 45(1):1 – 42.

社会性科学议题学习的议题选择

张 涛

山东省威海市教育教学研究中心

社会性科学议题学习始于议题选择。议题选择是社会性科学议题教学实施的第一步，是议题研究的起点。从某种意义上说，选择和确立议题比解决议题、作出决策的难度更大。选择和确立议题是一个初步明确研究方向、研究目的、研究内容、研究方法和步骤的过程，议题选择得恰当与否，直接关系到社会性科学议题研究的成败。如果选题不当，就会偏离学习目标，影响学习效果，或事倍功半，或南辕北辙、劳而无功。因此，如何选择议题是组织开展社会性科学议题学习面临的首要问题。

一、社会性科学议题学习的选题定位

要做好社会性科学议题的选题工作，需要先明确社会性科学议题选题的定位，定好位才有可能选好题。社会性科学议题选题的定位，主要是要明确社会性科学议题的内涵和特点，并把握好社会性科学议题学习与其他开放性学习方式的区别。自21世纪初我国进行基础教育课程改革以来，引进了众多形式的开放性学习方式，如研究性学习、项目式学习、STEM、科学技术与社会（STS）等，这些学习方式各有其特点。在进行社会性科学议题选题时，需明晰这些开放性学习方式的特点，以便选题时与它们区别开来。

（一）社会性科学议题

社会性科学议题是指与科技相关的社会问题，如生态失衡、环境污染、能源枯竭等一系列问题，都是复杂、开放且充满争议的问题。社会性科学议题具有集社会性、科学性、开放性与伦理性于一体的特征[①]。

以"潮汐能发电"议题为例，这个议题在社会性上涉及政策、经济、安全等方面的因素，在科学性上涉及潮汐能发电的原理、潮汐能发电站选址的依据、潮汐能发电站对海洋生物造成的影响等方面，在伦理性上涉及渔民等不同行业的人群对此的不同利益诉求，在开放性上属于结构不良、没有固定答案、决策两难的问题。社会性科学议题的这些特征是我们选题的基本依据，选题时要充分考虑拟选议题是否具有这些特征，只有具有上述全部特征的议题才是好的议题。

---

① 林静，张乐潼.社会性科学议题的内涵与教育价值[J].中国科技教育，2020，9：8-12.

(二)研究性学习

研究性学习是我国课程计划中综合实践活动板块中的一项内容,是指学生在教师的指导下,从学习生活和社会生活中选择和确定研究专题,主动地获取知识、应用知识、解决问题的活动(如废旧轮胎的回收和利用研究、威海市旅游资源的开发和利用研究等)。研究性学习是以科学研究为主要内容,以研究为主要学习方式,与传统的接受性学习相对的课题研究活动。研究性学习所要达到的目标在于:让学生亲历知识产生与形成的过程,使学生学会独立运用科学研究的方法。研究性学习追求知识发现、方法习得与态度形成的有机结合与高度统一。

由此可见,研究性学习更侧重于科学研究,不具有社会性、伦理性和结论的开放性。研究性学习所谓的开放性,是指研究时间、研究空间、研究过程、研究方法等方面的开放,其研究结果并不开放,所研究的问题要得出确定的结论。社会性科学议题的选题则要避免选择那些只涉及自然或社会科学层面、具有确定答案的问题,从而与研究性学习区别开来。

(三)项目式学习

项目式学习是一种以学生为中心的教学方法,需要教师提供一些关键素材构建学习环境,学生组建团队,通过在此环境中解决一个开放性问题来进行学习,如策划并组织一场毕业晚会、制定某小区停车问题的解决方案、制作一个手电筒等。项目式学习过程并不关注通过一个既定的方法来解决问题,而是强调学生在解决问题的过程中发展出来的技巧和能力,包括如何获取知识、如何计划项目、如何控制项目的实施、如何加强小组沟通与合作等。项目式学习的目标是通过与现实相结合的实践方式,使学生更有效地掌握学科知识,提高学生思考和解决实际问题的能力,并在此过程中培养学生的社会情感技能。

由上述可见,项目式学习更侧重于解决问题和完成任务,在社会性和伦理性方面基本没有要求。项目式学习的开放性主要体现在过程方面,在结果上虽然也具有一定的开放性,比如制作的手电筒可以有外形上的差异,但总体来说开放性十分有限。社会性科学议题牵涉层面广泛,议题内容不仅与生活息息相关,而且其涵盖的内容除科学和技术外,还可扩大到伦理、道德、法律、政治、经济等社会层面——有人与自然方面,如人的生存与物种的消失;有个体与社会方面,如女性生育权利与国家人口负担;有现在与未来方面,如当下经济的发展与未来资源的枯竭等。相比于项目式学习,社会性科学议题涉及面更广,并且没有确定答案,这意味着不同立场者对于问题的解决可能会有不同的方法、理由和主张。

(四)STEM

STEM 是科学(Science)、技术(Technology)、工程(Engineering)、数学(Mathematics)四门学科英文首字母的缩写。在 STEM 课程中,科学在于认识世界、解释自然界的客观规律;技术和工程是在尊重自然规律的基础上改造世界,解决社会发展过程中遇到的难题;数学则作为技术与工程学科的基础工具而存在。STEM 课程从四个方面加强对学生的教育:

一是科学素养,即运用科学知识(包括物理、化学、生物科学和地球空间科学)理解自然界并参与影响自然界的过程;二是技术素养,即使用、管理、理解和评价技术的能力;三是工程素养,即对技术工程设计与开发过程的理解;四是数学素养,即学生发现、表达、解释和解决多种情境下出现的数学问题的能力。

STEM本质上是项目式学习的一种形式,只不过它是以工程和技术作为核心的,因此,STEM更侧重于完成一项工程。社会性科学议题的选题则要避免把那些为完成某一工程任务的STEM项目作为选题。例如,若以古城为研究议题,社会性科学议题的选择要着眼于古城保护与生活便利之间的矛盾冲突,而不是仅仅制作一个古城模型。

(五)科学技术与社会(STS)

科学技术与社会是一门以科学技术与社会的相互关系为研究对象的学科。它随着现代科学技术和社会的迅速发展而诞生,是人类对自身生存条件进行深刻反思的产物。第二次世界大战后,科学技术日益渗透到人们生活的各个角落,同时引发了诸如人口增长、核战争、环境污染、生态危机、能源短缺等一系列新的重大难题,使科学技术的统一性出现了严重的分离,人们不得不进一步思考科学技术与社会的关系问题。科学技术作为人的一类社会活动,和其他类型的社会活动,如经济活动、政治活动、军事活动、教育活动、思想文化活动等,存在着紧密的互动关系。科学技术与社会的互动,从总体上看是一种双向作用:一方面,科学技术能对其他社会活动产生影响,称为科学技术的社会功能;另一方面,其他社会活动对科学技术存在制约作用,这类作用构成科学技术发展的社会条件。科学技术与社会既从哲学、历史和社会学的角度考察科学技术,又从科学技术的角度研究社会,涉及科学与技术、科学与人文社会科学之间的联系,体现了这些领域之间的相互渗透与交叉。它探讨和揭示了科学、技术和社会三者之间的复杂关系,研究科学技术对社会产生的正负效应,其目的是要改变科学和技术分离、科学技术和社会脱节的状态,使科学技术更好地造福人类。

相比于其他开放性学习方式,科学技术与社会最接近社会性科学议题,或者说社会性科学议题是对科学技术与社会的深化和超越。科学技术与社会教育通过让学生置身问题情境,设身处地地思考科技运用对个体和社会所造成的冲击,从与他人的互动中重建概念与知识。然而,传统的科学技术与社会教育只指出道德的两难或争议,却不要求学生利用诸如对话、推理论证、科学本质的思考等方式去讨论这些争议,这导致科学技术与社会教育对于道德和价值等层面的探讨并不深入,使得科学技术与社会教育在涉及认识论基础、学生的情感、道德、伦理发展等方面时明显地失去了作用。正如富格尔(L. Fuglsang)所指出的:"STS课程涉及诸如政治、权力和方法等许多既有区别也存在重合及交叉的方面,对它而言,最大的挑战在于为所涉及的各个方面寻求一种适切的融合方式,它要求一个更为成熟的、能够将各部分内容加以整合的结构。"[①]

正是因为传统的科学技术与社会课程只能提供社会学意义上的困境或矛盾,无法提供与科学议题有关的教学意义上的理性研讨策略、科学本质理解以及学生情感道德和文化差异等多方面的因素分析,因此其逐渐淡出了主流科学课程,仅作为一种学习背景存在。社会性科学议题教学加入了道德伦理方面的教育,它不仅是一种学习背景,更是一种具有明确目标的教学策略。社会性科学议题教学因为能够激发个体在社会科学道德方面的认知以及对科学与社会两者之间密切关系的认识,从而实现了对科学技术与社会教育的超越[②]。

二、社会性科学议题选题的要点

社会性科学议题集科学性、社会性、开放性和伦理性于一体的特征,决定了社会性科学议题的选题需要从这些特征上把握好选题要点,选择真实社会情境下科技应用与社会生活、伦理道德、经济发展、环境问题等方面产生直接联系的问题。

(一)在"科学性"方面需适合学生的水平

既然是科学议题,科学(自然科学)或科技层面的因素自然要扮演重要的角色。如果一个议题不涉及科学因素,那么该议题就不能称为社会性科学议题。例如,"学生是否可以带手机上学?"议题,主要讨论的是手机会对学习、纪律产生怎样的影响,不需要从科学的角度加以考虑,因此该议题只是一个社会议题,而不是社会性科学议题。

社会性科学议题中涉及的科学问题在难度上需要与学生的水平相当,对于中小学生来说不宜过于复杂,甚至在科学性上尚无定论。如果议题在科学性上没有定论,就失去了讨论的基础和依据。比如,对于"转基因食品是否可以食用?"议题,争议的结果主要取决于转基因食品的安全性,在没有通过科学研究获得确切结论支持的情况下,不管是支持或反对食用转基因食品都会显得盲目。"转基因食品是否安全"的问题,曾经引发了崔永元与方舟子的激烈论战,并且他们到现在也没有分出胜负。虽然迄今为止,学术界的主流观点是转基因食品的潜在危害不比普通食品高,在转基因食品商业化以来,也没有发生过一起经过证实的食用安全问题,但联合国粮食及农业组织、世界卫生组织及经济合作组织等国际权威机构都表示,转基因物种可能令生物产生"非预期后果"。目前,全球有 60 多个国家(包括澳大利亚、日本和欧盟国家)都要求对转基因作物进行标识,还有 300 个地区直接禁止种植转基因作物。我国是对转基因产品强制标识最多的国家,共有 5 类 17 种产品须强制标识。中小学生虽然可以理解转基因的基本科学原理,但要依靠有限的科学知识辨析这样复杂的问题具有较大难度,因此,对这类议题需慎重对待,在选择时要充分考虑学生对其科学原理理解的可能性。

---

① Fuglsang L. *Three Perspective in STS in the Policy Context*[M]. Albany:State University of New York Press,2001,12.
② 孟献华,李广洲.国外"社会性科学议题"课程及其研究综述[J].比较教育研究,2010,11:31-35.

（二）在"社会性"方面需具有争议点

社会性科学议题"条件不足、结构不良、没有固定答案、跨学科领域"的特点，决定了社会性科学议题必须具有争议点。从科学的角度看，"世界是可以被认知的"，所以社会性科学议题的争议点不能在科学性方面体现。如果仅仅通过科学手段即可获得确切答案，这样的问题就会无可争议，因此不能称之为社会性科学议题。例如，"××河流污染原因的调查研究"就属于这种类型的议题。

社会性科学议题的争议点应该体现在社会性方面，社会生产、社会制度、社会思想文化等都是能对科学技术产生影响的社会因素，如何对这些社会因素作出决策取决于人们的主观选择，因此对这些因素作出何种选择就成了议题的争议点所在。表4中列出的我国台湾地区和国外部分社会性科学议题中的争议点都体现在社会性方面①。

表4 中国台湾和国外部分社会性科学议题的研究概况

议题范畴	争议点	研究者	研究对象
生态环境议题	物种和环境议题	Castano（哥伦比亚）	初中生
	高速公路修建与生态破坏	林树声、黄柏鸿（中国台湾）	小学生
	聚苯乙烯塑料制品与环境污染	Crosman（英国）	大学生
	工业园区的开发与湿地保护	黄安琦、靳知勤（中国台湾）	初中生
资料使用议题	核能开发与核废料处理	蔡今中（中国台湾）	高中生
	全球性饥荒与世界粮食问题	Ratcliffe（英国）	高中生
	有毒废弃物的处理控制与再利用	Solomon（英国）	高中生
	矿产开发议题	Pedretti（加拿大）	小学生
人类健康议题	基因改造食品与人类健康	林树声（中国台湾）	初中生
	女性生育权利与国家人口负担	Zeidler（美国）	大学生
	移动通信发射塔的电磁辐射问题	李建豪（新加坡）	大学生
	高压电线与白血病风险	Kolsto（挪威）	高中生
道德伦理议题	克隆议题与道德伦理	Sadle & Zeidler（美国）	大学生
	基因改造工程对人类伦理的冲击	Zohar & Newman（以色列）	初中生
	实验动物的动物权	Zeidler & Simons（美国）	职前教师
	关于堕胎合法性的议题	Oulton（美国）	大学生

除此之外，一个好的社会性科学议题还需要具备一个重要条件，在争议点上所持不同观点的各方要有基本相当的论据，这样的议题讨论起来才不会出现"一边倒"的情况。例如，

---

① 肖利，朱玉成，刘茂军.科学教育的新视野：社会性科学议题教学——一种先进的国外教学模式引入初探[J].物理教师，2014,5:6-8.

"新冠肺炎疫情防控中封闭隔离与群体免疫的方式孰优孰劣"议题,乍一看,"封闭隔离"好像是不容置疑的选择,但事实上,由于各国的经济基础和经济结构不同,"封闭隔离"很难成为所有国家的共同选择,而"群体免疫"也不能简单地理解为罔顾民众死活。对于一些国家来说,或许不失为一种切实可行、经济有效的办法。如此一来,"封闭隔离"与"群体免疫"就成了两个论据基本相当的立场。究竟该做何选择呢?这需要视一个国家政治、经济、文化等方面的具体情况而定。

(三)在"开放性"方面需体现"怎样做"

社会性科学议题注重培养学生在复杂情况下作出选择的能力。一般情况下,对于客观事物我们不难作出正确的选择。"是什么"或"为什么"的问题都有着确定答案,因此这类问题不能作为社会性科学议题,而应划入研究性学习的范畴。例如,"沿海开发是某物种减少的原因吗?"就是一个"是什么"和"为什么"的问题,这类问题的解决方法不能只是"议论"和"选择",而是需要进行深入"探究"。

"怎样做"取决于一个人的主观意愿,需要个人作出选择,这是社会性科学议题的应有之义。例如,"荣成城市广场上的景观树要不要选用南方树种"议题,所议的"选"还是"不选"属于"怎样做"的范畴;"威海小石岛要不要填海造陆"议题,所议的"要"还是"不要"指向的也是"怎样做";"南海开发是小观蛤减少的原因吗?"议题,虽然从题目本身来看属于"是什么"和"为什么"的问题,但背后隐含的研究内容是应该对威海南海进行"开发"还是"保护",最终也需讨论"怎样做"。

需要注意的是,社会性科学议题中的"怎样做",最终的落脚点应在于"议"出的结果,而非真正地去"做"。即使在实践过程中有学生动手的成分,动手的目的也应是为作出选择服务,而不是议题学习成果本身,这也是社会性科学议题区别于项目式学习、STEM等其他开放式学习方式之所在。例如,教师在"威海小石岛要不要填海造陆"议题学习过程中安排了填海造路的模拟体验活动,实施该活动的目的只是为了帮助学生感知填海造路的过程、理解其中的科学原理,并非真的让学生填海造路,该议题最终的学习成果应是对威海小石岛是否需要填海造路作出理性的选择。

(四)在"伦理性"方面需关注不同群体伦理道德标准的差异

伦理,意为人伦道德之理,指的是人与人的关系和处理这些关系的规则。伦理性是指把伦理作为对道德标准的寻求。社会性科学议题中的伦理性是指讨论社会性科学议题时需要依据人伦道德之理。

相关教学研究表明,当学生面对社会性科学议题时,会把社会性科学议题作为道德问题来考虑。学生面对议题时表现出了道德敏感性和对他人幸福的关注。已有研究探索了社会性科学议题道德性对学生决策的影响,结果表明,大学生对于基因工程的社会性科学议题的决策大部分是基于道德考虑。①

Zeidler等人通过设计有关人类遗传的社会性科学议题故事情境,证明了情感在非形式推理中所起的作用。学生更倾向于将故事中的人物与自己生活中的家庭成员或朋友联系,并表现出强烈的情感特征,如有学生出于家庭背景或生活环境特征而对克隆人类持积极态度②。

把社会性科学议题作为道德问题考虑,并在其中掺杂情感因素,使得社会性科学议题具有伦理性的特征。由于不同国家、不同民族、不同个体伦理道德标准的差异,不同立场的群体在商榷与决策社会性科学议题时往往会有不同的观点与方案,即使是领域专家,也常常在社会性科学议题讨论中产生矛盾③,这又使得本来就具有争议的议题的争议性进一步提高。

在进行社会性科学议题的选题时,伦理道德角度是必须考虑的重要方面,需充分利用不同人群伦理道德标准的差异提高议题的争议性,并以此促进学生伦理道德的认知和发展。比如,"新冠肺炎疫情防控中封闭隔离与群体免疫的方式孰优孰劣"议题的确定,就是考虑到了东西方政治、文化背景的差异。正是因为东西方政治、文化背景的差异,英国提出的群体免疫方案在我国大多数民众看来就像一个不可思议的笑话,而实际上,由英国专家提出的群体免疫的方式不仅有科学方面的考虑,而且在英国也有着广泛的文化背景基础。建立在不同文化基础和伦理道德标准差异上的社会性科学议题,有助于学生了解不同国家和民族的文化,加强对国际文化的理解和认同。

三、社会性科学议题选题的来源

社会性科学议题的选题有多方面的来源。把选题来源梳理清楚,选题时就可以有的放矢。

(一)从学科课程中选题

随着社会性科学议题受到普遍关注,我国逐渐将其纳入学科课程当中。2011年版义务教育阶段课程标准虽然没有明确提出社会性科学议题学习,但都普遍重视"科学、技术与社会"关系的渗透,一些兼具科学性和社会性特征的内容,就可作为社会性科学议题的选题。例如,依据课程标准编写的鲁科版《生物学·八年级下册》教材中第88~89页的内容"讨论怎样做到人鹭和谐共处":"四川省自贡市张坝村的白鹭,给村民带来的却是挥之不去的阴影。2006年一群白鹭在张坝村村边的竹林里安了家。村民很喜欢白鹭,认为它们是吉祥鸟,能够带来好运。因此,前几年村民能够与白鹭和谐相处。后来,白鹭越来越多,数量达到了上万只。村民养的鱼、种的玉米都成了白鹭的食物。白鹭的粪便堆积如山,发出难闻的臭味,污染了水源;粪便还有毒性,导致鸡、鸭、鹅等大量死亡,部分村民还患上了皮肤病。张坝

---

① 刘辰艳,张颖之.从 STS 到 SSI:社会性科学议题的内涵、教育价值与展望[J].教育理论与实践,2018,29:7-9.
② 孟献华,李广洲.国外"社会性科学议题"课程及其研究综述[J].比较教育研究,2010,11:31-35.
③ 林静,张乐潼.社会性科学议题的内涵与教育价值[J].中国科技教育,2020,9:8-12.

村的白鹭已经影响到了村民的正常生活。怎么办呢？

2017年版普通高中课程标准在核心素养、课程目标、课程内容和实施建议等部分对社会性科学议题都有不同程度的涉及。例如，《普通高中生物学课程标准（2017年版）》在学科核心素养之"社会责任"中要求："学生应能够以造福人类的态度和价值观，积极运用生物学的知识和方法，关注社会议题，参与讨论并作出理性解释，辨别迷信和伪科学。"由此阐明了社会性科学议题在生物课程中的价值和意义。承接学科核心素养，课程标准又提出了"举例说明人类遗传病是可以检测和预防的"等"内容要求"，给出了"搜集生物进化理论发展的资料，探讨生物进化观点对人们思想观念的影响"等"教学提示"，规定了"运用遗传与变异的观点，解释常规遗传学技术在现实生产生活中的应用"等"学业要求"[1]。类似这样的内容和要求既涉及生物学原理，又涉及经济、伦理、文化等社会性因素，是社会性科学议题选题的良好素材。按照课程标准的导向，教师就可以在教学中结合教学内容提出一些社会性科学议题供学生学习。例如，在学习"细胞增殖""细胞分化"内容时，可围绕器官移植设立"你赞成用动物器官进行人体器官移植吗？""你是否认同大脑移植？""人体器官移植技术高度成熟后，将会出现'拼接人'，我们该如何面对？"等议题；在学习遗传与基因工程方面的内容时，可设立"基因身份证的利与弊""你赞成对罪犯实施'暴力基因'敲除吗？""人兽基因混用的后果""遗传重症患者该不该结婚生子？""你支持设计试管婴儿吗？"等议题；在学习"生物的生殖"内容时，可设立"人为阉割动物，应该吗？""避孕和堕胎是不是剥夺了人的生存权？""计划生育是否违背自然规律？"等议题；在学习"动物福利"内容时，可设立"先关心流浪狗，还是先关心流浪人？""不能任意宰杀动物，是矫情还是人道？"等议题[2]。

再如，从普通高中化学必修课程中可以提炼出如表5所示的社会性科学议题素材[3]。

表5 普通高中化学必修课程中的社会性科学议题素材

课程主题	情境素材建议
化学科学与实验探究	汽车尾气中氮氧化物等污染物的测定；食物中亚硝酸盐含量的测定；人工合成尿素；工业合成氨；青蒿素的提取等
常见的无机物及其应用	氮肥的生产与合理使用；食品中适量添加二氧化硫的作用（去色、杀菌、抗氧化）；含氯消毒剂及其合理使用；氯气、氨气等泄漏的处理；酸雨的成因与防治；汽车尾气的处理等
物质结构基础与化学反应规律	核能的开发与利用；催化剂在汽车尾气处理中的作用；用铝与氢氧化钠反应疏通下水道；能源的合理使用：如天然气、燃油、煤、氢气的选择与使用；生物质能的获取（如制取沼气、焚烧垃圾等）与使用等

---

[1] 中华人民共和国教育部.普通高中生物学课程标准：2017年版[S].北京：人民教育出版社，2018.
[2] 吴举宏.生物学教学中社会性科学议题与非形式推理能力的培养[J].生物学教学，2012，10：9-11.
[3] 何艳阳，刘瑞.化学教学中的社会性科学议题：意义、模式与实施[J].中学化学教学参考，2020，3：1-4.

续表

课程主题	情境素材建议
简单的有机化合物及其应用	垃圾焚烧、PX(对二甲苯)事件等社会性议题;家居建材中的甲醛和苯的检测;可燃冰、页岩气等资源的开发利用;高分子材料的应用与发展;塑料的分类与合理使用等
化学与社会发展	硫铁矿、煤等资源与能源的开发利用;雾霾的主要成分与来源,汽车尾气与雾霾的关系;大气中的 VOC(挥发性有机化合物)的成分与来源;煤和石油的脱硫脱硝;烟囱排放中污染物的吸收;采矿和金属提炼的环境代价等

（二）从社会生活中选题

由于社会性科学议题很多是由科学技术发展引发的社会问题,这样的问题又很容易成为社会热点,因此社会热点是社会性科学议题选题的重要来源。社会热点问题有多种不同的分类方法,如按照内容属性可分为四类(如图 2 所示):一是环境与生态保护类议题,如全球气候变暖、水库的兴建、生物多样性消失、臭氧层的破坏等;二是伦理与道德类议题,如克隆技术的使用、基因治疗、器官与胚胎移植、堕胎的合法性、动物实验等;三是人类健康类议题,如抗生素的滥用、转基因食品、农药残留、电磁辐射等;四是资源使用方式类议题,如不可再生资源的利用、粮食问题、湿地的保护等。在进行社会性科学议题选题时,可按照上述分类的指引,从感兴趣的类型中选择具体的议题。

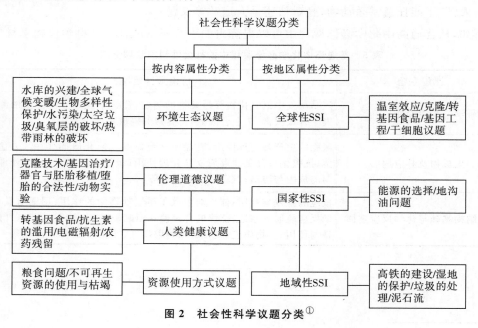

图 2　社会性科学议题分类①

---

① 刘辰艳,张颖之.从 STS 到 SSI:社会性科学议题的内涵、教育价值与展望[J].教育理论与实践,2018,29:7-9.

除比较宏大的议题外,生活中也有许多问题可以作为社会性科学议题的选题。这些选题有些来自当地社会生活实际,有些来自学生个人生活实际。

社会生活方面的选题,很多源于当地社会经济发展与环境保护之间的矛盾。比如,山东省荣成市府新小学的老师们发现,近年来荣成从南方购得大量景观树,但冬天养护从南方移植来的景观树需要付出大量的资金和人力,于是提出了议题"荣成的景观树有没有必要选用南方树种?"除此之外,他们还关注到荣成北部海边风力发电基地建设与自然资源保护的关系,提出了"荣成需不需要继续建设风力发电的大风车?"议题;根据荣成建设核电站受到当地部分群众抵制的事件,提出了"我们是否应该支持荣成核电站的建设?"议题;针对荣成海边湿地保护与开发的矛盾,提出了"荣成桑沟湾湿地要不要继续开发?"议题。

学生在个人生活当中,也经常会遇到一些需要理性作出选择的问题。这些问题中适合学生进行研究的,就可以提炼出来作为社会性科学议题。例如,北京外国语大学瑞安附属学校提出"你会选择配戴眼镜还是通过激光手术矫正视力?"议题,荣成市府新小学提出的"你会选择白纸还是黄纸作为学习用纸?"议题等。这类议题因为与个人生活联系密切,学生一般会更感兴趣。

(三)从他人研究中选题

正式的社会性科学议题学习最开始诞生于西方发达资本主义国家(美国、英国)。以美国为例,1980年,美国的一些大学就开始提供被称为争议性科技议题的选修课程;1982年,美国科学教师协会通过规划报告书提出科学教育的目标,其中就有大量涉及社会性科学议题教育要求的内容;1994年,美国国家研究委员会理事会颁布《美国国家科学教育标准》(National Science Education Standards),明确提出要"将争议科技议题纳入个人选择,理智地参与公共性演讲,对科学事件中的技术应用进行讨论"。受英、美等国的影响,澳大利亚、加拿大、德国、法国、瑞典、以色列等国对社会性科学议题在科学教育中所起的作用也予以了重视[1]。

这些社会性科学议题学习先行国家的做法可以为我们的选题提供参考和借鉴。《美国国家科学教育标准》列出的8个教育目标以及4项科学素养中都包含了"个人与社会中的科学"维度[2],同时还提出了具体的教学内容。美国北卡罗来纳大学教堂山分校项目组则开发出了"帝王蝶""电子烟""超级细菌"等议题。德国的科学课程也经历了相似境况,尤其是发现学生在国际学生评价项目(Programme for International Students Assessment,PISA)中表现不够理想后,变革本国科学教育的呼声高涨。对学生科学决策能力的培养需求直接体现在科学教育标准的文本中:"学生具有了成熟的决策能力,才能够对有关科学应用领域中的时事问题加以评估和判断,并参与各种可能具有争议性的社会研讨活动"。在2004年,德

---

[1] 朱玉成,刘茂军,肖利.国外社会性科学议题(SSI)课程研究及其影响述评[J].上海教育科研,2013,1:53-56.

[2] (美)国家研究理事会.美国国家科学教育标准[S].北京:科学技术文献出版社,1999.

国理科教材中就已经编入了一定的社会性科学议题内容[①]。

在亚洲,日本等发达国家也非常重视社会性科学议题学习。日本部分都道府县的审定版教科书中,一些社会性科学议题许多成年人都难以解答,如"遭受虫害的庄稼应不应该喷洒除虫剂?"(2 年级)、"为了方便残疾人,可否改建国家级保护文物神庙的台阶:以残疾人方便为重,还是以保护历史遗迹为重?"(3 年级)、"围海圈地项目是否合理:发展经济还是保护环境?"(4 年级)等[②]。

我国社会性科学议题学习虽然起步较晚,但也有不少成熟的议题可供借鉴。表 6 所示的我国台湾地区社会性科学议题研究关注学生身边的日常科技问题,普遍选择与学生生活紧密联系的地域性社会性科学议题,重视国际化与本土研究的融合。

表 6 我国台湾地区社会性科学议题的部分研究内容

研究者	议题范畴	考虑观点	研究对象	资料收集方法
翁琪涵、林树声	湖山水库兴建与八色鸟的保育	环境生态、经济观点、伦理道德、情感、动物栖息地、利他利己的观点	70 名小学六年级学生	开放式问卷、半结构式访谈
刘湘瑶	小花蔓泽兰、高山缆车、中部横贯铁路	环境生态、成本考虑、技术层面、开发危险性、利他利己的观点	23 名小学教师	开放式问卷、半结构式访谈
赖志忠、靳新勤	小白鲸的动物权	经济、生态、情感、价值、个人态度、动物权利	111 名小学六年级学生	开放式问卷
翼通煌	林地管理、原住民狩猎、水力发电厂	技术观点、经济考虑、生态、美学、利他利己的观点	116 名大学生	七等分量表问卷、开放式问题

在中国大陆,北京师范大学中国基础教育课程质量监测协同创新中心林静项目组,近几年先是分别开发出针对小学、初中、高中的"雾霾""新冠肺炎疫情""汽车动力类型选择"三个议题项目,随后又组织实验学校开发出系列社会性科学议题学习项目(如表 7 所示)。

表 7 北京师范大学社会性科学议题学习项目山东区域部分选题

学校	社会性科学议题	驱动性问题
威海市世昌中学	填海造陆	威海小石岛要不要填海造陆?
	潮汐能发电	威海是否需要大力建设潮汐能发电站?
威海市望海园中学	草木染	是否应该大力推广天然染料染制的衣物?
威海市南海新区实验中学	小观蛤	南海开发与小观蛤数量减少有关吗?
威海市千山路小学	薰衣草	学校的六亩试验田里是否要种上薰衣草?
荣成市府新小学	城市景观树	荣成的景观树有没有必要选用南方树种?
	海草房	荣成的海草房需要传承与保护吗?

[①] 孟献华,李广洲.国外"社会性科学议题"课程及其研究综述[J].比较教育研究,2010,11:31-35.
[②] 朱玉成,刘茂军,肖利.国外社会性科学议题(SSI)课程研究及其影响述评[J].上海教育科研,2013,1:53-56.

四、社会性科学议题选题的程序

虽然有时候社会性科学议题的选题可以依靠头脑中的灵光一现,但在大多数情况下,社会性科学议题的选题需要按照基本程序操作,这样更有助于社会性科学议题选题的成功。

(一)寻找灵感

选题灵感的来源是多元的。生活中很多看似平常的现象或者细节,均潜藏着可以发现和解读的议题。一般来说,灵感的来源有以下几个方面:一是从自身已经了解到的信息中搜索;二是与他人进行交流、讨论时受到的启发;三是在某些学术活动中针对某些新事物或新现象抛出的话题;四是报纸、电视、广播等媒体对社会热点问题的报道、评论、分析等,这些内容可以在第一时间给我们带来新的视角和素材;五是有意识地查找某方面的资料。若要充分利用这几个来源的灵感,就需要多去体验、多去交流、多去发现、多去质疑、多去感悟。

需要注意的是,寻找选题灵感不只是教师一个人的事,还要注意征集学生的意见。让学生参与到选题过程中,一方面可以集思广益,扩大议题灵感的来源范围,另一方面可以培养学生发现和提出问题的能力。学生自己提出议题,他们在研究时也会有更高的积极性。

(二)文献调研

初步确定了选题方向,并不意味着这种灵感就可以直接作为学生研究的社会性科学议题选题,因为所选议题在争议点上是否合适是需要着重考量的。比如,争议点是真的具有争议性,还是只是我们对其不够了解。

因此,在确定议题之前,需要进行文献调研工作。一般而言,进行文献调研时,有必要对与选题相关的文献展开分析,包括不同学科之间研究方法和理论视角的差异、代表性学者的主要观点、思想上的争锋交流等。比如,如果要研究有关"转基因食品"的议题,就需要查找与转基因食品有关的信息,了解转基因食品的科学原理、有关转基因食品安全性的报道、世界各国对待转基因食品的态度等资讯。

(三)选题评价

初步选定了社会性科学议题,还需要对议题进行评价,评价之后才能确定选题是否可以应用于教学实际当中。

1. 评价内容

社会性科学议题选题的评价内容要抓住选题的主要方面,简单明了才更方便、实用。首先,要评价选题是否符合社会性科学议题的特征,是否属于包含科学性和社会性的综合性议题;其次,要评价选题是否可"议",即在争议点上持不同观点的人是否具有基本相当的论据;最后,要评价选题是否适合学生的水平并且具备实施的条件。据此,可将评价内容分成两极指标,如表 8 所示。

表 8 选题评价指标

一级指标	二级指标
选题的综合性	1.科学和社会层面的因素是否均扮演重要的角色 2.议题是否具有条件不足、结构不良的特征
选题的争议性	1.议题是否具有争议性 2.在争议点上不同立场者是否具有基本相当的论据
选题的可行性	1.议题的知识和能力的要求是否在学生的最近发展区之内 2.是否具备议题研究顺利开展所必需的保障条件

构建起评价内容的框架之后,还需要对细节进行全面考虑。以选题的可行性为例,可行性论证是以全面、系统的分析为主要方法,围绕影响议题研究的各种因素,运用大量的数据资料论证议题研究是否可行。社会性科学议题的可行性需从上表中的两个方面分别进行分析。其一,议题的知识和能力的要求是否在学生的最近发展区之内。社会性科学议题一般都比较复杂,有些甚至涉及科技发展最前沿的知识,中小学生所掌握的知识和获取知识的能力有限,所选议题在科学性、社会性方面是否适合学生现有水平是需要着重考虑的问题。其二,是否具备议题研究顺利开展所必需的保障条件。这里的保障条件主要包括时间保障、经费保障、师资保障、研究资料保障、硬件设施保障等。比如,贵州省贵阳市第一实验中学研究的"十二背后溶洞的保护与开发"议题,既要考虑学生是否能够理解溶洞形成的相关化学知识、喀斯特地形方面的地理知识等科学知识,以及溶洞开发所涉及的政治、经济、文化、环保等方面的内容,还要考虑进行该议题研究时是否需要组织学生到溶洞进行现场考察、考察过程中如何保证学生的安全、活动经费从哪里来、外出时间如何安排等问题。

2. 评价方法

对社会性科学议题选题的评价,要针对评价内容列出评价结果,再根据评价结果得出评价结论。需要注意的是,评价结果要充分、客观,不能带有主观倾向或者想当然。例如,对于"新冠肺炎疫情防控中,封闭隔离与群体免疫的方式孰优孰劣"议题,依据评价指标可得出如表 9 所示的评价结果和评价结论。

表9　选题评价表

一级指标	二级指标	评价结果	评价结论
选题的综合性	科学和社会层面的因素是否均扮演重要的角色	既需依据传染病预防及免疫等科学原理，又要考虑各国的政治、经济、文化等社会因素	是
	议题是否具有条件不足、结构不良的特征	各国国情不同、病毒容易变异、疫苗是否是终结新冠病毒的"终极武器"尚未明确等	是
选题的争议性	议题是否具有争议性	封闭隔离与群体免疫是两种截然不同的思路，我国受益于封闭隔离，大都不认同群体免疫	是
	在争议点上不同立场者是否具有基本相当的论据	封闭隔离：更能保证生命安全，对国内居民的生活影响较小，成本高、组织难度大等 群体免疫：充分利用医疗资源，对经济影响较小，生命安全不易保障等	是
选题的可行性	对知识和能力的要求是否在学生的最近发展区之内	传染病、免疫等知识都在初中生物课程当中，与初中生的知识基础和能力水平相匹配	是
	议题是否能够引发学生议论的兴趣	议题与学生当前生活联系紧密、具有较大的争议性、对该问题的认识可以不断深入等	是

得出评价结论之后，就可以根据选题的质量决定取舍。对于存在问题的选题可根据评价指标有针对性地进行修改，直到符合要求为止。

（四）草拟议题

在选题评价通过之后，议题就可以基本确定下来，进而草拟议题。草拟议题包括拟定一个社会性科学议题的题目和提出议题。

社会性科学议题的题目应是一个准备讨论的话题。话题指谈话的题目或谈论的主题。在一场讨论中，话题是谈话的中心，但又不限于谈话的中心，加上各种意见才是一个充实的话题。社会性科学议题的题目一般用名词或短语表述。例如，美国北卡罗来纳大学教堂山分校开发的议题"帝王蝶"就是一个名词，通过这个题目就明确了"帝王蝶"是此议题所要讨论的话题。"新冠肺炎疫情防控"则是一个主谓短语，这个题目同样起到了规定讨论话题的作用。

社会性科学议题是围绕话题所要研究的具体问题，一般包括背景和问题两部分。比如，"帝王蝶"项目的社会性科学议题为"密苏里州帝王蝶的数量正在减少，学校应该把校园的一个足球场变成蝴蝶的栖息地吗？"、"新冠肺炎疫情防控"项目的社会性科学议题为"新冠肺炎疫情防控中，封闭隔离与群体免疫的疫情防控方式孰优孰劣？你更倾向于哪种方式？"

最后需要说明的是，要做好社会性科学议题的选题工作，就要有一双善于发现的眼睛。因为从根本上看，社会性科学议题的选题素材都来源于社会生活。只有对社会生活密切关注，并善于运用批判和反思性思维，才能发现和提出好的社会性科学议题。敏锐发现和提出社会性科学议题，不仅是教师应该具有的能力，还应是教师努力帮助学生所形成的能力。

社会性科学议题学习中的"科学性"探讨

彭梦华

北京师范大学第二附属中学

社会性科学议题是近年来课程改革中各校探索的一个新的课题。社会性科学议题学习不同于研究性学习,也不同于项目式学习,它是面对科学技术和社会发展中出现的问题,用科学的方法加以研究,提出解决问题的具体方法的探索性学习,是面对社会未来的发展培养人才的教育。许多国家探讨并开发了这门课程。最近几年我们国家在社会性科学议题学习的研究和开发方面取得了很大的进展,有几十所学校已经在这方面进行了尝试。以下关于社会性科学议题学习中的"科学"问题作一些探讨。

一、什么是"科学"

社会性科学议题包含两个概念——"社会性"和"科学",在这里我们重点研究"科学"这一概念。什么是科学呢?在这里我们很难给出一个完美的定义,来看几种说法。《辞海》中是这样解释"科学"的:"运用范畴、定理、定律等思维形式反映现实世界各种现象的本质的规律的知识体系。"在《科学技术概论》中是这样说的:"可以简单地说,科学是如实反映客观事物固有规律的系统知识。"[①]

总之,科学是人类掌握的和正在寻找的自然规律和社会发展规律。科学是系统的知识,是用概念、定理、定律等形式展现出来的。人们利用科学来认识社会和自然,利用科学来为人类服务。

人们在探索科学的道路上经历了漫长的时光,付出了极大的努力,才掌握了大量的自然规律和社会发展规律。人类把这些规律代代相传,不断地进行补充和完善,并且加以应用,成了地球的主宰,过上了越来越美好的生活。

人们把各种规律进行分类总结,就形成了现在的各类学科。在学校里我们学习各种科学,享受着人类文明的成果。人们在研究自然规律的同时,也掌握了自然规律的研究方法,对客观世界的认识进入了加速阶段,大量信息铺天盖地地涌来,人类的生活进入了一个全新的时代。

近百年来,汽车、火车、飞机取代了传统的马车,使人们出行更加便捷。先进的通讯工具的出现让人们可以实时进行远程交流;各种生活用品的使用让我们的生活更加便利和舒适;

[①] 胡显章,曾国屏.《科学技术概论》.北京:高等教育出版社出版,1998.

医疗事业的进步使人类的寿命明显延长;大量先进科学仪器的生产,使人类认识世界的能力不断提高。科学技术给人类的生产方式和生活方式带来了天翻地覆的变化。

不过科学技术的发展也对世界产生了许多负面的影响。汽车的应用导致地球上大量的能源被消耗,环境受到污染;塑料的发明方便了我们的生活,可是塑料给我们带来的危害是有目共睹的,可以说"爱也是塑料,恨也是塑料"。地球在变暖,两极的冰雪在融化,海平面在升高,恶劣天气频繁出现……我们在享受美好、幸福生活的同时,也正面对一个不堪重负的地球。

面对这样的现实情况,我们还是要用科技的手段来解决问题。为了节约地球上的能源,我们在生产生活中要采取更加节能的手段,并且要不断地开发新的能源;为了控制温室效应,我们要考虑能源的利用方式,减少二氧化碳的排放;为了让生活环境更加美丽,我们要减少垃圾的产生,并且研究垃圾的回收利用方法。

要让我们的学生能够应对将来人类社会出现的各种问题,就要在学校中做好未来教育,让学生在学好知识的基础上,发展科学素养,培养出适应未来社会发展的人。近年来,欧美一些发达国家考虑到培养未来人才的需要,开设了社会性科学议题课程。社会性科学议题学习在我国的一些学校里也试验性地开展起来,并且取得了一定的成果。

社会性科学议题学习研究的内容是那些科技发展带来的社会性问题,意图用科技手段,从政治、经济、人文、道德、社会发展等多个角度找出解决问题的方法,从而推动社会的可持续发展。

社会性科学议题学习中的"科学性"是指用科学的思维方法、科学的研究方法、科学的实验方法对社会议题中提出的问题加以研究,所研究的议题要涉及科学的内容。如果完全是一个社会性的问题,不需要科学技术的支撑来加以研究,这样的议题就不是社会性科学议题所研究的内容。如果研究内容与学生掌握的科学知识相差甚远,学生在研究过程中就会遇到很多困难,甚至研究受阻,所以,社会性科学议题研究的内容要跟学生的知识储备量、思维水平、思维能力和社会体验相适应。

二、提升学生科学素养

学生在校学习期间怎样才能实现科学素养的提升呢?从学生在学校学习的整个过程来看,可以从以下几个方面努力实现。

(一)掌握科学知识

我国已经实现了义务教育的普及,在自然科学方面,学生学习了数学、物理、化学、生物、地理等方面的知识;在社会科学方面,学生学习了政治、经济、哲学、历史、语言、文学等方面的知识。学校的课程就是人类社会发展过程既全面又简要的总结,学生需要学好课本上的知识。学好知识不是记住相关知识,而是对所学知识有较为深刻的理解。除了课堂学习,还有课下活动、家庭和社会交往等,这些都可以帮助学生增长知识、积累经验。随着年龄的增长,学生的知识水平会不断提高。当然,学生的头脑中只有知识是不够的,他们还不能适应社会生活,还要提高其他方面的能力。

(二)树立科学观念,培养科学精神

科学观念就是要能够用科学的方法去面对周围的世界,用科学的思维方式去思考我们生活中发生的事情。当面对一个说法、一个事物或一件事情时,我们要想一想:这个说法对吗?这是可能的吗?如果有人说"空气是绝缘体",我们就要找一些实例来证明空气是不导电的,来确定"空气是绝缘体",从而认定这种说法是正确的;如果有人说"空气是导体",我们也要找一些实例来证明"空气是导体"。实际上,空气有的时候是导电的,有的时候是不导电的,在不同的条件下观点可以发生转变。

事实上,很多事物在我们的头脑中已经有了正确的结论,但是在生活中我们还会遇到许多新的说法和新的问题,面对这些说法和问题,我们不能人云亦云,要有对事物进行思考和判断的意识。比如,有人说"长期饮用偏酸性的水,人的体质会变酸",还有人说"反复煮沸的水中所含的亚硝酸盐这种致癌物质会增多"。这些说法你相信吗?你怎样证明说法的对错?在我们看来,需要先对这些说法产生质疑,再想办法证明这些说法的对错。

"刨根问底"是一种科学精神,我们培养的学生也应该有这种精神。科学的发展就是在科学家们对自然界的不断探索中实现的。人们通过不断探索知道了宇宙的起源、生命的诞生以及人类社会今后的发展变化。我们的学生在学习的过程中,也要培养科学精神。

"一丝不苟"也是一种科学精神。我们不管做什么事情都要认真,不能有丝毫的马虎和怠慢。在学科教学中,教师要通过言传身教对学生加以培养,我们还要通过活动让学生养成良好的习惯,以利于学生的发展。

(三)学习科学研究的方法

学生在学习科学知识的同时还要学会科学研究的方法。这些方法应该在教师的教学中不断地向学生展示,让学生去模仿、去做,从而学会并掌握这些方法。科学研究的方法有很多,如开展社会调查、运用逻辑推理、进行科学实验等。我们可以向学生介绍某些科学概念和规律的发现过程,引导学生进行逻辑推理,让学生参与实验探究等,帮助学生学会这些方法。在学校听课的过程中,我们发现许多教师在这方面做得比较好,在课堂上不仅给学生讲知识,而且带领学生寻找问题的来源,模仿科学家当年的探究过程,让学生自己寻找问题的答案。有很多教师会充分利用实验这一手段让学生感受科学探究的过程,让学生通过实验找出问题的答案。在课堂上,教师要让学生多说话,说出自己的观点;要让学生多展开争论,争论中往往能够得出正确的结论;要让学生多动手,只有动手才能自己找出结论。教师只有在课堂上营造出科学研究的氛围,才能让学生体会科学研究的过程、学会科学研究的方法。

（四）运用科学知识的能力

由于课本篇幅的限制，教科书只能给出知识的主要内容。教师讲课要讲什么呢？要讲知识的发现过程，讲教师自己对知识的理解以及如何应用所学的知识。

说到知识的应用，我们身边有许多实例，数学、物理、化学、生物、地理等学科中的科学知识都可以与生活中的方方面面结合起来。

我们使用的很多家用电器，如电冰箱、空调、电视机、洗衣机、电磁炉、微波炉、加湿器等，这些电器中蕴含了许多科学知识。教师要弄懂其中的原理，并把这些知识在科学课上讲授给学生。

眼睛的成像原理是学生在初中物理课程的学习中已经掌握的知识，眼疾的预防是人们很关注的问题。当人们患上各种眼疾该如何治疗呢？这里边包含了物理学和生物学知识，教师在给学生讲相关课程时，都应该向学生介绍这些知识。

随着科学技术的发展，许多新的名词也随之出现，如互联网、手机、新能源汽车、高速铁路、磁悬浮技术、国产航母、北斗导航、太空实验室、量子通讯、人工智能、DNA 技术、碳排放与碳中和……其实，很多东西的原理或者部分原理都是能用我们学过的科学知识加以解释的，教师应该在课堂上用相关知识给学生解释清楚，不要让他们以为这些知识离我们的课堂很遥远，通过讲解他们能够体会到科学知识的应用成果。

（五）综合运用科学知识的能力

在生活中我们面对的问题可能不是最尖端的高科技问题，只是身边的小事，如道路的改造、垃圾的处理、古城的修复、河道的整治、学校周边环境的整顿、生活中的节能问题等，只要学生有想法，就可以运用所学的科学知识对其加以研究。别看这些问题都不大，涉及的科学知识也没有多深奥，但是要深入研究这样的问题就要求学生利用多学科的知识。在研究这些问题时，还会涉及伦理、道德、国家政策、经济利益、社会进步等方面，这就是我们所说的社会性科学议题研究。

研究社会性科学议题要从星形图入手，它包括科学、经济、政治、道德、文化等方面，我们可以根据实际研究的情况增加内容，也可以减少内容。从星形图中可以看出，研究是多角度的，而不是只从某一个方面进行研究。社会性的问题就是有这样的特点，即需要从多个角度去考虑。

垃圾处理是人们很关注的一个问题，离我们每个人都很近，对此每个人都能说上几句话，但它又是一个很难解决的问题。从垃圾的产生、垃圾的收集、垃圾的转运，直至垃圾的处理方式和垃圾的再利用，这里边牵扯到人们的道德水准、人们的生活习惯、政府制定的政策和经济投入、现有处理垃圾的科技手段、垃圾再利用的经济价值、垃圾处理对环境的影响等。我们随手扔一个瓶子、一张废纸就跟这么多方面有关系，对此我们是否深入思考过？

单从科学方面讲，垃圾的产生与科学的发展和社会的进步有着密切的关系。正是由于科学水平的提高,生产力的发展,我们在生产生活中产生的垃圾以几何级的速度增长。这些垃圾我们可以怎样处理呢?我们可以将垃圾堆积起来,可以填埋垃圾,也可将垃圾进行有效处理后再利用。不同的处理方式,对人类社会和自然环境的影响是巨大的,这是摆在人类面前的重大问题。处于不同年龄段的人群对这个问题有不同深度的认识,也有不同的态度,处理的方式也会不同。

怎样培养学生综合运用科学知识的能力呢?"社会性科学议题"正是面对科学技术发展带来的社会问题进行研究的。垃圾处理问题涉及的科学知识非常广泛,从垃圾的产生到垃圾的合理利用,涉及数学、物理、化学、生物、地理等学科知识,针对这一问题做深入细致的研究,可以培养学生综合运用科学知识的能力。

面对社会的发展和自身的未来,学生会经常遇到需要作出选择和判断的问题,这时他们就要用自己掌握的科学知识和所学过的研究问题的方法作出比较适当的选择。进行社会性科学议题学习,就是培养学生面对社会、面对自然的能力。从长远的角度看,在学校开展社会性科学议题学习是培养未来人才必须要做的事情。

三、选择研究项目中的科学性

在社会性科学议题学习过程中,最先遇到的问题就是怎样选择项目。好的项目、适合学生研究的项目,能让学生在研究问题时得心应手,有较大的收获。选择项目的过程中要注意以下几个方面:选择学生熟悉的事;跟学生有密切关系的事;学生感兴趣的事;具有研究价值的事;学生能够研究的事。

学生熟悉的事有什么呢?我们可以想象一下学生每天都做什么:早上起床后洗漱、吃早餐;上学路上,可以看到路边的花草、树上的小鸟、繁忙的交通等,若有一些不和谐的事情发生,就会印在学生的脑子里;学校里,除了上课和各种学生活动,还有校园的环境、同学间的嬉笑打闹等;放学回家后,要吃饭、看新闻、写作业;休息日,会跟家人外出游玩等。我们知道了学生每天在做什么,就知道研究课题应该从哪些方面选择了。

例如,山西省太原市尖草坪区实验中学研究的社会性科学议题是"家乡的美食"和"科学饮食"。山西的美食文化令人印象深刻,对孩子们来说,就是在研究他们身边的事;北京市一零一中学研究的社会性科学议题是"校园环境",研究的就是学生熟悉的、发生在学生身边的事。北京一零一中学紧临圆明园遗址公园,校园和公园水系贯通,绿树成荫,花鸟成群,处处美景,在这样的环境中,学生们觉得存在许多可以研究的校园环境问题。学生们通过议题研究提出了进一步改善校园环境的建议,提高了学生保护环境的意识。

学生的爱好不同,他们的关注点也不同。有些人对环境感兴趣,有些人对能源感兴趣,有些人对饮食感兴趣,有些人对建筑感兴趣、有些人对机械感兴趣……要根据学生的兴趣选择议题,不能把学生不感兴趣的问题拿来让学生研究。

山西省大同市逸夫小学研究的社会性科学议题是"大同古城要不要修复",研究的是家乡古城的发展与保护的问题。古城改造就发生在学生身边，学生每天都能看到改造的进展情况，研究这个议题，学生感兴趣，也乐于参于其中。

浙江省杭州市三墩中学研究的社会性科学议题是"水体富营养化"，研究的问题来自学校旁边的一条小河。学生每天都经过这里，发现了水体出现的问题。他们利用所学知识对这一问题加以研究，采用多种方案解决问题，使水质得以改善。

黑龙江省哈尔滨市继红小学研究的社会性科学议题是"冰雪大世界要不要搞"，针对家乡特色产业进行探讨，培养了学生认识家乡、热爱家乡的情感。

宇航服的生命保障系统是很多人感兴趣的问题，学生也会很好奇。宇航服内部都有什么设备？宇航服为什么可以保持恒温，为什么能防止射线的辐射？人呼吸的氧气是从哪里来的？但是这样的问题学生无法进行研究。首先，学生的知识水平不够；其次，我们无法接触到宇航服，因为这样的设备中有很多东西都是保密的。

许多问题跟学生的关系不大，学生也不感兴趣，不适合作为社会性科学议题，如老年人的白内障、奢侈品的价格、国际油价等。

选择的议题要有研究价值。有些议题的内容已成定论，就没有研究的意义，如"要不要防控新冠肺炎疫情""要不要治理雾霾""要不要保护环境""要不要节约能源"等。这些议题过大，有些空洞，学生研究起来会感觉无从下手。

山东省威海市望海园中学周边的天然染织技艺很发达，这是学生家乡的传统手工艺，而且天然染料对环境的污染很小，学校就组织学生开展了"天然染料与合成染料印染工艺的比较"研究，在研究过程中让学生学习传统的印染技艺，并从环境、成本、保留传统文化等多方面加以辨析，从而感到推广这一传统技艺是可行的，也是必要的。

华东政法大学附属中学研究的一项社会性科学议题是"白色垃圾的处理"，这个议题与上海市第二阶段的垃圾处理工作融合在一起。该研究还为市政府的工作提出了积极的建议。这样的研究就很有价值。

选择社会性科学议题还要结合学生的科学知识水平，这是要把握准的一点。我们要了解学生现有的知识层次，要掌握学生学习过什么、没有学习过什么，以及学生的理解程度和处理问题的能力有多高。

小学高年级学生在数学方面学习了分数的运算、简单的图形等；在科学方面学习了物质、生物的基础知识、地球能量、宇宙等方面的简单知识。我们在给小学生选择议题时，只能选择比较简单、直观的内容，让小学生做一些古城的保护与修复、冰雪运动、校园环境治理、家乡传统技艺等方面的研究是可以的。

对于初中学生，不同年级开设的科学课程是不同的。按照人教社教材，在自然科学方面，初一开设了生物课和地理课，初二增加了物理课，初三才有化学课。由此，学生可以做一些环境保护、城市改造、能源利用、保护视力、合理饮食等方面的议题。

高中学生已经系统地学习了数学、物理、化学、生物、地理等学科知识，有一定的理论基础，可以研究比较深入的科学问题，如"新冠病毒的防治""太阳能的利用""地球资源的合理开发""最新科学技术的应用"等。

我们不希望学生为了做社会性科学议题的研究去扩充许多课外的科学课程知识,他们应该在已经掌握的科学知识的基础上进行研究,在研究过程中适当增加一些知识习得是可以的。用很多精力去补充更深的科学知识,再做社会性科学议题的研究是不可取的。

四、在议题的研究中学习科学研究的方法

学习科学知识与掌握科学研究的方法是不同的。学生在校期间只学知识是不够的,在学习知识的同时还要学习研究问题的方法。学到的知识会忘掉,而掌握的方法会让人终身受益。在科学学科的课堂教学中,教师会在教授知识的同时传授一些方法,而社会性科学议题的研究会让学生作为主要参与者投入到科学研究的过程中,学生学习到的研究方法会更加系统、更加全面、更加直观,其感受也会更加深刻。

浙江省温州市道尔顿小学研究的一项社会性科学议题是"要不要吃大黄鱼"。温州人有吃大黄鱼的习俗,可是市场上的大黄鱼越来越少,价格越来越高,这是什么原因呢?由此,学生对大黄鱼的市场、买大黄鱼的消费者和大黄鱼的生长环境进行了调查,找到了大黄鱼越来越少的原因——海洋生态环境的变化和人们消费的不节制。当然,大黄鱼还没有到濒临灭绝的境地。最后,他们提出了保护海洋环境和理智消费的建议。学生在研究的过程中,通过开展调查研究、收集信息、科学地处理信息、得出合理结论,不但学习了知识,而且掌握了科学研究的方法。

山东省威海市世昌中学对家乡的海边环境做了一系列研究,其中一个社会性科学议题是"要不要在家乡建设潮汐发电站"。在调查研究的基础上,学生制作了潮汐发电站的模型,通过这一过程学生了解了潮汐能发电的原理,也能更好地为设计和建设潮汐发电站选址。

山西省大同市逸夫小学研究的社会性科学议题是"大同古城要不要修复"。在研究过程中,学生制作了大量的古城建筑模型。一件件精美的模型将人们带入了优美的艺术世界。学生了解了不同楼阁的精美结构,学习了中国古代建筑的特色。特别是榫卯结构的研究和制作,不但让学生知道了这种结构的科学性,而且能让学生深刻地体会到中国古代劳动人民的聪明智慧,也更加热爱伟大的中华民族以及源远流长的中国历史文化。

北京师范大学第二附属中学开展了"太阳能光伏电站的建设问题"社会性科学议题研究,做了大量的探究实验。参加社会性科学议题研究的是高二的学生,他们的知识起点较高,做的实验难度也比较大。在整个研究过程中,他们做的实验有:光伏电池的光电特性探究、光电控制电路的制作、把交流电变成直流电的实用电路制作、把直流电变成交流电的实用电路制作、一个利用太阳能供电的实用系统的设计和制作。通过一系列实验操作,学生了解了太阳能光伏系统发电、变电、输电、用电的原理。在研究的过程中,学生还对太阳能利用的其他方式、清洁能源的利用、节能减排、国家的能源战略等一系列问题进行了探讨和辩论。

同样,在北京师范大学第二附属中学开展的"传统弦乐器和电弦乐器比较"社会性科学

议题研究中,学生制作了电吉他、电二胡、电小提琴、电尤克里里等乐器(如图3所示),了解了电弦乐器的工作原理是利用了电磁感应现象。

图3 学生自制乐器

如图4所示,这种电弦乐器的核心部件是一个电磁线圈,当金属琴弦在线圈上方振动时,线圈中会有感应电流产生,若将这个电流引入到音箱中,通过音箱就能发出美妙的声音。

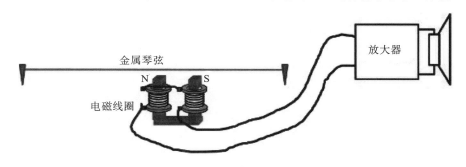

图4 电弦乐器的工作原理

学生们制作了线圈,装配了乐器,然后提出了一个问题:在电磁感应现象的实例中,有导线切割磁感线的方式,有磁铁插入拔出线圈的方式,还有一个线圈中电流变化引起另一个线圈中产生感应电流的方式,而琴弦在铁芯上方的振动跟前边的三种方式都不同,为什么还会有感应电流产生呢?这种产生感应电流的方式超出了中学课本的内容,但是教师解释后学生还是能够理解的,即琴弦在两个磁极上方振动时,改变了整个磁回路的磁阻,这时穿过线圈的磁通量也会发生改变,线圈中就会出现感应电流。从学生提出的问题看,他们不只是做,他们还在想,还在研究,还在深入学习。

我们希望学生在社会性科学议题的学习过程中动起手来。因为实验本身就是科学研究的重要手段。通过实验,学生可以学习知识,掌握科学研究的方法。另外,学生的动手能力是有必要重点培养的。现在的学生普遍动手能力不强、实践经验缺乏。通过动手得到的知识比只动脑得到的知识理解更透彻,记忆也更深刻,应用起来会更加灵活。

让学生动手实践,还可以提高他们研究问题的兴趣。兴趣是最好的老师,有了兴趣学生会更加自觉、主动地参与到活动中去。他们不是只在纸上和网上看,而是完成大量的实际操作,这样的研究工作更加具体、实际而不空洞。

五、提高指导教师的科学素养

要完成好社会性科学议题的指导工作,教师必须不断地学习,提高自身的科学素养。对于教师来说,应该从以下几个方面开展工作。

(一)抓好基本功

在长时间的教学实践中,我们接触过许多年轻的教师,他们的知识层次高,工作热情也高,能积极地投入到教育教学工作中去,但是他们还缺乏教育教学的实践经验,需要长时间的磨炼。我们也发现,由于他们离开基础教育阶段的时间较长,对中小学各学科中的基础知识掌握得不是很准确,甚至有些是错误的。在教师的科学素养方面,青年教师首先要抓好专业基础知识,注意提高自身水平,要深入研究基础科学课程中的概念、规律,多向有经验的老教师请教,以利于更好地指导学生进行社会性科学议题的研究。

(二)提高实验能力

青年教师的实验动手能力普遍较差,这是一个不争的事实。以前,学校的教学设备配备不足,又受到应试教育的影响,实验能少做就少做、能不做就不做,导致毕业生的实验能力远未达到教学大纲的要求。常听一些青年教师讲,他们在上学的时候基本不做理化生实验。还有个别青年教师讲,他们在高中阶段一次完整的实验过程都没有看过,这对于学生的全面教育而言,是实践方面的严重缺失。我们也见到过一些工作几年的教师在实验能力方面也存在不足。对于课标中要求的学生实验,年轻教师做不好;对于课本上的演示实验,年轻教师理解不到位;对一些实验的深层次理解,年轻教师还会理解有误。

我们希望教师能够正确地完成课本上的演示实验,深入理解和做好全部学生实验。这个要求并不高,只是一个基本目标,但是还有不少教师做不到。如果要求教师能够补充一些自行设计的实验,或者用自己制作的教具在课堂上进行演示,这对许多年轻教师来说是可望而不可即的目标。

社会性科学议题的研究往往需要进行一些实践活动和实验操作,教师的实验能力有所欠缺,必然会给指导学生完成议题研究带来一些障碍。这里希望指导教师提高实验水平和实验能力,以便更好地指导学生进行社会性科学议题的研究。

(三)掌握科学知识的应用

科学技术的进步使人类社会得到了飞速发展,人们的物质生活得到了极大的满足。作为教师,我们是否了解课本中的知识在生活中得到了哪些应用呢?或者说,我们能否把课本上的知识跟社会实践结合起来呢?教师应该具备这个能力,而我们是否有这个能力呢?以下是几个这方面的实例。

潮汐能发电是海洋能利用的一种方式。人们要在海湾处修建拦海大坝,并留出海水的进出口。涨潮时,海水通过进出口流入海湾;退潮时,海水再通过进出口流出海湾。海水在流入、流出的过程中推动水轮机转动,带动发电机发电。如果教师知道一次涨潮进入封闭海湾的海水的总体积,知道涨潮、落潮的水位差,是否可以计算出一次涨潮、落潮可以利用的潮汐能呢?

在航空母舰上,为了缩短飞机起飞的滑行距离,可以给舰载机外加推力,这就是给舰载机加装蒸汽弹射装置或电磁弹射装置的原因。蒸汽弹射装置是通过高压蒸汽在汽缸中推动活塞加速来实现飞机加速的,而电磁弹射利用的是电磁感应原理,用强电流形成的强磁场给金属导体加速。这些知识教师是否都了解呢?

无线充电装置和无线 IC 卡现在用得也比较多,教师是否知道它们的工作原理呢?无线充电装置利用的是互感原理。如图 5 所示,线圈 1 和线圈 2 是两个多匝线圈,在线圈 1 中通上交流电,当线圈 2 靠近线圈 1 时,线圈 2 中就会有感应电动势产生。线圈 2 中产生的感应电动势经过整流后就可以给电池充电了。

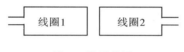

图 5 线圈作用

无线 IC 卡应用的也是互感原理。无线 IC 卡中没有电源,卡片中的半导体芯片是怎么工作的呢? 如图 6 所示,与无线充电装置不同的是线圈 2 感应出的电动势通过整流滤波电路后给一块有电磁波发射功能的芯片供电,芯片就可以跟主机进行数据交换了。无线 IC 卡的用途很广,在居民身份证、银行卡、饭卡、宾馆的房卡中都有应用,如果我们了解了它的工作原理,就会感受到科技工作者的智慧。

图 6 无线 IC 卡的工作原理

光伏发电是太阳能利用的一种方式,它是利用半导体材料制作的光电池,可以把光能转化为电能。你了解半导体材料吗? 你了解光电池的光电转换机理吗? 半导体二极管、三极管、光电池都是利用了 P 型半导体材料和 N 型半导体材料之间形成的 PN 结工作的。

如图 7 所示,P 型半导体材料和 N 型半导体材料形成了一个 PN 结。在 PN 结附近,由于载流子的扩散,形成了如图 8 所示的阻挡层电场,这个电场的方向从 N 区指向 P 区,阻止了载流子的扩散。

图 7 PN 结　　　　　　**图 8 PN 结工作原理**

如果减小阻挡层的厚度,就会形成从 P 区向 N 区方向的电流。把外接电源的正极接到 P 区,外接电源的负极接到 N 区,这个外加电场就会使阻挡层变薄,PN 结导通,进而使二极管导电;如果外接电源反接,PN 结就不能导通。这就是半导体二极管单向导电性的工作原理;如果用光照射 PN 结,阻挡层的厚度减小,PN 结两端就会产生电势差,这就是光电池的工作原理。

作为社会性科学议题的指导教师,我们要注意身边发生的事情,注意这些事情中蕴含的科学问题,不断拓宽我们的眼界,提高指导学生进行议题研究的能力。

(四)了解科技发展的动态

随着社会的发展,新的科技成果不断出现,指导教师要了解这方面的动态,紧跟科技发展的步伐。

对于教师来说,至少要知道最新的科学技术研究成果,如果能够了解它们的简单原理就更好了。教师没有全面掌握最新的科技成果的能力,这是可以理解的,但是如果对这些成果连听都没有听说过,这样的教师还是不太合格的。

为了摆脱对美国 GPS 系统的依赖,我国建立了北斗卫星导航系统(BDS)。截止 2019 年 9 月,这个系统在轨卫星共 39 颗。在这些卫星中,有地球静止轨道卫星、倾斜地球同步轨道卫星,还有一些非同步卫星。这样一个系统的定位精度优于 10 米,测速精度优于 0.2 米/秒,授时精度优于 10 纳秒。北斗卫星导航系统在我国的通讯、定位、测速、授时等方面得到了广泛应用。北斗卫星导航系统中的很多科学原理是教师可以给学生讲清楚的,可以作为课堂教学的素材。

量子通讯是基于量子纠缠原理进行信息传递的新型通信方式。量子纠缠原理是指有共同来源的两个微观粒子间有纠缠关系,在这两个粒子相距很远的情况下,人们控制一个粒子的状态变化,另一个粒子也会发生同样的变化。这种通讯系统的保密性非常高。

我们国家的人工智能技术在近几年发展得非常快,在世界上处于领先地位。人工智能技术都有哪些优势,在我们身边都有哪些应用呢?其实,人工智能技术在我们身边已经得到了广泛应用,最常见的就是人脸识别系统。人脸识别系统的运作原理是将一个人的脸和存在于计算机系统内的照片进行快速比对。人是有表情的,人脸的各部位是有变化的,机器是怎么识别的呢?它是抓住了人脸上不变的东西,如两眼间的距离、耳朵的轮廓等。此外,汽车自动驾驶系统、计算机评判试卷系统等都是人工智能技术在我们生活中的应用。

我们在看一些影视图像时,常看到在军舰和战车上有一架转动的天线,这就是雷达天线。天线转动是为了把电磁波向天空的不同方向辐射,以监测整个空间的飞行物情况。但是有些雷达的天线是不转动的,它也能够把电磁波向天空的不同方向发射,这就是相控雷达。它的天线上有许多单元,主要通过改变不同单元发射电磁波的相位,实现全空域电磁波的扫描。相控雷达没有转动的机械部件,完成一次扫描所需的时间也更短,对飞行物的搜索也更为快捷。

只要教师留心周围的事物,用心研究这些事物与学科知识之间的联系,不断地积累,联系实际的能力就会不断地提高。

(五)加强跨学科知识的学习

要想提高学生的跨学科综合能力,教师的跨学科综合能力也必须得到提高。

物理教师要给学生讲解铅蓄电池的工作原理,知道在正极和负极发生的化学反应的方程式吗?化学教师要给学生讲原电池,知道欧姆定律吗?地理教师要给学生讲地球的自转、讲傅科摆,知道科里奥利力吗?在和相关学科教师接触的过程中,当我把这些问题提出来的时候,他们的回答都是"不知道"。这说明教师的跨学科综合能力是不足的。

物理教师要学一些化学、生物、地理等方面的基础知识,化学教师也要学一些物理、生物、地理等方面的基础知识。科学教师还应该提高自己语文、政治、历史、艺术等文科方面知识水平,这是我们引导学生进行社会性科学议题学习的需要。如果物理老师的艺术素养不够,就应该多听听音乐、多看看画展;如果化学老师的文学水平不高,就应该多看看文学作品,多练习写文章。

总之,学习跨学科知识有利于教师提高本学科的教学能力,跨学科知识水平的高低反映了一个教师综合素质的水平。希望在我们的教师队伍中出现更多的高素质的教师、教育家,推动我国基础教育水平不断提高。

社会性科学议题学习的设计框架

林 静

北京师范大学中国基础教育质量监测协同创新中心

社会性科学议题学习是针对由科技引发的、具有一定争议性的社会问题而开展的跨学科融合学习与研究,充分彰显了社会性科学议题的社会性、科学性、伦理性与开放性等特性。以现实中科技引发的"真问题"为背景,还原综合与复杂的现实问题,设计跨学科融合学习情境以促进学生素养发展,是设计社会性科学议题学习活动的关键。一个好的社会性科学议题学习方案一定遵循学生的学习规律,是基于彰显各个学科特有价值的基础之上而进行的跨学科融合学习,活动内容一定既能让学生联系到自己当下的现实生活实际,又需要他们着眼于未来去思考解决问题。

SSI-L 项目团队在一年多的实践研究过程中,在活动设计方面面临的挑战,除了选择合适的议题,还有对一个议题的跨学科学习的顶层设计,以及以学生探究为中心的系列活动过程设计。基于实证,着眼于教师专业素养提升,遵循学生的认知规律(Students)、围绕重要概念(Knowledge)、指向学生素养发展(Competencies)的 SKC-CAT 教学模型,可以帮助教师解决社会性科学议题学习的设计难点,以重要概念为载体来发展学生素养的问题,从而落实课标要求。

一、设计的基本理念

SKC-CAT 模型贯彻素质教育以发展学生素养为宗旨和目标的理念,助力于转变知识为本的教学,构建素养为本的课堂。解决社会性科学议题,不仅要求学生理解科学本质,具备科学知识、能力及情感态度价值观,还要求学生了解科学在现实中的应用以及 STSE(科学、技术、社会与环境)之间的关系。SKC-CAT 模型强调学校围绕科技开展的教育不仅要教会学生"学科学""做科学",还要"用科学",以培养学生对现代科学技术的"应知应会"。

SKC-CAT 模型遵循人的学习规律。基于脑科学的当代学习科学,强调学习不仅是基于个体已知的意义建构,也是个体与环境互动而建构意义的结果;"有用的知识"是围绕重要概念而联系和组织的,且"有条件地"指明知识可使用的场合,支持学习的理解和迁移[①]。由此,SKC-CAT 模型秉持科学教育"少而精"的原则,倡议围绕跨学科以及各学科的重要概念,联

---

① Bransford, J. D., Brown A. L. & Cocking R. R. *How People Learn: Brain, Mind, Experience, and School* [M]. Washington, D.C.: National Academy Press, 1999.

系学生实际,依据学生已知和学生在课堂上的学习生成来开展教学,强调让学生在思维上经历认知冲突(Cognitive conflict)、抽象概括(Abstraction and generalization)和迁移运用(Transfer practices)这三个基本环节(CAT)来达成对重要概念的理解①,使得课堂真正成为学生"学科学""做科学""用科学"的场所,发展学生科学素养及其核心素养。

二、SKC-CAT 模型结构要点

SKC-CAT 模型倡议以学习者为中心的课堂,从人类实践的视角来分析课堂学习的主体(学生)、客体(目标和内容),调查分析学生的已知、学习中的思维参与、学习达标等方面的情况,从而有依据地设计并实施课堂教学。运用 SKC-CAT 模型设计社会性科学议题学习,分设三阶段九环节的工作(如图 9 所示),其要点如下。

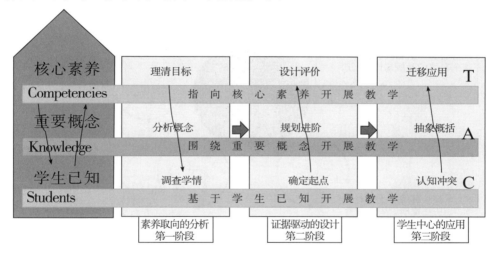

图 9　SKC-CAT 模型

（一）阶段一的素养取向分析——强调依据国家课程标准进行跨学科学习目标分解与整合

SKC-CAT 模型第一阶段进行的是 SSI-L 的顶层设计,架构指向核心素养发展的跨学科学习目标。进一步而言,就是围绕一个议题,确定与之相关联的学科内容,参考中国学生发展核心素养要求,结合各学科课程标准要求,系统分析和构建议题的跨学科学习目标,预设社会性科学议题学习活动的基本环节,确定学情调查方案,勾勒整体活动计划草图,并围绕议题提出架构整个活动的系列驱动性问题。

第一个环节是理清目标,即立足整个中小学教育内容体系来定位一个议题可达成的跨学科学习目标,构建社会性科学议题学习的星形图。例如,围绕"湿地的开发与保护"这一议

---

① 林静. CAT：科学概念的教与学[M]. 北京：高等教育出版社,2018.

题,尝试从科学、经济、政策、人文以及伦理这五个角度设计适宜初中学生的 SSI-L 活动。首先,需要初步构建该议题的星形图(如图 10 所示)。其次,查找初中物理、生物、历史、道德与法治等学科课程标准中与该议题内容相关的标准,并联系中国学生发展核心素养,从知识、能力、情感态度价值观三个维度来列出各维度的 SSI-L 目标。最后,综合考虑学生的认知发展水平与议题的综合性,确定各维度目标之间的逻辑联系,结构化地整合这些目标,再分布到相应维度。本书呈现的 SSI-L 案例,在学习目标的顶层设计上,都有谈及与中国学生发展核心素养、学科课程标准的关联,从而能明确地指向于学生核心素养的发展来构建跨学科融合学习目标。

图 10 "湿地的开发与保护"议题星形图

第二个环节是分析概念,即围绕议题所涉及的知识内容或概念体系来设计 SSI-L 活动的"明线"。首先,确定议题涉及的重要概念及这些概念之间的逻辑联系,构建概念图。其次,针对每一重要概念,梳理其上位概念、下位概念和并列概念。例如,在"湿地开发与保护"议题中,生态系统是一个重要概念,对初中生而言,其上位概念是系统这一跨学科概念;下位概念包括生态系统中的生物成分(生产者、消费者、分解者)和非生物成分,还有食物链与食物网等;并列概念包括生态平衡、物质循环与能量流动等,涉及物质与能量等跨学科概念。再次,结合当地湿地的具体情况,分析学生对重要概念及其相关概念的认知路径,包括分析学生对概念的现实感知如何,有无相应的认知图示,以及不同的现实情境中会要求学生理解与应用哪些概念。最后,概括各类概念之间的层级关系,预设以概念为载体落实社会性科学议题学习目标的主要活动环节,预设能串联系列活动环节的几个驱动性问题。

第三个环节是调查学情。正如奥苏贝尔所强调的,教学最为重要的是要掌握学生的已知,并从学生已知出发开展教学。建构主义学习理论也指出,个体都是基于自己的已知来建构新知的。教师可根据上一环节所分析的议题学习所涉及的概念体系和预设的主要活动环节，分析学生在相关知识、能力、情感态度价值观方面的已知情况，设计调查学生相关前科学概念、了解学生的兴趣与已有经验的方案。调查的方式宜结合具体情境，或采用访谈的方式与学生轻松对话，或请学生针对某一相关的具体现象进行作图解释，或请学生就某一任务进行动手操作，由此观察学生的表现等。初次使用的调查方案，都应经预试后修订，确认其可信、有效后，再实施调查、收集数据。

（二）阶段二的证据驱动设计——强调基于学情的认知分析与生成性学习情境设计

学习是复杂的行为。根据加涅的学习条件理论，教学创设的情境——学习的外部条件，需要关联学习者的内部状态和学习过程——学习的内部条件，促使两者发生相互作用，学习才得以发生。因此，SKC-CAT模型的第二阶段在于创建能发动学生学习的内部条件、启动学生的元认知自我调控学习的外部条件。进一步而言，就是分析学生已知情况，进而依据学生已知，预期学生的学习表现行为，围绕一个真实议题创设系列学习活动环节的情境，并嵌入观察、评价与反馈学生学习表现的任务，完成活动设计。

第四个环节是确定起点。若将第一阶段视为确定学习"终点"的话，经理清目标、分析概念与调查学情这三个环节的分析与细化后，本环节就是在确定学习的"起点"。根据加涅的信息加工理论，学习的外部条件要引发学习的内部条件的话，首先需要引发学习者的注意，能经学习者的感知，通过外部刺激进入学习者的工作记忆，进而才有可能进入学习者的长时记忆，发生学习。因此，本环节需要通过分析学生的前科学概念、已有学习经历、认知风格与水平，并考虑教师可获得的教学资源、自身教学风格，确定作为教学起点的问题情境，并设计作为"起点"的驱动性问题。

第五个阶段是规划进阶。在这一环节，需要着眼于教学的"起点"与"终点"来架构推进学生学习螺旋式发展的"阶梯"。设置"阶梯"的关键仍是关注学习者学习的内部条件，着重在于分析各活动环节中学生的认知发展路径，设置各环节之间引发学生认知冲突的递进情境，以及同化顺应学生认知的情境。这一"阶梯"的"骨架"的搭建方法，是围绕议题的几个驱动性问题来进一步细化预设各活动环节的驱动性问题，从而形成议题活动的整体问题结构，或称为"问题串"。确定了问题串，也就确定了一个议题的系列活动结构。进而，依循SKC-CAT模型的三阶段九环节工作思路设计每一个活动的具体方案。本书"实践篇"部分呈现的SSI-L案例中，均有一个活动计划表，展现的就是其学习活动"骨架"。

本环节的规划进阶工作，可借鉴一些以学生探究为中心的教学模型，如5E教学模型或项目式学习模型等。5E教学基于建构主义学习理论，认为学生是积极主动的建构者，引导学生经历五个学习环节，通过学生已知与未知的互动建构意义。这五个学习环节可以用5个E开头的英文字母来描述：Engage（参与）、Explore（探索）、Explain（解释）、Elaborate（精制）和Evaluate（评价），因此这种教学模型被称为5E模型。这五个学习环节在学生建构意义中的作用及教师在各环节中的指导策略如表10所示①。

表10　5E教学的核心环节

环节	目 的	教师指导策略
Engage(参与)	吸引学生的学习兴趣,激活学生已有认识,并使学生明确学习任务	使学生产生好奇心,激发学习兴趣;提出问题;揭示学生对概念的已有认识
Explore(探索)	促进学生通过探索,自己建构概念	鼓励学生在没有教师指导的情况下进行合作;观察和倾听学生之间的互动;必要时通过提问来引导学生的研究方向;给予一定的时间让学生自己解决困难;作为学生的学习顾问
Explain(解释)	鼓励学生运用自己建构的概念去解释相关现象,从而引导学生将个体建构的概念转向科学概念	鼓励学生用自己的语言解释概念和定义;要求学生为自己的解释提供证据或理由;提供规范的定义、解释和名词;运用学生的原有体验促进学生解释概念
Elaborate(精制)	要求学生运用科学概念于新情境,从而进一步修整学生对科学概念的理解,促进学生科学概念的建构	要求学生运用已经提供的规范描述、定义和解释;鼓励学生在新情境中运用或拓展概念和技能;提示学生可能存在的其他解释;引用学生已有的数据或证据提问:"你们已经知道了什么?""为什么你认为……"
Evaluate(评价)	通过多种评价方式评价教和学,使教师和学生了解学生是否建构了科学概念,以及是否获得相关技能	观察学生对新学习的概念和技能的运用;评价学生知识和技能;寻找证据说明学生学习后认识或行为上的变化;让学生评价他们自己的学习能力和小组解决问题能力;提出开放性问题,如"为什么你认为……""你有什么证据?""关于……,你知道了什么?""你如何解释……"

从这五个学习环节对学生概念建构的层层深入可见,5E教学充分认同建构主义学习理论,认为学生自主建构科学概念并获得持久的理解是需要足够学习时间和学习体验的②。这就意味着5E教学选择和强调最重要的概念和技能,使学生能够把注意力集中在理解的质量上,而不是所教信息的数量上,秉持的是"少而精"(Less is More)的教育理念。学生在每一个"E"环节的学习,都是在探究。学生在与外界现象、外界环境以及他人的互动过程中,对自己的原有理解进行重新定义、重新组织和精细的修整,理解重要的科学概念。简而言之,5E教学旨在让学生逐步深度理解外界事物和现象,并将这些理解都能内化于原有的认识之中,即学生获得可迁移的学习。

项目式学习(PBL)是一种科学教学方法,其重点是让学生探究他们认为有意义的和有吸引力的问题,并激发他们对世界的好奇心。通过对问题的探究,学生能理解相关的现象,重现某些自然事件,或者通过使用学科核心概念、科学与工程实践和跨学科概念找到问题的

---

① NIH, BSCS, Videodiscovery, Lnc. *Human Genetic Variation*[M]. Maryland: NIH Publication, 1999.

② Bybee, R. W. *Reforming Science Education: Social Perspectives & Personal Reflections*[M]. New York: Teachers College Press, 1993.

解决方案①。项目式学习的设计并不关注解决问题的程序,关注的是如何以现实问题来发展学生解决问题的能力。因此,项目式学习认为学生在解决问题的过程中,其探究的路径是复杂开放的,类似于一个网状结构,而不是一步一步菜单式的探究(如图11所示)。或者说,学生在项目式学习中,其探究的思路是非线性的。在围绕某一现象,通过查找信息提出可探究的问题的过程中,学生也需要收集与分析信息,确定查找信息的方案或假设模型。

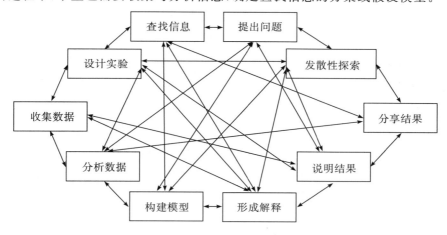

图11　项目式学习中的探究网

项目式学习非常注重以驱动性问题激发学生学习的好奇心,希望触动学生学习的内在动机来完成系列探究活动。因此,驱动性问题的提出与围绕驱动性问题的活动设计,是设计项目式学习的关键。提出驱动性问题的,可以是教师,也可以是学生。图12所示的内容提

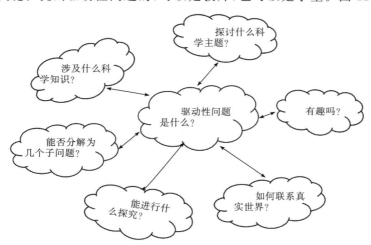

图12　项目式学习中驱动性问题的提出

---

① Krajcik, J. S., Czerniak, C. M. 著, 王磊等译. 中小学科学教学:项目式学习的方法与策略(第五版)[M]. 北京:北京师范大学出版社, 2020.

示我们可以从哪些方面来思考和提出驱动性问题[①]。首先,驱动性问题对于学生而言应该是有趣的、好玩的,同时也是学生能经过探究可解决的问题,即具有可行性。其次,需要确定驱动性问题涉及哪些主题与知识。SSI-L 活动中的驱动性问题涉及跨学科内容主题与知识。再次,联系现实世界,分解问题,并选择真实现象来设计学习情境。最后,项目式学习注重学生对于学习的后续的可持续探究,即基于一次项目式学习经历,发动下一次的项目式学习。这一观点也非常适用于 SSI-L 系列活动中推动学生可持续、螺旋式发展的探究学习。

第六个环节是设计评价,即根据上一环节规划进阶工作得出的"阶梯",结合设计的议题系列活动环节,选定某一情境作为观察、评价学生学习表现的节点,通过嵌入式评价获取学生学习进展的数据,以评价推进学生学习。在设计评价内容时,需要端正评价观,从立德树人、发展学生核心素养等教育目标出发,确定评价的重心不在于学生知识的拓展,而是学生运用知识解决复杂问题过程中所表现出来的思维能力。例如,注重评价学生在 SSI-L 活动过程中反思性判断是否有发展变化、对科学本质是否有更深入的理解、是否建构了跨学科概念。同时,注重评价学生的道德敏感性和同情心、迁移概念和观点的能力,以及道德推理、非形式推理与论证等能力,注重评价学生对生态正义(eco-justice)和环保意识的认识,对科学探究的兴趣发展等。

在评价方式上,摈弃单一的纸笔评价,可以采取多种多样的、开放式的评价。例如,采用各类书面论证方式,包括对某一议题的宣传或解决方案的海报展示,解决某一议题的书面报告、立场文件或方案手册,给相关人员(如商业界、学校行政人员、当地政府人员等)的信件等。教师还可采用各类表现性评价,如学习过程中的小(大)组讨论、角色扮演、辩论赛、微视频的拍摄、专题博客或网页的建立等。

在评价标准的制定上,需要着重考量学生在解决议题过程中所给出的证据的有效性,即评价学生如何以实证数据支持自己提出的主张;考量学生所用证据的来源,即评价学生提出证据所依据的研究;考量学生所用数据的质量,即评价学生如何根据确定或不确定的发现来合理分析、比较与整理数据;还要重点考量学生研究所持的方法论,即评价学生研究设计的科学性,以及是否科学、合理地解释与运用数据并能据此得出合理的结论。

将各类嵌入式评价整合到各活动环节,进一步打磨、细化这些嵌入式评价节点上的观察、评价与反馈的设计,最终将评价融入各环节的学习情境之中,便完成了整体活动的设计。

(三)阶段三的学生中心课堂教学应用设计——强调围绕重要概念组织活动的学生核心素养培养

SKC-CAT 模型的第三阶段,将再着眼于学生学习的内部条件,从课堂上学生学习发生的角度,进一步修正、精炼活动设计。教师可依据 CAT 学习环[②]来开展这一阶段的设计工

[①] Krajcik, J. S., Czerniak, C. M. 著,王磊等译. 中小学科学教学:项目式学习的方法与策略(第五版). 北京:北京师范大学出版社,2020.

[②] 林静. CAT:基于学习科学的科学概念学习环[J]. 全球教育展望,2009,10:31-35.

作,创设以学生为中心的课堂教学方案,注重观察、评价和反馈学生的学习表现,基于学生课堂学习生成来推进学生学习,有质量地发展学生科学素养与核心素养。

第七个环节是认知冲突。本环节主要展示联系学生实际的问题情境,引发学生认知冲突。在学生的交流过程中,顺势或以干预来导出 SSI-L 的驱动性问题,激发学生的好奇心和学习动机,进而告知学生这节课的学习任务,使学生明白自己的探究方向。

认知冲突是指学生的原有认知结构与所学新知识之间无法包容的矛盾,或是在新知识与学生原有认知结构之间产生的"不协调"。在学习过程中,学生的头脑并不是空白的,即使是婴儿,也会把自己的观点带入学习情境中,是积极的学习者。学生头脑中已有的关于周边现象的"朴素理论"、日常概念与要学习的科学概念之间或多或少有些距离,甚至是偏差。如果不能有效地激发学生认识到自己储备的已有知识与新知识之间的距离或偏差,学生就会以自己的已知去理解和构建新知识,其结果就会形成类似于"鱼牛"或"煎饼状的地球模型"这样的错误概念。所以,教学仅仅激活学生的已有知识是不够的,而是要让学生意识到已有知识与新知识之间的矛盾和冲突,"唤醒"学生的已有知识,并激发学生自我调控学习的意识和能力,促使学习顺利进行。

第八个环节是抽象概括。教师可在活动的各环节不断以认知冲突激发学生思维,同时创设机会供学生抽象概括他们在活动中的探究体验,发展学生的逻辑思维能力。

具体而言,抽象是指舍弃事物个别的、非本质的特征或联系,抽取共同的、本质的特征或联系的思维过程。概括是根据抽象出来的事物的共同的、本质的特征或联系,而把同类事物联结起来的思维过程[①]。抽象决定概念的内涵,是概括的基础,若没有抽象就不可能概括;而概括决定概念的外延,概括有助于更科学的抽象。抽象的目的是降低事物之间的复杂程度,经概括得到普遍性的概念,从而使人们能够以综观的角度来了解许多特定的事物,把握事物的本质和规律。因此,抽象概括是概念获得和发展的重要思维方法。概念化倾向是人类自小就有的一种能力。有研究显示,婴儿在他们出生的第一个月就能形成概念。在短短的几年内,儿童会获得有关时间、空间、数字及生物等大量概念[②]。但是,儿童这种自发的抽象概括往往是简单而狭隘的,所形成的"朴素理论"、日常概念常常忽略了事物之间的本质特征,而包括了一些非本质特征[③]。因此,抽象概括是学生基于已知来同化新概念的思维方法,是学习重要概念的基本环节。并且,抽象概括环节既能提高学生抽象概括的能力,又能发展学生自我调控概念学习的能力,提高学生的元认知。"元认知"是指人们预测他们在各种任务中表现的能力以及对目前的理解和掌握程度进行调控的能力。元认知的介入有助于学生深

---

① 朱智贤.心理学大词典[M].北京:北京师范大学出版社,1989:73-484.
② 罗伯特·西戈勒,玛莎·阿利巴利著.刘电芝等译.儿童思维发展[M].北京:世界图书出版公司,2006.
③ Wandersee, J. H. Students' Misconceptions about Photosynthe-sis: A Cross-age Study[A]. //H. Helm & J. Novak(Ed.) *Proceeding of the International Seminar on Misconceptionsin Scienceand Mathematics*[C]. Ithaca, NY: Cornell University, 1983:441-465.

度理解所研究的内容,有利于重要概念的进阶发展,从而理解跨学科概念。

第九个环节是迁移应用。本环节是对学习评价的再审定与再修正,主要通过创设联系实际的情境,供学生迁移应用来检测、反思和完善对所学内容的理解。迁移是主动的、动态的过程,是学习者自我调控的一种表现。已有研究显示,有效的学习者能够明确地意识到迁移的重要性,并且有强烈的内部动机来利用迁移的机会促进学习,具体表现在主动识别不同学习任务之间的相关性,识别可迁移的具体情境,在迁移机会出现时,主动、恰当地提取或接通有关经验或可利用的资源,并灵活地运用这些经验和资源[①]。由此,有效学习者更清楚何时何地如何运用所学的新概念,即具备了"条件化"运用新概念的能力。

首先,影响迁移的第一个因素是对已学内容的掌握程度,在没有达到一定水平的已有学习中,迁移是不会发生的。其次,迁移受学习者理解程度的影响,仅靠记忆或错误理解也不能发生迁移。最后,迁移需要元认知提供策略性的能力。因此,将迁移应用作为学生学习概念过程中的基本环节,不仅注重学习的实质,而且提供机会让学生自我检测概念学习的质量,学会自我判断是否理解、如何修正以完善所学的概念,从而充分发挥学生元认知的自我调控能力,促进学生概念学习能力的提高。

经历 SKC-CAT 模型三阶段九环节的设计之后,需要再从基于学生已知、围绕重要概念、指向核心素养三个视角来审查各环节的匹配与拟合程度。就像前文图 9 所示的那样,要核对理清目标、设计评价与迁移应用这三个环节的设计结果,是否在跨学科学习目标的设定方面是一致的,同时审视三个环节是否都指向发展学生核心素养、立德树人的初衷来设置与评价学习目标;核对分析概念、规划进阶、抽象概括这三个环节的驱动性问题结构是否逻辑一致,是否都围绕议题所涉及的重要概念而形成有效的、层层递进的问题结构,以及探究各问题的相应活动过程是否具有内在关联且能推进学生学习的深入发展与认知的螺旋式发展;核对调查学情、确定起点、认知冲突这三个环节是否都一致地把握了学生的学习起点,教学确实从学生已知出发并能唤起学生具有持续性的学习动机。经过纵向九环节的连贯推进设计以及横向三方面的综合分析,设计出 SSI-L 活动方案,再细致打磨其中每一个活动过程的细节方案,即各节课的教学方案。

三、应彰显的特色

在运用 SKC-CAT 模型来设计 SSI-L 活动方案时,应彰显其跨学科融合学习促学生核心素养发展的重要价值,匹配社会性科学议题社会性、科学性、开放性与伦理性等特点构建开放的课堂学习情境,供学生投入到复杂问题的探究之中,并通过收集到的学生学习进展数据来推进、调整、发展学生的学习。

联系实际凸显跨学科融合学习价值,是 SSI-L 设计的重点与难点。为此,教师既要关注

---

① 林崇德.学习与发展[M].北京:北京师范大学出版社,2003.

自己感知到的现实世界,还要研究学生,理解学生能感知到的现实世界,从学生的视角来创设联系实际的议题及其学习情境。

构建开放的课堂的关键在于教师放弃课堂掌控、隐退在旁之后如何发动学生之间的同伴互助、小组学习,即建构课堂的学习共同体。其有效策略之一是学生在小组内或小组之间交流研讨时采用"轮流说"机制。例如,在3~5人为一组的小组内,小组成员之间能轮流发表观点,但不重复前面已有人发表过的观点;每个人在每一轮的发言时间不超过2分钟;在学生人轮流发言的过程中,其他人不讲话,若有其他意见,就等轮到自己发言时再发表;所有的发言对事不对人,公平、深度、坦诚地交流互动。

基于证据驱动教学,首先,要求教师将认知分析作为自己日常备课必须之举,要求教师研究学生、理解学生,着眼于学生学习的内部条件来设计与开展教学,在目标定位时遵循课标"自上而下"分析来确定教学起点;在教学设计时,基于学生已知"自下而上"设计教学环节以及教学监控手段;在课堂应用时,从学生已知出发,以真实问题情境推动学生思维发展以达成教学目标。其次,要求教师作为"研究者",锻炼和发展自己对教学的质量监控意识与能力,研究、观察和评价学生的学习表现,以观察、评价与及时反馈来促进学生学习生成,保证课堂教学质量,实现"有效教学"。

社会性科学议题"水资源"校本课程的构建与实施

沙立国

浙江省杭州市保俶塔实验学校

水是人类赖以生存的生命之源。随着人口的增加和经济的发展,一方面,人类对水的需求与日俱增;另一方面,水资源被大量浪费。同时,令科学家极为担忧的是,众多的工农业废料甚至核废水被排入江河湖海之中,对水资源造成了极大的破坏,严重威胁人类的健康。联合国水资源大会指出:水资源危机将成为21世纪人类面临的最为严峻的危机之一。杭州是著名的水乡,"五水共治"成效显著,水资源又与学生的日常生活密切相关,因此,我们将"水资源"作为我校社会性科学议题校本实施的核心内容。

社会性科学议题是指与科学或科技领域相关的一些具有争议性的社会问题,我们在科学教育中要面对很多具有两重性的社会性科学议题。教师在科学教育中不再局限于科学知识的传授和简单实验的演示,还必须运用社会性科学议题的教学策略让学生在两难争议中理解知识的相对性和科技在运用过程中的两面性,以正确理解科学的本质、树立正确的价值观;让学生在讨论和决策议题解决方案的过程中提升科学认知与伦理道德水平,从而促进学生科学素养的发展。

一、"水资源"校本课程开发的依据

教育部《关于全面深化课程改革落实立德树人根本任务的意见》提出,核心素养体系应当明确学生应具备的适应终身发展和社会发展需要的必备品格和关键能力,突出强调个人修养、社会关爱、国家情怀,更加注重自主发展、合作参与、创新实践。

《浙江省初中科学学科教学基本要求(2021版)》提出,初中科学课程是以对科学本质的认识为基础、以提高学生科学素养为宗旨的综合课程。科学课程注重各学科领域知识的相互渗透和联系,统筹科学探究的过程和方法,关注科学、技术、社会、环境之间的关系,以帮助学生从整体上认识自然和科学,深化对科学的理解,促进学生科学素养的发展。

杭州市保俶塔实验学校确立了"为了学生的未来,提供最好而可行的教育,让每一个学生获得成功"的理念,遵循教育规律和学生成长规律,保护和培养每一位学生的兴趣,开发和培育每一位学生的学习潜能和特长,一切以学生的发展为本,促进学生身心健康全面发展。

北京师范大学中国基础教育质量监测协同创新中心林静教授带领的专家团队对社会性科学议题学习的方法、策略和实施路径等提供了专业实时的指导。同时我们与杭州师范大学生命与环境科学学院等专业院校进行了实践合作,为我们提供水质检测分析等专业指导。

二、"水资源"校本课程开发的原则

（一）发展性原则

本课程旨在力图破解当前知识、能力与情感态度价值观培养之间割裂的问题，能让学生在发展科学素养的同时形成正确的人生观与价值观，促进学生科学素养、核心素养的整合性提升。

（二）思辨性原则

本课程从议题的选择到开展活动过程再到学习评价都体现出一种没有明确解决方案的开放性，往往有多种合理的解决方案。在选择和比较不同方案的设计原理、设计意图、材料使用等活动中，培养了学生的思辨能力和决策能力。

（三）趣味性原则

只有充分尊重学生的兴趣和爱好，才能激发学生的兴趣，调动学生参与活动的积极性。学生对于拓展性课程往往是带着较大兴趣参加的。本课程的开发从学生的兴趣入手，通过活动不断地提升学生的认知水平，使学生得以全面发展。

（四）探究性原则

本课程在拓展学生学科基础知识的同时，重视实践活动，让学生通过经历科学探究的过程，不断提高利用知识解决实际问题的能力，引导学生像科学家一样思考问题。

三、《水资源》校本课程开发体系

本课程联系我国中小学生发展核心素养培养目标体系来构建课程目标，着重培养学生的科学精神、学会学习、责任担当与实践创新方面的品质与能力（如表11所示）。

表11 "水资源"校本课程目标

课程总目标	品质	核心素养
提升学生的科学素养 培养学生的公民意识 培养学生的决策能力	科学精神	理性思维、批判质疑、勇于探究
	学会学习	乐学善学、勤于反思、信息意识
	责任担当	社会责任、国家认同、国际理解
	实践创新	劳动意识、问题解决、技术应用

围绕课程目标，我们初步构建了两个主题的课程内容（如下页图13所示），并展开了课堂实施。后续将继续围绕"水资源"推出课程内容，最终构建完整的课程内容体系。

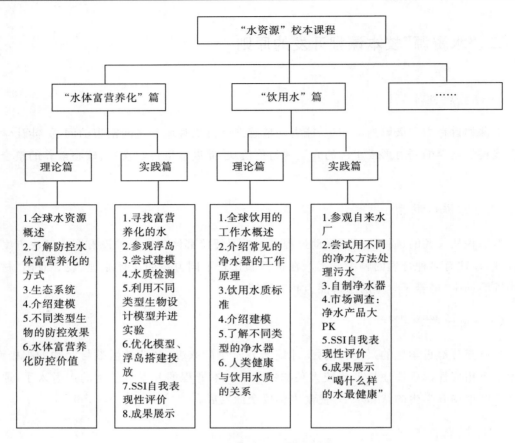

图13 "水资源"校本课程内容体系

四、课程的实施策略

(一)顶层设计,把握课程方向

课程是教育教学的重要载体,顶层设计是校本课程得以有效实施的根本保证。学校成立了校本课程开发与实施领导小组,建立了较为完善的策划、管理、研究、评价、经费使用等方面的制度,从制度方面为课程的开发和实施提供保障。此外,我们还组建了以学科骨干教师为主的课程开发团队,分为校本课程研发小组和课程执教小组。校本课程研发小组根据主题制定课程方案,构建了"水资源"校本课程目标体系、内容体系,明确了课程开发的方向;课程执教小组则根据主题制定教师和学生层面的活动方案。同时,校本课程研发小组定期根据北京师范大学专家团队对课程设计、实施过程、评价机制等方面提出的改进意见,不断完善课程,使"水资源"校本课程充满特色和活力。

（二）创设平台，提升课程品质

学校积极为课程开发的教师创设和提供平台，保障教师课程开发的权利，既能发挥教师的主观能动性和专业特长，又能提升教师开发校本课程的能力。对于议题、整体单元设计和驱动性问题的确定，采用集体头脑风暴等形式，团队合作开发完成。对于课程实施的具体过程，由每名教师根据自己的特长和优势单独开发完成，再由执教小组教师结合教学实践不断完善。最后，团队全体教师结合专家的整改意见不断修正和完善，提升课程品质。

（三）凝聚合力，优化课程资源

校本课程开发对教师提出了更高的要求，这就需要学校一方面充分挖掘校内优秀的师资力量，另一方面引进校外优质的教育资源（高校机构、社会专业人士等），还可以向学生家长借力，共同开展教师培训、协同教学等，丰富课程内容，优化课程资源。

（四）定时定点，护航课程实施

课程开展是校本课程实施的关键。目前我们共开发了两个议题，共24节课，48课时。为确保课程顺利实施，每周二下午学校安排了90分钟的"水资源"校本课程实践活动。同时结合课程实施的环节，安排合适的教学场所和实践场所。教学场所包括无土栽培实验室、创新教室、科学实验室等，实践场所包括无土栽培实验室、求知塘、西湖、自来水厂等。

（五）多元评价，促进全面发展

本课程评价内容综合化，将活动过程、学习成果与学习态度相结合进行综合评价，既注重对课程实施过程的评价，又重视学生个性发展、人格完善，积极发挥评价结果在促进学生素质全面发展中的作用。

本课程评价方式多样化，包括展演、建模、辩论、实验成果汇报、圆桌会议等方式，兼顾评价的适度压力和吸引力，体现出过程性、激励性、趣味性、真实性等特点。我们注重将个别评价与集体评价、过程评价与结果评价相结合，并对学生的综合实践能力、态度、情感和价值观进行整体评价。

（六）丰富形式，利于深度学习

本课程在实施过程中提倡学习方式多样化。教师常依托多媒体，通过文字、图片、视频等媒介将抽象的知识形象化、趣味化，引导学生关注水资源问题，激发学生的兴趣；同时引导学生通过建模的学习方法，深化对事物的理解。例如，通过建构"预防水体富营养化措施"模型，解释不同的防控水体富营养化措施的生物学原理，解释水体富营养化的成因和危害。每一课时的设计都有配套的实践活动环节，如通过小组合作让学生设计实验方案，以此来验证自己的观点；取出学校求知塘中富营养化的水，让学生依据自己的实验方案，设计一套防控水体富营养化的生物处理模型,并搭建浮岛投放到求知塘,跟踪进行检测反馈。同时结合课程开展的需要,不定期地开展水质调查、浮岛参观设计、净水器大调查和水厂参观等实践活动。

在形式多样化的社会性科学议题学习过程中,学生作为学习的主体,全身心地投入到活动中,真正实现了深度学习。

五、"水资源"校本课程实施的初步成效

(一)为教师的专业成长提供新的载体

校本课程的开发、实施、研究与实践,促进了教师科研能力的提高,他们会在实践中总结、反思、积累,将研究成果进行改进,逐步形成独特的教学风格;促进教师实现观念转变、角色转换,不仅成为课程高水平的实施者,还成为课程建设、研究和开发者,学校同时形成了一支校本课程开发实施的积极分子和骨干队伍,促进教师队伍课程建设水平不断提高。

(二)为学生的个性发展提供新的平台

校本课程的开发和实施,激发了学生对身边事物的好奇心和求知欲,引导学生在学习过程中不断发现问题、解决问题;引导学生勇于质疑,学会决策;引导学生关注人、社会与环境的和谐发展,增强学生的社会责任感和使命感。

(三)初步形成具有校园特色的校本课程

我们努力做到科学规范地开发校本课程,初步形成了富有特色的校本资源,以及适合我校师生的评价和考核方式。本课程以社会性科学议题教学为主要模式,创设跨学科融合的学习情境,以专题探究的形式,通过分析、讨论、探究、论证、辩论等形式拓宽学生的知识面,重点培养学生的探究能力、论证等高阶思维能力,落实"立德树人"任务。

社会性科学议题学习的实施要点

谭永平

人民教育出版社课程教材研究所

2020年,北京师范大学中国基础教育质量监测协同创新中心与美国北卡罗来纳大学教堂山分校联合发起,国内众多中小学校参与,围绕与科学技术密切相关的复杂的社会性问题开展社会性科学议题学习(Social-scientific Issues Learning,缩写为SSI-L)。基地校围绕社会性科学议题学习研发了很好的议题,开展了卓有成效的探索。当然,在探索过程中,各校也都遇到了一些困难,发现了一些问题。

基于社会性科学议题学习项目的基本理念,以及学校的实践经验,可以总结出社会性科学议题学习实施的要点、关键点,从而梳理出有效的实施策略。

一、社会性科学议题学习实施的要点

社会性科学议题的设置,要分别从科学、经济、政治、文化等方面发散思考,确定话题的支架和立意[1]。学习的展开,则要围绕议题设置情境,通过学生活动,依托基本的科学概念,运用思维工具,结合政治、经济、文化等领域的基本原则和共识来达成学习目标,生成新问题实现学生综合素养的提升。显然,社会性科学议题学习是与科学知识,特别是物理、化学、生物等科学领域的学习有关的,但是,社会性科学议题学习又不同于学科内的科学探究,而是具有跨学科性质、围绕社会性议题开展讨论、实践的学习。

基于社会性科学议题学习的理念,可以总结出社会性科学议题学习实施的以下要点。

(一)议题既是科学议题,又嵌合于社会生活,有社会性

社会性科学议题学习围绕着某项议题展开,这个议题必须是科学议题,又不仅仅是科学议题,也应具有社会性。也就是说,这样的议题必须处于科学与社会的交叉点,既要用到科学知识,又要关注议题的社会性,是二者的融合。例如,探究影响光合作用效率的因素,这属于纯生物学的课题,而在围绕"碳排放与碳中和"议题开展活动时,探讨如何利用植物的光合作用来固定二氧化碳,就既有科学性,也属于社会性议题。

---

[1] 林静,张乐潼. 社会性科学议题的内涵与教育价值[J]. 中国科技教育. 2020,9:8-12.

（二）解决现实生活中的真实问题，答案具有开放性

社会性科学议题涉及的问题一般没有标准答案，而是要求学习者在诸多答案中选择最佳、最合适的，因此答案一般都具有开放性。例如，"碳排放与碳中和"议题，在提出解决问题的方案时，既可以选择节能、提效，也可以选择植树造林。即便是植树造林，也有因地制宜、权衡考虑效益与碳中和目标的选择。这样的问题没有标准答案，而是权衡之后的选择。这样的议题和学生今后在社会生活、工作中遇到的问题和解决问题的方式非常接近，因此，有助于学习者更好地适应未来的挑战。

（三）开展议题学习需要跨多个学科

社会性科学议题是社会生活中的真实问题，这些问题不同于经过抽象、提纯、理论化的纯学科问题，往往涉及自然界和社会生活的方方面面。因此，议题的开展不会局限在某个学科，往往需要综合多门自然科学的知识和方法，除此之外，还需要关注政治、经济、伦理等方面。例如，"碳排放与碳中和"议题，既要用到地理、化学、生物学知识，也需要考虑国际协议、国家法律、经济杠杆、企业生存等诸多方面的问题。

（四）议题进行中需要多学科知识、方法有机融通

社会性科学议题关注多学科共同解决真实情境中的问题，而不是各学科教学的组合。因此，在社会性科学议题学习过程中，多学科的知识和方法应该有机融合，通过"化学反应"融为一个整体，而不是彼此孤立。在实践中比较容易出现的问题是在确定议题后，项目组分割任务，物理、化学、生物、地理老师各自负责其中一部分，然后每个学科局限在各自学科内，最终所谓的多学科共同参与的议题，变成各学科活动的"拼盘"。

在进行社会性科学议题学习时，科学思维的参与一般来说是必需的。在学习科学知识的过程中离不开科学思维，因此科学思维贯穿科学领域所有学科，在社会科学领域中它也是解决问题时不可或缺的。解决跨学科的问题，综合运用多种学科的知识和方法，也必然要用到科学思维方法。可以说，在进行社会性科学议题学习时，科学思维恰好能体现不同学科的共性，它也因此能起到将多学科进行整合的作用。

（五）学生需要亲身参与实践行动，做中用、做中学、做中融

社会性科学议题学习的开展需要亲临其境，运用科学知识和方法，综合考虑政治、经济、伦理等方面来解决问题。亲临其境，就不能脱离社会现实，不能全都用二手信息。因此，社会性科学议题学习强调要在做中用、做中学、做中融，学生要参与实践活动，不能停留在基于资料的分析和讨论层面。在设计社会性科学议题学习项目时，应该考虑学生动手操作的科学实践活动。在社会性科学议题学习过程中，需要组织学生亲自动手，开展科学实验、社会调查等活动。

（六）科学精神与人文精神交相辉映是议题开展的精神内核

作为跨自然科学的多门学科、跨自然科学与社会科学的学习项目，社会性科学议题学习有知识的学习与运用，有动手的实践探索，具有综合的育人功能。简而言之，社会性科学议题学习应该以科学精神与人文精神交相辉映作为其精神内核。

在学校课程中，经常把科学与人文二者区分开来，让二者相对而存在。科学的研究对象是自然现象及其规律，人文的研究对象则是和"人与社会"相关的一切事物，"人文"所关注的核心内容是人们的思维、情趣、人格、理想、信仰和价值观等。科学让人理性、使人理智，人文让人更有悟性；科学强调客观规律、强调理性，人文则既有深刻的理性思考，又有深厚的情感魅力[1]。在学校课程中，许多人认为，自然科学课程是以学科知识、科学方法等作为基本内容；而语文、历史、政治等人文社会学科具有较强的意识形态属性，更加关注价值观等。实际上，科学与人文并不是对立的。一个人的精神世界不能没有科学，也不能没有人文。科学精神和人文精神是人类发展的两个重要支柱，两者共生互补，任何一种缺失都将造成人在实践过程中的失衡[2]。

因此，作为跨学科、综合性的学习方式，需要做到科学精神、人文精神的有机融合，发挥其综合育人功能。

二、社会性科学议题学习实施的几个关键

以上所说的社会性科学议题学习实施的要点，看似很好把握，但在实践中要落实好，体现社会性科学议题学习的育人价值，并不是那么简单。根据目前已有的实践经验来看，在实施过程中，处理好以下几个关系特别重要。

（一）在议题选择上处理好学生自己的生活经验与他人经验的关系

从实践经验来看，社会性科学议题学习的开展难点之一是学生对议题并不是真的感兴趣。尤其在高中阶段学生学业负担重的背景下，如果学生再缺乏兴趣，有的议题就难以深入开展下去。学生之所以不感兴趣，究其原因，除了研究占用的时间太多、难度过大等，影响因素还有情境不鲜活、离学生的生活太远等。因此，社会性科学议题的设置、情境的展开最好能结合学生的生活经验。例如，北京一零一中学的"水润一零一"议题，研究的是学生熟悉的校园，因此能有效地调动学生的兴趣；北京市第九中学的"新冠肺炎的传播和预防"议题，虽然议题本身并非北京市第九中学专有，但是这个议题的研究内容与学生和他人的健康息息相关，因此学生也有很高的积极性；山西师范大学附属中学的"粉尘的污染与治理"议题，结

---

[1] 谭永平. 生物学课程哲学[M]. 杭州：浙江教育出版社，2020.
[2] 张晓荣. 科学人文本同根——论人文精神在大学教育中的作用[J]. 宁波大学学报：教育科学版. 2007,6:58-61.

合了当地粉尘污染情况比较突出的现实,也较好地吸引了学生的关注。可见,要激发学生参与社会性科学议题学习的积极性,设置与学生的直接经验有关的议题和情境是有效的方法之一。

结合学生的直接经验、结合校园生活、结合当地突出的问题来寻找良好的议题,设置学生感兴趣的情境,有助于社会性科学议题学习的成功开展。

(二)处理好社会性科学议题学习与学科知识学习的关系

基于社会性科学议题学习的基本要求和学校的实践经验,笔者认为要考虑以下两个基本原则。

1. 社会性科学议题学习需要以科学知识为基础

社会性科学议题中的"科学"便界定了议题的性质,因此,一定有科学知识在议题之中。也就是说,"科学"是议题开展的前提。从已有的实践来看,几所基地校设置的议题,基本都需要依托科学知识。山西师范大学附属中学的"粉尘的污染与治理"、北京市第九中学的"新冠肺炎的传播和预防"、湖南省株洲九方中学的"为什么肺癌患病率逐年上升"、北京一零一中学的"校园(或社区)垃圾分类治理方案"和"水润一零一"等议题,都要用到生物、物理、化学等学科知识。如果一个社会性科学议题几乎不需要运用科学知识,可能就不适合作为"科学议题"了。

2. 社会性科学议题学习的目的不是学习新知识,而是知识的运用、融通

社会性科学议题学习不能替代学科课程学习,其主要目的不是学习新的科学知识。特别是在高中阶段,学科课程有较严密的知识体系,学科概念、原理、规律既需要有知识依托,也需要整合到学科知识网络上,因此,在学科课程中学习新知识,可以较好地保证知识的理解和整合,具有较高的有效性;而社会性科学议题学习的重点在于跨学科,是跨自然科学与社会科学的议题研究,学科知识体系的建构不是其核心任务。因此,我们最好结合已经学习过的学科知识进行社会性科学议题学习。社会性科学议题学习是在解决问题的情景中综合运用多学科知识的过程,可以帮助学生打通知识之间的间隔,建立起对自然、社会的深刻认识。其作用在于知识的跨学科融通、网络化。在设置议题时,需要综合考虑学科课程的进度,避免在社会性科学议题学习过程中大量补充新的学科知识。

例如,"嚼槟榔习惯与口腔癌的关系"议题,适合在高一下学期或者高二开展。因为这一议题涉及癌症发生的原因,如果放在高一上学期开展,就需要向学生讲解关于"细胞癌变"的新知识,如果在学生学习过"遗传与进化"模块之后开展,就可以让学生直接运用已经学过的关键知识,使学习效果事半功倍。

(三)处理好学科与跨学科、科学与社会的关系

社会性科学议题学习需要依托、运用学科知识来展开,但是,它和学科课程的核心内容存在重大区别,即议题进行中的跨学科融合特点。虽然未来会在义务教育阶段学科课程中

加强跨学科实践活动,但是,各学科课程的核心内容、主要目标仍然是学科育人价值本身,而不是跨学科整合。在社会性科学议题学习中,不但要在科学领域各学科之间打通联系,而且要在科学与社会之间打破隔阂。社会性科学议题学习一定有不同学科之间、科学与人文之间的融合。

1. 在解决问题的过程有机整合知识

社会性科学议题是在真实的复杂情境中解决问题。解决这样的问题,需要综合运用多个学科的知识和方法,需要考虑社会环境,因此,学科的交叉是必然的。例如,"新冠肺炎的传播和预防"议题,在探讨飞沫传播的距离时,需要运用物理、数学方面的知识;在探讨消毒的有效性时,需要用到化学、生物方面的知识;进一步探讨如何采取经济、有效的消毒措施、隔离措施以控制传染病传播时,还涉及经济、个人权益、社会管理、人文关怀等内容。可见,在解决这类社会生活中的真实问题时,是要突破学科间界限的,是要在运用知识的过程中促进跨学科知识的交融和整合的。

2. 在解决问题的过程中贯穿科学思维

在社会性科学议题学习的过程中,需要通过分析事实证据提出问题,依据已有知识作出假设,并设计方案进一步获取证据验证假设;在分析实验、调查结果时,往往要进行归纳,在得出结论时往往需要运用演绎方法。在进行社会性科学议题学习的过程中,科学思维是必不可少的。实际上,科学思维贯穿议题设置、研究方案以及得出结论的全过程。例如,在研究"肺癌发生率变化"议题时,需要考虑肺癌的发生是多因一果:空气质量、吸烟与否、饮食习惯等是影响因素,遗传是影响因素,年龄也非常重要的影响因素。在设计研究方案时,就需要对这些因素进行综合考虑,才能使得议题的展开基于合理的假设。在进行调查和实验研究之后,需要运用归因、归纳等方法,才能得出结论。

3. 在解决问题的追问中,科学到底、人文到边

在社会性科学议题学习的过程中,可以不断生成问题,因此我们可以不断追问,从而达到更深的思想观念层次。例如,在研究"新冠肺炎的传播和预防"议题时,学生通过实验发现,不同的消毒剂对微生物的消毒效果不同。这时,如果深入追问:"为什么不同的消毒剂对微生物的消毒效果不同,在多次使用某一类消毒剂一段时期后,其消毒效果是否有变化?"这样的追问就会深入到生物学思想和生命观念,需要用生物进化思想来解释。在解决社会性科学议题的过程中,需要兼顾科学和社会的关系,需要权衡经济、道德、法律等方面的原则。在考虑议题时,在社会性这一视角要作全面的思考,考虑各方面的可能关联是特别有必要的。例如,在开展"肺癌发生率变化"的议题研究时,既要从基因突变和癌细胞的特点(生物)、致癌环境因素(物理、化学)的角度思考问题,又要从社会人口的年龄组成、饮食习惯、生活方式、空气质量等角度思考问题,更需要在展开调查时注意保护个人隐私。需要特别强调的是,社会性科学议题的展开,人文关怀是底线。

(四)处理好教师指导与学生动手活动的关系

从小学到高中全学段社会性科学议题学习开展情况看,有的研究项目还存在教师指导过多的情况,学生主要是分析资料,几乎不动手研究。这样的议题开展就不太符合社会性科学议题学习的要求。显然我们不能满足于设置问题、搜集资料、小组讨论、得出结论这样的"宅家动嘴"模式。

如果没有沿着议题的核心问题去追问,并在追问中通过实验、调查获取一手事实资料,社会性科学议题学习就失去了灵魂。社会性科学议题是兼具社会性、科学性的问题,需要与生活结合,期待的是学生在寻找事实的过程中体验战胜挫折、收获成功的喜悦,期盼学生在研究和追问中生成新问题、将知识贯通、在思想上有所提升,需要在研究中关切真实的生活、理解社会并融入社会。《教育——财富蕴藏其中》一书中提出,教育的四大支柱是学会认知、学会做事、学会共同生活、学会做人。社会性科学议题学习在实现教育的这四大支柱功能方面具有显著的优势。因此,社会性科学议题学习的进行,需要学生在做中学,需要学生做到知行合一。

(五)处理好社会性科学议题学习与考试升学的关系

应该肯定,开展社会性科学议题学习的目标并不是升学考试,因此,社会性科学议题学习不会用大量的时间来进行知识的讲解、习题训练和改错。然而,高中阶段的社会性科学议题学习与升学考试并不矛盾。

首先,社会性科学议题学习的开展要运用知识,并促进知识的融会贯通,因此能促进知识的迁移应用,这对于升学考试来说,显然是非常关键的技能。例如,"肺癌的发生率变化"议题涉及基因突变、细胞分裂分化、遗传变异等知识,而且与生物学中的细胞、基因、遗传等重要概念有关,因此,此议题的学习对于学生理解概念、建构概念网络、运用概念解决问题都是有意义的。这对于考试升学来说,会有正面作用。

其次,社会性科学议题学习必然要运用科学思维来解决问题,这与升学考试本身对于思维的要求几乎是完全一致的。在解决复杂情境问题的过程中,所获得的思维提升对于解答用文本描述的类似问题会很有帮助。实际上,现在的升学考试经常会利用复杂的生活情境、科研情境来设计问题,学生在社会性科学议题学习后获得的思维能力,对于解答这样的问题有一定的优势。

当然,并不是所有的社会性科学议题学习都有助于升学考试,有些议题涉及的学科知识比较边缘,对于概念、原理、规律的整合作用并不明显,对于升学所起的作用就会很小。因此,笔者建议,高中阶段的社会性科学议题学习,如果要兼顾升学考试,最好能与学科核心概念、科学概念结合,以促进概念网络的形成为目标之一。

三、社会性科学议题学习实施的策略

(一)议题的选择

社会性科学议题学习的开展,要落实其综合育人的功能,因此,其议题既需要是科学议题,又需要跨学科且具有社会性,最好还要与中考、高考等重要考试相联系,并且要考虑与学生的知识背景对接,要能激发学生的内驱力。

从议题的选择来说,可以从以下几个方面综合考量。

一是从当地特色之处找议题。对于学生来说,自己的生活经验、身边的事物,往往容易激发其兴趣,自身关注的问题的解决也容易成为内驱力。因此,从当地特色之处来寻找议题,就是一种优选。例如,山西师范大学附属中学结合当地秸秆焚烧、粉尘污染的问题设置议题,就是在尝试结合当地的社会生活来设定议题;北京一零一中学结合校园里有众多湖泊,以及有关部门正在考虑水资源充分利用的计划,设置"水润一零一"议题,就是结合学校特色来确定议题。

二是从热点事件中找议题。社会热点事件能够成为热点,说明其自身就有很高的社会性,这样的事件往往关注度很高。如果能找到这些事件与科学的结合点,就可以设置社会性科学议题。例如,北京市第九中学结合新冠肺炎疫情防控这一热点事件,设置"新冠肺炎的传播和预防"议题,并开展科学探究;北京市昌平一中结合碳达峰的社会热点话题,考虑开展有关的社会性科学议题学习,也是很好的探索。

三是从学科课程交叉处找议题。常规的学科课程,目前来说关注的核心还是本学科内容。有些问题内含多个学科的交叉,学科课程不会重点关注这些问题。社会性科学议题学习的开展,需要综合多学科的知识与方法,因此,很适合在常规学科课程交叉处寻找议题。

需要注意的是,在学校开展社会性科学议题学习时,在课时有限的情况下,需要量力而行。在议题的选择上,一定要与学生已有的知识和经验背景衔接,否则会因学习新知识任务太重而举步维艰。在议题范围的设置上,不要贪大、求全。如果摊子铺得太大,需要的时间、精力就比较多,甚至刚刚开展就难以为继。有些学校的项目进展不顺利,和选题时胃口太大、后期遇到的困难太多不无关系。在选择议题时,谨记:只要在前进,就不怕步子小。

(二)活动的开展:要分工,更要合作

根据以往的经验,在议题的选择、设计方面,基地校经过反复酝酿、集体研讨,基本都能较好地体现社会性科学议题学习的要求。在前期的策划、设计上,目前已经有比较多的经验。目前来说,社会性科学议题学习成功的关键,是议题确定后活动的实际进行。在活动进行过程中,教师们如何分工,并在分工的基础上合作促使学科融通是关键。

有的学校在开展社会性科学议题学习时,在多学科教师协同设计方案方面做得比较好,但是不同学科的教师各领一两个课时的活动后就分头上课,导致项目成为几节由不同学科教学组成的"拼盘"。这一现象在小学阶段较少存在,在初中阶段比较突出,到了高中阶段就非常突出了。因此,开展社会性科学议题学习的关键是:要设计,更要实施;要分工,更要合作;要多学科参与,更要多学科融通。

如果不能做到上述几点,这样的学习就可能只是形式上所谓的社会性科学议题学习。

为什么在实践中容易出现有设计难实施、有分工缺合作、有多学科参与却没有学科融通的问题呢？原因是多方面的。从已有基地校开展社会性科学议题学习所遇到的困难来看，一是学生的课时紧张，考试压力大；二是选择的议题难度大、任务重；三是与学科教学相比，教师开展社会性科学议题教学活动的相应工作量计算没有跟上，教师的积极性不足；四是教师的教育背景不同，都是分学科的，因此，涉及某学科的课程只能由有某专业背景的教师来开展。

要解决现实困难，需要多措并举。首先，基地校应该适当考虑议题的难度，科学计算教师开展有关工作的工作量。其次，在有考试压力的情况下，应尽量选择有助于提升学生考试成绩的议题。最后，在开展社会性科学议题教学活动时，凡是涉及的学科的教师应协商并共同完成。

（三）务必安排学生参与实践活动，如实记录、及时总结提炼

因社会性科学议题具有社会性，所以特别需要"开门"学习、走进社会、结合社会；因议题的真实性，以及在解决议题的过程中会发现新问题、解决新矛盾，所以特别有必要让学生亲身实践，而不是学生在教室里听讲、阅读资料、讨论。

要落实这一点，就需要在议题活动设计时考虑可行的科学探究、工程实践和调查等活动。例如，"新冠肺炎的传播和预防"议题，本来比较难以安排探究和实践，但是，项目组的老师们克服困难，设计了基于物理、化学、生物学的探究活动，探究新冠病毒的传播距离、各类消毒剂杀灭微生物的效果等。这样，议题的开展就不仅仅基于对资料的讨论了。

在开展实践活动时，教师应该提醒学生及时记录，除了用笔记录活动过程、结果、问题、困难、收获等，还可以拍照片、拍视频等。在做好记录的基础上，还要及时总结、得出结论、反思提高。对于参与社会性科学议题学习的学生来说，他们在本学段内参与议题学习的机会最多只有一学年，其中许多活动只有一次参与机会。学习结束后，学生也未必有大量时间来总结和反思。显然，如果在活动开展过程中，教师不能及时引导学生总结、构建跨学科概念网络、提炼其在科学思维方面的收获，那么，辛辛苦苦开展的活动很有可能成为简单的体力劳动，或者菜谱式操作，议题的育人效果就大打折扣。

社会性科学议题学习在我国中小学的实践探索已经开始，虽然在探索过程中会遇到一定的困难，也存在一些问题，但是，作为一项有利于促进学生素养发展的学习项目，它将在实践育人过程中展现出巨大的生命力。

社会性科学议题学习评价的内涵与功能

尚秀芬

山西省教育科学研究院

评价是依据一定的标准进行价值判断的活动。学习评价是以促进学生学习为目的而进行的评价,即以一定的标准为依据,对学生学习过程和学习结果进行价值判断的活动。社会性科学议题学习评价是以中国学生发展核心素养为依据,对学生进行社会性科学议题学习的过程、学习组成要素、学习结果进行价值判断的活动,其目的是了解学生在社会性科学议题学习过程中的表现及存在的问题,鉴定其学习的质量水平,以改进教学、促进学生发展。对学生进行学习评价是教育的重要组成部分,要想理解社会性科学议题学习评价,就需要探讨教育评价及社会性科学议题学习评价的内涵。

一、教育评价的内涵

教育评价是依据一定的教育价值标准,通过科学的技术和方法,客观真实地收集、处理、呈现相关信息,并以此为证据对所实施的各种教育活动、教育过程和教育结果进行价值判定的过程。教育评价包括课堂教学评价、学习评价、课程评价、教师评价、学校评价等。

(一)价值与价值判断

评价就是评定或判断价值。各类评价时常发生在我们身边。例如,我们谈论某项工作好不好、那个孩子怎么样、买这个东西值不值,就是在对工作、孩子和这个物品进行评价。不同的人价值取向不同,对待同一事物给出的评价、得出的结论也会不同。那么,什么是价值?如何进行价值判断呢?

1. 什么是价值

价值从哲学角度看属于关系范畴,反映的是主体(人)与客体(事物)之间需要与满足需要的对应关系,即客体能够满足主体需要的程度。价值是通过主体和客体之间的相互关系体现出来的,其关系的联结点为主体对客体的需要和客体具有的客观属性。只有当主体具有某种需要、而客体本身也具有满足主体需要的客观属性时,才能体现出价值。如果主体没有需求,或者主体有需要、客体不具有满足主体需要的客观属性,那么,主客体之间就无法构成关系,价值也就无从谈及。

价值的有无或大小取决于客体满足主体需要的程度。同样一个物品,对于某个人来说价值很大,对于另一个人来说就不一定有价值。比如,一套益智儿童玩具,能激发儿童的探究兴趣、培养动手能力、启迪思维,因此,它对于幼儿来说价值就很大;但对于成人来说,同样是这套玩具,价值就不那么大了。另外,有优点不能等同于有价值,只有既有优点又有需求,才能体现出价值。例如,一个社会性科学议题的研究主题是海洋生物,方案全面、具体、可操作性强,活动的设计既符合学生的年龄特征,有利于激发学生的研究兴趣,又体现了很好的育人价值,就学习方案本身应该说优点突出。但是,该方案仅对沿海地区的学校具有使用价值,对于内陆地区,即使这个方案相对于同类方案有许多优点,当地老师也无法直接使用,该方案对于内地学校的价值就不是很大。

因此,可以说任何一种事物的价值都包含两个方面:一是客体对主体的意义或作用;二是主体对客体有用性的评价。

2. 如何进行价值判断

价值判断是基于对事实的客观描述,根据评价者的需要和愿望对事物的价值作出的评判。首先,价值判断应以事实为依据。价值判断是一个实证的过程,需要大量有说服力的证据作为依据,证据的获取应该全面、客观、真实。其次,价值判断的主体是具有主观能动性的人。由于每个人的生活经历不同,兴趣、爱好、看问题的角度、思维方式和价值取向也各不相同,常常表现为面对同一现象不同的人作出截然不同的判断。因此,进行价值判断,除了需要收集真实客观的事实,还需要有反映大多数人的愿望和需求的相对统一的标准。

由此看来,评价应该是依据一定的标准,在基于事实的基础上对事物进行客观描述、分析并作出价值判断的活动。

(二)教育价值与教育价值判断

教育评价是按照一定的教育价值标准,对教育活动及其相关因素进行系统描述并作出价值判断的活动。不同时期教育的价值追求不尽相同。那么,什么是教育价值?如今,我国社会发展进入新时代,那么新时代我们追求的教育价值是什么?如何进行教育价值判断呢?

1. 什么是教育价值

价值是客体能够满足主体需要的程度。教育价值就是教育能够满足人和社会需要的程度。教育价值主要体现在两个方面:教育对人发展的价值和教育对社会发展的价值[①]。教育对人发展的价值就是满足人们物质生活和精神生活的需要,使人们能健康幸福的生活。如今,教育价值的具体表现就是发展学生核心素养,使学生具有坚实的文化基础和自主发展和社会参与的能力。教育对社会发展的价值主要体现为教育的政治价值、经济价值和文化价值等。教育的政治价值表现为教育在维护和巩固国家政治制度方面产生的作用;教育的经济价值表现为提高人的素质,提升劳动力水平,促进生产力的发

---

① 史晓燕. 教育测量与评价[M]. 北京:北京师范大学出版社,2016:2-3.

展;教育的文化价值表现为传递和传承文化,发展和创造文化①。我们所追求的教育价值就是立德树人,培养德智体美劳全面发展的社会主义建设者和接班人。

2. 如何进行教育价值判断

不同时期,社会对人的发展需求不同,教育的价值追求也不尽相同。同一时期,不同国家对政治、经济、文化、人才的需求不同,教育的价值追求也不同。新时代,我国教育的价值追求就是立德树人,使学生实现德智体美劳全面发展。不同的人发展需求不同,教育价值观也不同。一个以学生得高分为主要需求的教师,对社会性科学议题学习的开展是否有价值作出的判断,以及对社会性科学议题学习活动的评价,就是开展了这样的活动后,学生的学习成绩提高了多少;一个以发展学生核心素养为主要需求的教师,对社会性科学议题学习活动的评价是在开展了这样的活动后,学生的质疑精神、研究问题和解决问题的能力、合作意识等各方面素养提升的程度。可见,对于同一教育现象,具有不同价值观的人、对教育有不同需求的人会得出完全不同的评价结论。社会发展和人的自我完善对教育的要求,就是通过社会各阶层具有不同教育价值观的人对教育的不同要求反映出来的。这就需要我们引领全社会树立正确的教育质量观,需要有相对统一的标准作为教育价值判断的依据。此外,实施教育评价,必须采取事实求是的态度,用科学的手段和方法收集真实有效的证据,基于证据,在正确价值观的引领下客观地进行教育价值判断。

(三)教育评价的主要特征

教育评价是按照一定的教育价值标准,对教育活动及其相关因素进行系统的描述并作出价值判断的过程。这种价值判断不是单一的活动,不是对事物"优劣好坏"的简单判定,而是对一个特定教育现象进行复杂的、系统的考查与评判的过程。综上所述,教育评价具有以下四个特征:

1. 教育评价以一定的教育价值标准为依据

教育评价的主体是具有主观能动性的人。面对同一种现象,不同的价值取向的人评价的结果可能会截然不同。一定的教育价值标准既是教育评价活动进行的前提,也是判断教育价值的落脚点。新时代我国教育的价值标准就是落实党的教育方针,即培养德智体美劳全面发展的社会主义建设者和接班人,具体就是培养满足个人发展和社会发展需求的必备品格和关键能力,即发展学生核心素养。

2. 教育评价以基于客观事实的证据为评价基础

教育评价以对事实的客观描述为基础,是基于证据的价值判断过程。只有以真实、全面、客观的信息为证据,才能作出公正、公平、有效的价值判断。客观事实的描述包括

---

① 金娣,王钢. 教育评价与测量[M]. 北京:教育科学出版社,2007.

定性描述（非测量、质的描述）和定量描述（测量、量的描述）。证据的收集要全面、真实，要有有效的方法和工具作支撑。

3. 教育评价以教育活动及其相关要素为评价对象

教育活动有许多，包括课程设计、教材编写、课堂教学、教学研究、学生学习等。教育活动中有许多要素及相关因素，如教师、学生、管理者、教材、教学内容、教育政策等。教育评价对象可以包括教育领域中的任何要素，一般可以分为学校评价、教师评价、学生评价、课堂教学评价、课程设计评价等。

4. 教育评价以提升教育质量为目的

教育评价只是手段，不是目的。我们要科学、有效地运用教育评价结果，充分发挥其诊断、改进的作用，而不仅仅用于甄别和选拔。我们要通过教育评价促进教育的发展及其价值的提升。

二、社会性科学议题学习评价的内涵

学习评价是教育评价的重要组成部分，是对学生的学习过程及学习结果的评价，具有教育评价的一般特征。社会性科学议题学习评价是对学生进行社会性科学议题学习的过程和学习结果的评价，重在促进学生核心素养的形成和发展。

（一）社会性科学议题学习评价界定

社会性科学议题研究的对象是与科技有关的社会性问题，具有社会性、科学性、伦理性、开放性、融合性等特点[①]。社会性科学议题学习有利于引领学生从科学的视角看待、解释及解决社会问题，作出基于证据的科学决策。比如，某个城市选择哪种植物作为景观植物，需要以植物的生活习性与本地气候、地理环境等科学知识作支撑。同时，社会性科学议题学习也有利于引领学生从社会的视角审视科技的运用，如学习转基因技术的广泛应用可能产生的社会问题，能够帮助学生树立正确的伦理观，培养学生的审辩思维和运用科学知识解决问题的意识和能力，培养学生参与公共事务的意识和能力。社会性科学议题以其开放性、融合性等特点，成为培养学生核心素养的有效载体。

学习评价是按照一定的价值标准对学生的学习活动及其发展变化进行判断的过程，是教育质量评价的核心内容。学习评价以促进学生发展为目的，包括对学生学习过程的评价及学习结果的评价。

社会性科学议题学习评价是以中国学生发展核心素养目标为价值标准，运用有效的方法和技术手段，系统、科学、全面地搜集、整理、分析学生学习的相关信息，并以此为依

---

① 林静，张乐潼. 社会性科学议题的内涵及价值[J]. 中国科技教育，2020,9:8-12.

据,对学生的社会性科学议题学习过程和学习结果进行价值判断的过程。其目的是促进学生学习、了解学生在社会性科学议题学习过程中的表现及存在的问题,鉴定学习的质量水平。社会性科学议题学习评价不是仅在社会性科学议题学习结束之后进行的,而应贯穿于学习过程之中;不仅仅是对学习结果的判定,更应该是促进学生学习和成长的过程。社会性科学议题学习评价不仅要评价学生相关科学知识的水平状况,更应该评价学生的质疑精神、审辩思维、解决问题的意识和能力等核心素养的各个方面。

(二)社会性科学议题学习评价的功能

社会性科学议题学习评价的功能是指学生学习评价本身所具有的,可以对教师的教和学生的学产生影响的功效和能力。社会性科学议题学习评价的功能与社会性科学议题学习评价的目的不同,社会性科学议题学习评价目的体现的是评价主体希望评价对学生学习所产生的影响,是具有预设性的应然状态;而社会性科学议题学习评价功能体现的是评价实际上对学生学习和发展所产生的影响,是一种实然状态。教育评价有多种功能,社会性科学议题学习评价是教育评价的组成部分,具有教育评价的一般功能,但又因为社会性科学议题的独特性,社会性科学议题学习评价更加强调评价的导向功能、诊断功能、激励功能、反馈功能、调控功能、鉴定功能。

1. 导向功能

导向功能是指教学评价本身所具有的引导评价对象朝着理想目标前进的功效和能力[①]。

在学习评价活动中,一般都是利用特定的评价工具,根据一定的评价指标体系对被评价对象作出价值判断。评价就像一根"指挥棒",评什么、怎样评,直接影响着教师教什么、怎样教,以及学生学什么、怎样学。也就是说,评价指标中包含哪些内容,被评价的对象就会朝着哪个方面去努力。例如,社会性科学议题"帝王蝶",对于"生物与它们生活环境的相互作用"的学习给出的评价工具是:"请在下一页的方框中画出一个模型,用模型表示你认为各种生物与它们生活的环境之间是如何相互作用的。模型包括:你认为生物之间最重要的相互作用是什么。如果有需要,可以用文字或数字来标记模型的各个部分。"相应的,在后续的学习评价中,让学生用模型解释生物与环境之间的关系,并重新修订模型。同样是学习生物与环境的相互作用,如果我们用一个填空题或问答题,让学生说说某个地方某些生物与环境之间的关系,那么,教师的教和学生的学就满足于记住一些具体的事实;社会性科学议题"帝王蝶"基于模型进行评价设计,教师的教和学生的学就不会停留在记住一些事实层面,教师会引领学生通过建立模型和使用模型构建认知,而学生学到的是通过建立模型、使用模型认识世界的方法,导向是科学思维的培养与发

---

① 史晓燕. 教育测量与评价[M]. 北京:北京师范大学出版社,2016:37.

展。

社会性科学议题学习以发展学生核心素养为价值取向,因此,为了更好地发挥评价的导向功能,社会性科学议题学习评价应以核心素养培养目标为依据,根据新时代教育改革的新理念,以学生发展需求的实际确定评价方案、评价指标体系、研制评价工具,使评价与社会性科学议题学习的价值追求相统一。

2. 诊断功能

诊断功能是指学习评价所具有的能够对学生学习存在的问题进行揭示及分析的功效及能力。

社会性科学议题学习评价的诊断功能在议题学习前实施的诊断性评价、学习过程中实施的过程性评价及学习结束后实施的终结性评价中均可以得到体现。教师在学习开展前通过问卷、访谈或前测等方式搜集与议题相关的学生已有知识和相关能力信息,判断其水平状况,可以帮助教师有效地确定教学的起点、设计议题实施的路径,从而选择适宜的教学策略,还可以作为增值评价与发展性评价的判断依据。在社会性科学议题学习的过程中,教师通过学生交流、汇报、记录单、任务单、阶段性活动作品等搜集学生学习的相关信息,可以判断学生学习符合教学预期的程度,进而帮助教师及时调整教学进程。比如,社会性科学议题"帝王蝶",将评价嵌入在学习过程中,在研究栖息地与生态系统的关系时设计了这样的活动:"关于蝴蝶的栖息地,请你在操场上尽可能多地找到水、食物、住所、空间这四样东西的多个例子,并把它们画在正确的方框里。"以此对学生的学习进行评价。社会性科学议题学习结束后,教师通过作品、论文或阶段性考试了解学生的学业水平状况,诊断其强项与弱项,引领其扬长补短。

传统的教学评价过分强调评价的甄别、鉴定与选拔功能,而忽视了评价的诊断与改进功能。社会性科学议题学习以促进学生发展为价值取向,应更好地发挥评价的诊断功能。

3. 激励功能

激励功能是指学习评价所具有的激发学生学习的内在动力,引发他们向更高的目标努力的积极功效和能力。

社会性科学议题学习评价的激励功能主要体现在三个方面。第一,对学生取得的成绩及学习过程中的良好表现及时给予肯定,从而激发学生更高的学习热情,同时也能影响其他学生,引发其他学生的学习热情,为自己确定目标与榜样。第二,有效的评价结果可以让学生看到自己的实际水平,以及与预期学习目标之间的距离,进而有针对性地学习,不断提高学习成绩。第三,学习评价结果本身会给学生造成一定的心理压力,这种压力能引发学生学习的内驱力,促使学生更加努力学习。

社会性科学议题学习评价的对象是中小学生,他们有着人类普遍存在的心理,即总是希望自己达成或超越预期设定的目标,而中小学生更希望得到别人的认可和赞扬。这种内在的、向上的驱动力本身就有激励作用。一般来说,得到表扬、鼓励、获得好成绩等正评价时,学生努力的动力更强;受到批评、否定等负评价时,学生进一步努力的积极性较低。社会性科学议题学习往往需要经历一段较长的时间,这就更需要学生以浓厚的学习兴趣作支撑。因此,有效利用评价的激励功能,激发学生学习的内在动力,对于有效推进社会性科学议题学习、促进学生发展具有积极的作用。

4. 反馈功能

反馈功能是指学习评价具有的对学生学习中存在的问题进行揭示,分析并寻找问题存在的原因,依次提出改进建议的功能和效力。

通过学习评价可以获得学生达成社会性科学议题课程预设目标程度的相关信息,如果将这些信息及时反馈给学生,或者引领学生运用相关信息分析自己存在的问题及原因,有利于学生有针对性地改进自己的学习;如果将这些信息及时反馈给执教教师,有利于教师有效分析自己在教学中存在的问题,从而调整教学目标、教学策略,做到因材施教;如果将这些信息反馈给项目管理者,有利于管理者了解社会性科学议题开展的状况和效果,并以此为依据分析原因,进一步改进和完善议题。

反馈功能效力的发挥,取决于信息的真实性、可靠性,以及信息传递渠道是否通畅。社会性科学议题学习评价要基于学习过程和学习结果,设计有效的评价工具、利用有效的手段收集相关信息,确保信息客观、真实、有效。我们要重视社会性科学议题评价结果的反馈与运用,以此促进社会性科学议题课程的发展。

(三)社会性科学议题学习评价的原则

2021年10月,中共中央国务院印发了《深化新时代教育评价改革总体方案》,指出评价改革的主要原则是"改进结果评价,强化过程评价,探索增值评价,健全综合评价。充分利用信息技术,提高教育评价的科学性、专业性、客观性"。社会性科学议题融合了多学科知识,以促进学生核心素养发展为主要目的,在实施社会性科学议题学习评价时,要充分体现评价的综合性、多元性、过程性、增值性。实施社会性科学议题学习评价应遵循如下三个原则:

1. 发展性原则

立德树人,促进学生核心素养发展是教育评价的主要目的。社会性科学议题学习评价要基于中国学生发展核心素养的要求,凸显社会性科学议题学习的育人优势,从问题解决能力、实践探究能力、审辩思维能力、参与公共事务的意识等方面判断学生发展的程度,以此促进教师的教、学生的学。社会性科学议题学习评价要改变以甄别和鉴定为主要目的的传统评价,树立发展性评价理念,要研制科学、全面的评价指标体系,促进学生发展;要采用有效评价策略,呈现学生的发展状况。

2. 综合性原则

社会性科学议题学习内容涉及科学、社会多个学科领域知识,具有提升学生理性思维、批判质疑、勇于探究、推理论证、问题解决、技术运用、乐学善学、勤于反思、社会责任、概念与观念迁移、道德推理等多方面素养的功能。社会性科学议题学习评价要体现评价内容的多维化、评价主体的多元化和评价方式的多样化。社会性科学议题学习没有固定的学习内容，每个议题承载的素养发展的重点不同，学习评价内容应基于本议题的课程目标，涵盖核心素养的各方面，而不仅仅是学科知识及观察实验技能；学习评价主体不仅包括教师，还应该包括学生自己。也就是说，社会性科学议题学习评价不仅仅是教师对学生的评价，还应该包括学生之间的相互评价及学生的自我评价。社会性科学议题学习评价要根据评价内容设计适宜的评价工具，体现评价方式的多样性，要将定性评价和定量评价相结合，单项评价与整体评价相结合，纸笔测试与表现性评价相结合；要构建综合评价体系，有效整合各种评价所获得的信息，合理确定各项指标的权重，充分发挥学习评价的导向作用。

3. 适切性原则

社会性科学议题学习评价目标、评价内容的确定要合理，要符合中国学生发展核心素养培养目标的要求、符合议题学习的内容要求及学生发展实际。评价方法、评价时机的选择要恰当，社会性科学议题学习评价是以学生在学习过程中呈现的信息为依据进行价值判断的过程，评价结果的客观性、有效性取决于信息搜集的真实性、科学性。实施小学科学教学评价要全面收集信息、多角度收集信息、真实客观地描述信息，要借助现代化手段科学地处理、分析信息；要基于真实、可靠的信息进行判断，避免单纯依靠经验主观臆断；评价结果要客观、符合实际，要能有效帮助师生发现问题、找到改进的策略。社会性科学议题学习评价的目标、内容、方法要与教学目标、教学内容、教学方法相适应，保证教学评价的一致性。

社会性科学议题学习的评价方式

金京生

浙江省杭州市基础教育研究室

教无定法,社会性科学议题学习的评价方式也是多种多样的。

一、观察记录法

在社会性科学议题学习过程中,教师可以通过课堂观察、录制视频或纸笔对学生的言语、思想行为的变化进行记录。通过观察记录法作出的评价更为客观、深入,但较为费时,一般用于若干个学生的某一方面或某一时期的具体表现的评价。

观察记录法是教师在组织学生开展社会性科学议题学习时,按照社会性科学议题学习的教学目标和教学设计,通过课堂教学过程,对参与学习的学生进行系统地、连续地、直接地观察,并进行准确、具体和详尽的记录,以便全面、准确地掌握所要研究的情况,并加以分析和解释,最后获得对社会性科学议题学习过程中课堂教学实际水平的认识。

(一)观察记录法的学理论证

观察是实施教育的基础,有效地观察有助于教师了解学生的兴趣和需要,记录则是观察的延续,是对观察过程和观察结果的整理和反思。社会性科学议题教学课堂的观察记录要求教师对观察到的现象或行为做真实而完整的原始记录,并对此现象作思考。

观察记录是一种研究、评价学生学习与发展的有效途径。科学地观察记录有助于教师了解学生的发展水平,发现学生在学习过程中存在的问题,进而为下一步的教学提供科学的依据。观察记录是教师在社会性科学议题教学中的一项重要日常工作。一般来说,在进行观察记录时,主要有两种取向,即实证取向的观察记录和诠释学取向的观察记录。实证取向的观察记录,就是遵循如实反映情况的原则,崇尚用客观的、量化的指标去记录和分析学生的表现,尽可能排除观察者的主观臆测[1]。诠释学取向的观察记录往往通过对学生原初的、原本的生活经验的记录,从一定的视角反映学生的学习和生活,刻画某个教学活动[2]。

由此可见,观察记录没有特定的概念界定,它包括记录的各种方法。观察记录是教

---

[1] 叶小红.从记录、对话到反思——诠释学取向的儿童观察记录[J].上海教育科研,2005,7:50-52.
[2] 姜娜.数学活动中幼儿教师有效运用观察记录法的研究[D].哈尔滨师范大学,2014.

师在日常生活中深入了解学生的兴趣和发展水平的重要方法之一;观察记录的方法多样,教师要根据具体的教学情境有效地选择方法进行运用。

(二)观察记录法的原则与策略

1. 带着目的与计划开展观察记录

教师应有目的、有计划地观察学生,通过观察获得具体、客观、真实的信息,根据观察记录的信息评价学生在各方面的发展,并在此基础上实施教学计划,最终促进学生和谐健康发展[①]。

由此,要促使教师有效地运用观察记录法,首先,需要通过培训让教师明确观察记录的基本要求,提高教师运用观察记录法的意识[②]。通过理论学习,教师能明确如何客观记录学生的行为,提高记录的有效性,使观察更加科学,记录更加客观、具体。其次,教师要改变单一的观察记录形式,在有效的时间内选择合适的途径与方法观察记录学生的行为表现。教师还可以在进行观察记录时将现场记录和事后回忆记录相结合,提高教师记录的准确性。最后,教师要通过理论学习和经验学习提高自身的专业能力,在观察记录时,以宽容和欣赏的态度去观察学生的各种行为表现,在记录过程中明确记录的目标,不夸张虚构,力求做到从客观真实的立场看问题,捕捉学生典型的、有意义的行为进行记录,将观察记录法行之有效地运用在一日生活当中,以促进学生的发展[①]。

2. 明确观察记录要达到的目标

教师要明确每个学习阶段学生的社会性科学议题学习能力,以及对学生社会性科学议题学习的期望,这样教师才能有效运用观察记录法评价学生在社会性科学议题学习活动中的能力。教师还要根据国家的教育方针与政策,提出学生在社会性科学议题学习中所要达到的各项目标,加强自身对社会性科学议题学习内容的了解,明确学生在每个学习阶段的学习目标,以便在观察记录学生的行为表现时做到准确无误,更好地把握学生真实的社会性科学议题学习的能力。

教师之所以在社会性科学议题教学活动中运用观察记录法,是因为学生在教学活动中更容易对社会性科学议题学习产生浓厚的兴趣。因此,教师要设立多种社会性科学议题教学活动,让学生在体验中学习,也使教师有充分的时间和机会对学生的学习能力进行观察,提高教师运用观察记录法的时效性。教师需要参加有关观察记录法方面的知识培训,根据现有的对观察记录的理解和使用情况开展小组讨论活动,提出自己在运用观察记录法时的困惑,大家共同研讨,给予教师一些新的理念,可以促进教师有效地运用观察记录法。在生活中,教师也要通过观察记录学生在生活中的表现,多方面地搜集信息,以评价学生的发展。

---

① 姜娜.数学活动中幼儿教师有效运用观察记录法的研究[D].哈尔滨师范大学,2014.
② 李洪玉.幼儿教师观察记录运用研究[J].南昌教育学院学报,2017,2:100-102.

3. 教学帮扶提升观察记录的有效性

两位教学经验不同的教师在观察学生时,观察的点会有所不同。作为一名刚刚从事教学的教师,在运用观察记录法的时候需要一段时间去适应与学习,有些年轻教师对如何运用观察记录法了解不多,并且抓不住观察的要点。例如,在观察记录时不能仅记录学生的闪光点,在记录后又提不出合理的建议,这些问题都影响了观察记录的有效性;而拥有丰富教育教学经验的教师在运用观察记录法时就会得心应手,他们能够掌握观察的重点,并且能清晰地判断学生身上出现的情况正确与否,进而提出合理的策略。因此,在观察记录的过程中,经验丰富的教师要向年轻教师传授经验,帮助年轻教师掌握观察的要点和方法。教师之间互帮互助,才能共同成长与进步。

二、访谈法

访谈法包括对个人的访谈和团体的访谈。通过访谈可以了解学生在社会性科学议题学习后认知和行为的转变。访谈法是社会学研究的一种有效的资料收集方法,它与问卷法、文献分析法、观察记录法是社会学研究中的几种经典研究方法。这种方法被广泛地应用于社会学、人类学、教育学、管理学、心理学等领域。由于访谈法有着其独特的优点,其应用领域日趋广泛,已经逐渐成为很多学科使用的方法,也日益得到研究人员的高度重视记录。

访谈法作为观察记录法和文献分析法的一个辅助手段,可以了解受访者的所思所想和情绪反应、他们生活中曾经发生的事情以及行为所隐含的意义[①]。在社会性科学议题学习期间,经验丰富的教师对年轻教师和学生进行访谈(主要包括相对深入的正式访谈和在课程实施后与教师随机进行的一种非正式的访谈),可以获得预测不到的有效信息,也可以了解年轻教师对观察记录法的认识,以及年轻教师在运用观察记录法时遇到的问题,有助于给他们提出更加真实、可靠且符合实际的建议和对策。

(一)访谈法的学理分析

首先,访谈法的引入为社会性科学议题教学搭建了一个既是教育主体也是教育客体的初中生互动交流平台,从学生的角度思考和研究问题,更加真实地获取资料,有助于教师提出有针对性的、学生容易接受的解决方案。

其次,访谈法作为一种灵活有效的工作方法,既能实现定性的研究,也能进行定量的分析,在很大程度上弥补了社会性科学议题教学方法的不足,提高了社会性科学议题教学的科学性和严谨性。借助数学工具和统计软件来分析学生的学习状况,为社会性科学

---

① 王亚.大班幼儿探索发现活动中教师提问行为研究[D].河北大学,2011.

议题教学提供了有效的研究和资料收集的手段。

再次,访谈法能够帮助教师从更贴近学生实际情况的角度,去研究和看待学生在社会性科学议题学习过程中出现的问题,能让我们对教育客体的实际情况更感同身受。

最后,访谈法中的结构式访谈和无结构式访谈也可以作为一种直接的教育方法,补充到社会性科学议题教学实践当中去,进一步完善社会性科学议题教学理论体系和方法论体系[1]。

(二)访谈法的类别

访谈法根据研究的性质、目的或对象等方面的不同,可以分成不同的访谈类型。根据访问中访谈者与访谈对象的交流方式,访谈可以分为直接访谈和间接访谈[2]。直接访谈就是访谈者与受访对象进行面对面的交流;间接访谈是访谈者借助某种工具间接地对受访对象进行访谈,包括电话访谈、问卷调查、网络调查等,访谈者和受访对象不直接见面;根据一次性访谈的人数,访谈可以分为个别访谈和集体访谈[2]。其中,个别访谈是对单个调查对象的访谈;集体访谈是邀请若干个调查对象,进行集体座谈;根据对访谈过程控制程度的不同,可以分为结构式访谈、无结构式访谈和半结构式访谈[3]。

(三)访谈法的原则与策略

1. 善于捕捉额外信息

访谈法最大的优势和特点在于,由于访谈法是一种直接介入的方法,访谈者和受访对象有着比较深入、广泛的交流,这种交流从访谈开始一直持续到访谈结束,使得访谈不仅能收集到其他工作方法所能收集到的资料,还能获得受访对象因为受到访谈影响和互动刺激而额外流露出来的信息[4]。这些信息都是第一手资料,对有针对性地开展社会性科学议题教学活动有着很大的帮助。

如果在访谈过程中发现受访学生回答问题时比较犹豫和焦虑,眼神飘忽不定,这就说明设置的问题可能不合适或者访谈的方式、方法等方面出现了一些问题,此时,教师需要在第一时间完善访谈,获取学生内心真实的想法,保证访谈的信度和效度。当然,这样的深入访谈也要求访谈人员有着比较高的素质和沟通能力,能够很好地引导受访学生参与访谈,不会过多地干预访谈的进程。所以,访谈法在具体的操作规程中比较复杂,需要访谈者具有良好的控场能力。

---

[1] 闫成俭.访谈教学法在高校思政理论课教学中运用分析——读《贴近与理解:思想政治理论课访谈法教学研究》[J].阜阳职业技术学院学报,2014,25(04):20-23.
[2] 沈吉峰.浅析访谈法及其在我国义务教育过程中的意义[J].文学教育(中),2014,10:153.
[3] 张晶.科普项目评估:理论模式、指标架构及相关问题研究[D].中国科学技术信息研究所,2003.
[4] 李锋.N公司采购与库存管理优化研究[D].东南大学,2018.

2. 依据定性定量开展匹配访谈

按照对访谈过程控制程度的不同,访谈可以分为结构式访谈和无结构式访谈,通过前者调查得到的数据方便我们进行定量的研究,通过后者得到的资料方便我们进行定性的研究,而这些都是社会性科学议题教学要求必须具备的两个方面①。此外,由于访谈的手段比较灵活,我们可以根据需要采取不同的访谈方法,获得更加丰富的资料,进行更深入的探索。例如,对一般学生和对特殊群体(如贫困生、后进生等)的访谈,可以根据不同的情况灵活地使用各种访谈方法。

3. 中立客观的访谈过程和环境控制

由于参与访谈的双方有着比较深入的交流,而且访谈一般都在特定的环境中进行,我们应根据需要对访谈过程和访谈环境进行控制,使得访谈朝向既定目标发展。

例如,当受访对象比较急躁时,可以给予安慰;对于受访对象不理解的问题,要及时解释;当遇到一些不是很满意的回答时,访谈者可以进行追问,提高访谈资料的有效性。但是,访谈者要尽可能地保持中立和客观,防止个人的意志和态度影响受访对象的判断。

4. 调动情绪,化被动为主动

在访谈过程中,尤其是无结构式访谈中,由于没有固定的形式,访谈者可以采取灵活的方式进行访谈,并积极地调动受访对象的情绪,使访谈顺利进行。初中生的思维往往非常活跃,尤其在他们接触到自己喜欢或者感兴趣的话题时,会更愿意表达自己的观点。教师在访谈的过程中,可以调动他们的积极性,变被动的访谈为主动的交流,提升受访学生对访谈的认同感,从而提升访谈的效果。

5. 敏感私密的环境创设

由于访谈是一种面对面的交流,而且初中生容易受到外界刺激的影响,在访谈法实施的过程中,受访学生或多或少会受到教师思想的干涉,从而影响访谈的效果。

此外,在提问的过程中,当涉及一些敏感问题、私密问题时,受访的初中生出于自我保护的心理,可能不愿意当面或者真实地作答,而且有些问题也不能完全依赖访谈法获得答案,如心理感受以及对待社会的某些态度等。

三、书面或口头报告

书面或口头报告就是学生将自己的观点、收集的相关证据等以文字或口述报告的方式呈现,报告可以是个人的,也可以是小组的②。例如,朱玉成在进行"垃圾焚化场选址"

---

① 汪莉.发展性教育督导评价信息采集和处理技术的研究[C].北京市教育学会教育评价与督导研究会,2005.
② 张春梅.社会性科学议题的教学研究[D].喀什大学,2019.

议题教学时,鼓励学生采用小组报告的形式发表观点[①]。

(一)书面或口头报告的学理分析

面对书面报告任务时,学生倾向于将社会性科学议题看作科学问题来解决,即针对问题给出问题的答案或主张。同时,为了说明答案的正确性,学生还会给出相关资料或证据来论证其答案是合理的。因此,只要能够成功解决问题的学生,都能够提出主张和证据[②]。由此,教师可通过书面报告来诊断学生的社会性科学议题学习的能力。

在做口头报告时,学生会用语言表达自己的观点,通过与教师的交流互动,不断地建构自己的身份。在报告过程中,学生建构了多重身份,而且随着讨论的进行,身份也在发生转变。学生不断地通过社会性科学议题追求意义的确定性和详尽度,不断地澄清意义,对不确定的形式提出质疑,甚至对意义进行重复表达[③]。

(二)书面或口头报告的原则与策略

1. 内容匹配、问题明确

社会性科学议题学习的书面报告任务需要涉及与科学课程相关的内容,由此体现科学学科的特点,问题要明确。书面报告任务要尽可能给予学生开展社会性科学议题学习的空间,通过明确的问题,引发学生的社会性科学议题学习书面报告活动。为了更加全面、客观地考查学生撰写书面报告的能力,教师不能对学生的书面回答给出任何作答框架或提示[③]。

社会科学的议题尽量不要涉及学生没有学过的学科知识。如果涉及未知的学科知识,教师就需要在任务中给予提示。考虑到学生参与书面测试的时间不宜过长,对于议题设置的任务数量应有所限制[③]。

2. 关注学科特征,注重探究开放

社会性科学议题学习任务应该涉及学科课程中的相关核心内容,体现学科的特点。

社会性科学议题学习口头报告任务应该具有一定的探究性和开放性,要尽可能给予学生开展社会性科学议题学习的空间。同时,提出的问题要明确,能够有助于激发学生的参与兴趣,在一定程度上保证他们能够顺利解决问题。根据学生的实际情况,在设计社会性科学议题学习口头报告任务时,应事先估计学生完成该任务所需的时间,保证学生有充足的时间进行思考、交流和讨论,当然也需要对完成任务所需的时间作出限制。

---

① 朱玉成.科学教育的新视野:社会性科学议题教学——以议题中心教学法实施环绕 SSI 议题教学的教学成效分析[D].吉林师范大学,2013.
② 邓阳.科学论证及其能力评价研究[D].华中师范大学,2015.

四、学生自评与互评

学生自评与互评指学生进行自我评价或在组内、组间进行评价,如自己还有哪些不足、哪些同学表现优秀等。教师总结评价,一方面肯定学生在学习过程中付出的努力,另一方面指出不足和出现的问题,帮助学生提高认识。这种评价方式不仅为师生提供了有价值的资料和数据,还培养了学生的自主意识和独立性,让学生领会到作为学习者还必须作出关于学习水平和学习意义的评价和判断。

(一)学生自评与互评的学理分析

一般说来,课堂学生评价分为教师实施的评价、学生的自评与互评两种。在前一种评价方式中,教师作为主要的评价者;在后一种评价方式中,学生则作为主要的评价者,对自己和同伴进行评价[1]。

在传统的课堂学生评价中,前者占有绝对的比重;后者则有名无实,流于形式。为了使学生评价贯彻新的课程理念,突出其发展性功能,必须促进学生的自评与互评[2]。

自评与互评意味着评价责任由教师转向学生。在自评中,学生更多的是自问与自我反思[3],如"目前的学习方式是否是最适合我的?""我的优点与缺点分别是什么?""我能记忆和理解哪些内容?""我的目标是什么?""我在哪些方面需要进一步提高?""我该如何辨别自己的表现是优还是劣?""真正促自己深入思考的是什么?""为了自我提高,我应该怎样做?""我目前的水平与学习要求之间到底有多大差距?"等;而在互评中,学生要将同伴的表现样本同教师提供的样本或者已经总结出来的评价标准加以比较[3]。

(二)学生自评与互评的原则与策略

1. 创设良好的评价氛围

要打破已往的评价氛围,形成一种使学生感觉安全且积极向上的课堂评价氛围,教师就必须深刻认识到评价是教师教学与学生学习不可或缺的一部分,评价的指向应该是学生的学习,关注的应该是学生的实际表现,鼓励学生去反思自己的问题,寻找自己的现状与学习要求之间的真实差距,而不是去关注奖励或者惩罚[4]。

2. 评价的内容清晰

无论评价指向的是学习方式、对知识的理解、对某一个问题的解答,还是一堂课上的

---

[1] 朱丽波.发展性学生评价在大学《计算机文化基础》中的实践研究[D].内蒙古师范大学,2007.
[2] 朱丽波,邹策干.大学《计算机文化基础》发展性学生评价体系的构建[J].内蒙古师范大学学报(教育科学版),2007,11:131-134.
[3] 来晶.基础美术教育发展性学生评价研究[D].浙江师范大学,2006.
[4] 祁莹.浅谈更有效的评价细节[J].新教育时代电子杂志(教师版),2014,16:21.

收获,学生都必须清楚地知道评价的内容。这样一来,学生无论是进行自评还是互评,都有了一个良好的基础。

3. 设定明确的评价标准

要设定明确的评价标准,让学生明确在学习某一部分内容之后,应该在哪些方面达到什么样的水平。在自评过程中,教师要让学生认识到不能单纯地将自评视为完成教师所规定的任务,而是将自评看作学习过程中不可缺少的一个环节[①]。在自评中,学生的反思是至关重要的。

4. 给予积极反馈

教师要对学生的评价给予积极的反馈,让学生明确自评与互评的一般过程。教师既可以通过图解来揭示自评与互评的过程,也可以选用所教授的学科中的实际问题来表明[②]。

5. 促进学生之间的合作

在自评与互评中,学生既需要自我反思,又需要同伴合作,如师生在明确评价内容与标准、制定评分规则后,往往会有一部分学生仍然不能正确把握自评或者互评的尺度,这就需要同伴之间通过合作,再次明确评分规则[②]。

6. 利用其他评价资源

学生的自评与互评不仅仅局限于课堂,在评价过程中还可以借助其他评价资源,如评价手册等。教师可借助各种方式来促进学生的自评与互评,如评价项目清单、自我评价表、随堂记录卡等。这些方式或在评价内容上给予学生细致的描述,或在评价标准上给予学生详尽的阐明,或在评价过程中给予学生可以模仿的案例[③]。

五、实践活动评价

实践活动评价即针对学习者在实践活动中的各种表现和实践结果作出相应的评价,适用于社会性科学议题学习过程维度的评价,具体包括科学观察、实验、实地调查、科学制作、问题研讨和角色扮演等。实践活动评价可以通过多种方式实施,如观察记录学生是否积极主动参与,是否与他人协作、听取他人意见并与之交流,是否上手进行实验操作,分析学习者的实践成果,如调查报告、科学实验报告、制作的作品等。该过程可以在活动中进行,也可以在活动之后进行,最好是以小组或全班的形式组织活动[④]。

---

① 李平.为深度学习而教——深度教学的理性追求和实践策略研究[D].南京师范大学,2014.
② 来晶.基础美术教育发展性学生评价研究[D].浙江师范大学,2006.
③ 朱丽波,邹策干.大学《计算机文化基础》发展性学生评价体系的构建[J].内蒙古师范大学学报(教育科学版),2007,11:131-134.
④ 张春梅.社会性科学议题的教学研究[D].喀什大学,2019.

（一）什么是科学实践活动

科学实践活动主要是教师指导学生在社会性科学议题学习过程中进行的各种有关科学的实践性学习活动，可以是科学知识竞赛，也可以是科学观测、社会调查等活动，它是课堂教学的必要延伸和补充，在教学中具有特殊地位[1]。

科学实践活动具有活动类型多样、活动情景真实、活动内容丰富和活动行为外显等特征，是培养学生科学实践能力的有效载体，学生能够熟练运用科学知识和相关技能，有效地解决科学问题。

科学实践活动要源于现实生活，提倡学生自学、教师指导的学导式教学，这样更有利于激发学生参与活动的兴趣，在教学活动中发挥学生的主动性。学生能够运用所学的科学原理，按照一定方法去认识、研究和揭示科学环境中的科学现象和问题，通过科学实践活动去深入理解教材中重要的科学知识和科学方法[2]。社会性科学议题学习含有多种多样的实践活动，如小组讨论、绘制图表、实验操作、社会调查等，教师要充分利用活动内容建构开放式教学，注重对学生实践能力的培养。

（二）实践活动评价的原则与策略

1. 活动目标需明确

明确的评价目标和评分规则能为实践活动评价设计提供合理的依据，提高评价的可操作性和有效性。在设计评价标准时，明确性原则体现在评价目标与任务的高度相关上，这就要求教师熟悉活动内容，明晰教学目标，尽量避免无关目标的干扰[3]。

例如，教师要了解学生对于天气和气候的理解和区分能力，便给出活动主题"记录当地一周的天气状况并播报天气预报"，该活动对学生实践活动的评价很大程度是在考量学生的信息处理能力和语言表达能力，重点在于对天气的理解，而非对气候和天气的区分，这就偏离了最初的活动目标。在实践活动评价实施过程中，明确性原则体现在评分准则与任务的高度一致上，好的评分准则需要考虑在教学活动中的实用性和评价的公平性，需要通过任务真实地反映学生的表现，因此评分准则一定要清晰、准确、简单易懂[4]。

2. 活动背景应真实

评价始于明确的教学目标，但并不是所有的教学目标都适合运用实践活动评价，与实践活动评价相匹配的应该是那些高层次、情境性的目标，要求学生能够依托真实的情

---

[1] 负大强,王晓如.实践教学与人才培养关系研究——以历史学专业实践教学为例[J].天水师范学院学报,2011,31(01):119-121.
[2] 陈燕.基于实践活动的高中生地理实践能力培养研究[D].华中师范大学,2012.
[3] 陈瑞生.表现性评价的任务开发:特征、原则与步骤[J].教育测量与评价(理论版),2010,4:4-7.
[4] 谷爽姿,杨李娜.以表现性评价培养高中学生的语文高阶思维能力[J].教育测量与评价报,2017,4:34-39.

境,通过自己的行为表现来证明自己的学习过程,以此来考查学生在实际生活中解决问题的能力,因此实践活动评价设计应该遵循真实性原则[①]。

以"阅读气候变暖的材料,讨论面对全球变暖,人们应该怎样应对"活动为例,该活动的设置是以伴随人类大量燃烧化石燃料、乱砍滥伐所引起的温室效应为真实背景,让学生正确认识气候与人们生活的关系,认识到人类应该理性地控制对气候有负面影响的活动,培养学生的忧患意识和环保意识。

再如,"结合国情,请你针对土地利用过程中存在的以下问题,提出切实有效的解决方案"活动,设计该活动的目的是帮助学生深刻理解国土资源保护的重要国策,通过真实案例引导学生对土地利用出现的问题大胆提出解决方案,培养学生探究问题和解决问题的能力。以上两个活动案例依托真实情境,考查学生的科学能力,更适合对学生进行实践活动评价,因此有人也将实践活动评价称为真实性评价。

3. 评价载体指向过程

实践活动评价不同于纸笔测验,既关注教学目标的达成,也强调学习过程的价值,突出表现在高阶思维和表现行为两个方面,具体形式包括科学调查设计、科学实验操作、科学图示的绘制、作品展示等,教师可以通过观察、记录学生的行为表现,结合评分准则测查学生在实践能力、高阶思维等方面的水平。

例如,"围绕节约和保护自然资源,从我做起,收集相关资料,举办主题班会"活动,其设置的目的在于使学生认识到节约和保护自然资源与我们的生活息息相关,我们应该科学、合理地利用自然资源。学生在活动中会运用所学的科学知识、搜集相关信息,最后与同学交流,教师可以对他们的知识运用、资料收集、语言表达等实践能力方面的表现进行评价。

六、建立个人学习档案

个人档案由学生、教师和家长一起进行记录,包括学习过程中的小组讨论记录表、学习单等,或者是自己的学习心得、学业成绩以及同学之间互评的记录,从而综合、全面、客观反映学生在学习过程中的成长状况。

建立个人档案主要是指在社会性科学议题学习过程中,学生自主搜集的,以及教师和家长参与搜集并作出适当评价的和社会性科学议题学习有关的材料,以此来评价学生在社会性科学议题学习中的发展情况,包括学生的纸质测试、观察资料、问卷资料,学生在学习过程中留下的作品资料和札记等[②]。档案袋评价主要是教师根据大的教学目标

---

① 李健.例谈表现性评价在地里教材"活动"栏目中的应用——以"分析中东水资源匮乏的原因和对策"为例[J].地理教学报,2017,4:23-25.
② 葛帆.小学数学学习中档案袋评价的实践研究[D].上海师范大学,2015.

与计划,设计一系列可以反映学生在社会性科学议题学习过程中的作业,以表现学生该时段的学习状态,反映其能力和进步。档案袋评价关注过程性评价,关注每个学生的成长、获得知识的过程和行为,不仅注重学习结果,更重视学习的过程①。

（一）建立个人学习档案的学理分析

建立个人学习档案,有助于教师引导学生搜集可以反映学生学习情况的材料,并不断汇总,以此评价学生在一个时段、一个单元、一个学期或者更长时间的社会性科学议题学习的情况②。个人学习档案记录了学生的社会性科学议题学习过程,也是教师全面评价学生的判断依据,这样的评价方式能使学生在三维目标上都得到提高。相比资料袋,档案袋不仅要搜集和整理,而且要发挥出评价功能,帮助教师客观评价学生,及时反馈学生在学习过程中的进步和付出,反映学生在学习中遇到的问题,有利于教师改进教学,从而促进学生的全面发展①。

档案袋所选择或提交的内容,一般是由档案袋搜集者自己制作的。档案袋不只是装满材料的容器,而是有系统、有组织地搜集相关材料,以展示学生在某一特定学科领域中知识、技能与情感的发展情况。档案袋作为一种评价工具,应该由学生和教师系统地搜集相关材料,以检查学生的努力、进步的情况,并对很多正式测验的结果作出相应解释或者预判。在操作过程中,学生参与内容的选择、评分标准的制定等,是一种学生自我反省的记录方式①。

档案袋是学习者学习成果的聚集,主要包括学生作品及作品反思。作品反思不仅能够帮助学生理解、扩展所学知识,还可以使其他人对学生及其学习情况有一个更深层次的了解。档案袋评价关注学生在人际脉络和实际生活情境中的学习过程,描绘学生真实的学习过程,有助于培养学生的自评能力,成为同其他人进行对话和沟通的资料,有助于合作式信赖关系的培养①。

（二）个人学习档案的组成

1. 课堂记录

课堂记录主要是指在课堂上,能够反映学生学习情况的记录,它反映了学生在课堂中的学习表现,如学生对社会性科学议题学习的兴趣、各小组合作的参与程度等。学生在课堂上的表现是学生进行社会性科学议题学习最直接的反馈,如学生的课堂表达、在课堂的即兴生成,学生的课堂练习等。

2. 个性成果

每个学生都是独立的个体,即使完成同样的学习任务,出现的情况也可能并不相同,

---

① 葛帆.小学数学学习中档案袋评价的实践研究[D].上海师范大学,2015.
② 岳贵玲.档案袋评价法在高一化学教学中的应用研究[D].河南师范大学,2016.

所以他们在学习的过程中会留下具有于自身特色的学习成果。学生可以根据自身的能力和自己的爱好选择如何去完成学习,这样所生成的作业就是个性成果。教师要重视找准每类学生的最近发展区,为他们确立相应的目标,设计难易有别的学习项目[①]。

3. 学习轶事

学习轶事,就是让学生以轶事的形式记录下他们对社会性科学议题学习过程的理解或体会,也包括他们在生活中遇到的和社会性科学议题有关的事情。通过轶事,教师可以了解学生掌握知识的情况,了解学生的思维方式;通过写作社会性科学议题轶事,学生可以真切地感受到社会性科学议题就在身边,从而激发学习的热情,享受学习的乐趣。学生根据生活经验和学习经验记录学习轶事,符合学生进行社会性科学议题学习的规律特点。因为社会性科学议题源自生活,学生从实际出发,发现议题,并进一步加以阐述与解释,就能在收获的同时积累经验。

4. 反思材料

反思材料主要是指学生对自己学习过程中出现的问题的及时总结,可以记录优点和缺点,以便日后改正和完善。这种反思可以是学习后的感受,可以是对自己的学习过程的归纳和总结。与成人的反思不同,学生的反思可以是对自己学习策略的调整、学习方法的调整、学习习惯的改善等。这种反思可以用来对比优化学习过程,如各种操作过程的反思与调整。在社会性科学议题学习过程中,知识的学习很多就是知识的迁移,只有不断反思、寻找不足、发现问题,改变思维方式,找到解决问题的策略,才能不断经历认知过程,培养学生的创新精神和开拓意识。反思可以提高学生的学习效率,有助于学生认知水平的提高、思维品质的优化以及客观地评价自我,有助于学生学习方式的多样化和学习手段的最优化[②]。

5. 教师或家长的话

教师和家长在学生学习的过程中更多的是辅助,他们不能代替学生学习,但是他们是学生学习过程中最直接的见证者,他们的意见是对学生学习过程最直接的评价。同时,这种评价能用质性评价为学生的发展指出明确的方向,这种评价一般也都比较全面、具体、有理论依据,能突显学生在学习过程中生出的问题。当今社会,有人把分数当作学习的唯一目的,导致学习过程变得无味,学习目的也变得功利,只是为了追求分数、名次。因此,在学生学习的过程中,家长和老师的肯定和引导是促进学生学习成长的关键。一个学生根据自己的能力所获得的任何分数或成就都应该得到鼓励和赞扬。这种鼓励可以激发学生的求知欲和学习兴趣,帮助他们更好地投入学习。同样,家长和老师适时的引导也是帮助学生走对路的方法之一[②]。

[①] 米丽古丽·麦麦吐逊. 初中语文作业多样化设计[J]. 读与写, 2015, 19: 203.

[②] 葛帆. 小学数学学习中档案袋评价的实践研究[D]. 上海师范大学, 2015.

6. 其他社会性科学议题学习材料

除了课内社会性科学议题学习,学生还可以在校外积累一些社会性科学议题学习经验,如到校外查找有关的学习资料、参加社会性科学议题学科比赛等,这些活动成果都可以装入档案袋,以充分展示学生的社会性科学议题学习成果,促进学生全面发展[①]。

七、量表测评法

量表测评法,是基于学生的社会性科学议题学习能力,通过设计学生表现性任务建构的一种评价工具,包括但不限于设计流程图、质量分析表等可视化工具,将学生的思考视角、思考过程、思考方法等科学教学的理念、思路、标准等巧妙地整合于量表的研制过程中。

(一)量表评价法的学理分析

促进学生社会性科学议题学习能力的发展,设计并实施评价社会性科学议题学习能力的检核量表,能促进学生的科学实验能力和认知能力的发展。

提升学生的实践与创新能力。将量表测评与社会性科学议题教学融合,能促进学生在"提出问题、作出假设、制定探究方案、操作与获取证据、分析与论证、得出与评价结论、表达与交流"等方面的发展。

培养学生的探究核心素养。对科学本质的认识是科学学科核心素养的重要组成部分,量表是一种有标准、有水平的评价工具。在量表的制定过程中,要合理划分学业质量水平和核心素养水平的等级,使评价量表有"标"可依。

(二)量表评价法的原则

1. 评价表现化

通过观察学生在完成实际任务时的表现来评价学生已经取得的学业成就[②]。与传统的标准化评价相比,表现性评价具有评价内容全面、问题情境真实、评价标准开放、与教学活动相融合等特点[③]。

2. 量表真实化

在真实而具体的任务背景下,量表能够启发学生更好地思考,有助于学生表现出更真实的水平。在真实的学习任务中考查学生的实验探究能力,评价工具的效度就较高,既能真实地反映学生的实际水平,也有利于考查学生是否具备各项探究的能力[④]。

---

① 葛帆.小学数学学习中档案袋评价的实践研究[D].上海师范大学,2015.
② 赵必华,查啸虎.课程改革与教育评价[M].合肥:安徽教育出版社,2007.
③ 叶婧靖.表现性评价在初中物理教学中的运用探讨[J].科学咨询(决策管理),2009,4:89-90.
④ 郝晶晶.基于结构性工作单的科学探究评价之实证研究[D].浙江师范大学,2016.

3. 能力可测化

在检核量表的各个步骤中,应当具体描述每个步骤的任务,并对重要的记录点进行提示,以进一步增加其可测性。检核量表以纸笔为工具,并为学生提供科学的社会性科学议题学习框架。学生据此能明晰需要记录的思路、步骤或结果,避免不规范的记录。

(三)量表的编制要素

1. 结构分析

基于检核量表的社会性科学议题学习评价工具的整体难度系数为 0.52,每个任务的难度系数在 0.36~0.78,整体效果较好,但个别任务的难度系数偏低(任务难度偏大),其原因有:教师对中学议题任务的表述不够准确,对学生的实际能力水平了解不充分,造成个别任务的难度偏大,无法很好地将被试学生的探究能力加以区分。

2. 信度

基于检核量表的社会性科学议题学习评价工具的内部一致性系数较高,主要原因有以下三点:①被试因素:本测试考查的是学生的综合能力,所涉及的量表与探究性实验有关,测试的任务信息量合理,并设置了充分的提醒,使得被试者在测试的过程中能耐心、仔细地分析问题,避免出现随意作答的情况;②测量工具的因素:本测评工具的任务数量充分,同质性的试题充足,使得工具的整体信度较高;③主试原因:在评分过程中,评分者的主观意识对评分会有一定的影响,在具有一定教学经验的教师的评定下,能合理认识学生的回答与参考答案的真实差异,形成统一的评分标准,进而提升测试的整体信度。

3. 效度

基于检核量表的社会性科学议题学习评价工具的效度较高,主要表现在以下两个方面:①内容效度:请相关专家和教师进行评定,并结合学生测试的结果加以修正,以提高检核量表的效度;②结构效度:测验总方差解释率较高,在因子提取的过程中,呈现出同一因子中个别题目对因子类别表达较明显的现象,主要原因是被试学生在作答过程中态度较为认真,且实验探究水平较高。

(四)量表评价的样例

量表评价法是指用已编制完成的量表对测试对象进行评价的方法。该方法实施的关键是设计并采用公正且合理的评价量表进行测评。量表框架如下页表 12 所示,该课堂评价工具分为 5 个分量表,共 22 道题。每个分量表拥有不同个数的题项,如表 13 所示。每题计 2 分,由于每个维度下的题项数量不同,因此将每个维度实际得分除以该维度最大可能得分,即可得相对值计作每个维度的标准化得分①。以温州陈老师的一节初中科学课"关注能源,节约能源"作为分析对象,得分见表13。教师按照各个维度的题项要求对课例进行评分,然后将每个项目的得分求和,算出总分。

表 12 量表维度与赋分

维度	题项的数目	得分/最高分	相对值
教学重点	6	8/12	0.67
教师行为	7	10/14	0.71
教师角色	2	4/4	1.00
学生角色	5	6/10	0.60
课堂环境	2	4/4	1.00
总分	22	32/44	3.98

表 13 量表结构

维度	题项	理由	得分
教学重点	促进科学概念的理解	对于初中生,能源不是一个陌生的概念,教师以一句话引出能源,没有对能源进行过多的介绍,这是合乎常理的,而且在之后的课堂教学中列举不同的能源,促进并丰富了学生的认知	1
	将科学知识与生活实际相联系	教师多次举例生活中如何节约能源,提及能源在生活中的应用等	2
	考虑与问题相关的科学本质	未出现相关环节	0
	关注问题的利弊	教师安排了学生上台讲解的环节,在学生讲解能源这一相关问题时,教师给了学生充分发言的机会,也把课堂中问题的利与弊考虑其中	2
	关注问题的社会维度	教师和学生多次从社会实例(包括国际上的一些利益纷争)来讨论能源相关问题	2
	关注更高阶的科学实践	学生讨论并发表自己的观点,几位学生上台向其他同学介绍相关知识	1
教师行为	为科学实践提供支撑	教师给予学生进行科学实践的资源和工具,但是缺少充分的过程性指引	1
	提供学生反思的机会	教师在讲解能源危机的时候,带领学生学习能源供需关系、国际上关于能源的一些纷争,反思能源的消耗情况和如何改善这一状况	1
	将学生所学的与旧知识相联系	在课程开始时,学生回忆之前学过的知识,讨论并就自己关于能源的认识进行发言,在课堂结尾时,学生结合之前所学知识与生活经验为节约能源提出自己的小建议	2
	首先提出问题并紧密联系主题	在课堂开始时引出能源,并步步深入,关注能源,节约能源,紧扣主题	2
	运用现代媒体将内容与问题相联系	在教学过程中使用了多媒体教学工具,并在网上找了相关视频与数据为教学服务	2
	评定学生概念性科学的理解	在几位同学上台讲解相关知识之后,教师稍加总结,但缺少深度学习支持	1
	评定学生的科学实践	学生发言或是讲解之后,教师予以点评与总结,但缺少批判性反思	1

---

① Topcu, M. S., Foulk, J. A., Sadler, T. D., et al. The Classroom Observation Protocol for Socioscientific Issue-based Instruction: Development and Implementation of a New Research Tool[J]. *Research in Science & Technological Education*, 2018, 36(3): 302-323.

续表

维度	题项	理由	得分
教师角色	作为学习的促进者而不是权威	教师给予学生充分的自由,让学生自由发言并上台讲解,教师与学生共同学习	2
	了解与问题相关的科学知识	能源这一主题在教师的课件中有所显示,教师作了较为充足的准备,查询数据并搜寻相关视频	2
学生角色	学生进行科学实践	学生进行讨论、发言、上台讲解,但缺少体现科学特色的实验活动	1
	学生探讨问题的社会层面	在不同学生分别讲解新能源的部分,学生运用了一些生活中或国际上的社会实例,并指出新能源的利用可以改善社会的环境与经济方面的优势,不过认识问题还不够深刻	1
	学生评估问题的风险与收益	学生从经济、社会方面指出了利用新能源的好处,且用了较多的国际数据,其中美国的相关资源数据较多,也提及能源的市场需求、未来发展等方面,但是缺少对风险的评估	1
	学生收集并分析与问题相关的科学数据	学生的讲解环节体现了数据的准确性	2
	学生探讨问题的伦理方面	涉及资源的合理使用,关乎人们的道德意识	1
课堂环境	课堂环境协作互动	课堂环境是十分融洽、和谐的	2
	师生相互尊重	总体而言,师生相互尊重,尤其是学生有更多的自主权	2

八、对非形式推理能力的评价

从推理过程来看,非形式推理比形式推理复杂得多。它既涉及诸如分析、论证、判断、创见、决策等复杂认知过程,也涉及认知过程与个人道德情感、意识倾向和人格特征的交互作用。从推理所涉及的问题来看,它们都是现实生活中遇到的实际问题,尤其是社会性科学议题。人们经常在下列真实情境中采用非形式推理:①当某一问题的信息很难获得时(如"是否研究 UFO,怎样研究?");②结果是开放的、有争议的、复杂的、结构不良的问题(如"是否鼓励开发人类克隆技术?");③ 需要寻找支持某一观点的证据时(如"如何提高 GDP 又必须降低能耗?")。就非形式推理的应用范围来讲,它不仅在个人的日常生活(如早、中、晚三餐的膳食结构)、学习(如报考什么专业)和工作(是否辞职)中被广泛应用,而且在企业的投资经营、发展规划乃至国家领导人对国内外重大事件的分析、论证和决策中都是必不可少的。也就是说,一个人可以不会形式推理,但不能不会非形式推理。概括地说,非形式推理能力就是解决实际问题的能力[①]。

---

① 张奇,张黎.SSI课程与学生非形式推理能力的培养[J].华东师范大学学报(教育科学版),2007,2:59-64,86.

非形式推理包括对某一命题或决策的因果、利弊和正反两面的推理[1]。非形式推理是指对结构不良的、没有固定答案的、需要进行归纳的（而不是演绎的）问题的推理[2]。个体通过非形式推理形成对某一问题的态度和观点[1]。一般而言，辩论和论证是非形式推理的两大方面。论证兼有个人性和社会性的双重含义，即包含个人论证和社会论证，且二者有一定的交互作用。集体层面的论证活动可以促进个人进行更深层次的思考，个人内在的深层次思考则可以通过集体的论证活动外显出来[3]。

首先，学生要经历自己说服自己的过程，即为什么要这样设计实验或者为什么要这样分析和解释资料。其次，学生要说服班级同学认同自己的实验和数据分析。再次，学生将自己的成果展示出来，试图说服大家接受自己的观点。最后，学生要将自己的观点传播给学校的其他学生并加以说服。

（一）对非形式推理能力（如辩论和论证）的评价的学理分析

认知心理学的研究已经表明，在现实生活中人们不是按照形式逻辑进行推理，而是根据自己的知识和经验进行非形式推理[1]。相较于形式逻辑，非形式逻辑与我们的日常生活联系更加紧密，应用范围比形式逻辑广阔许多，因此发展学生的非形式逻辑能力成为越来越多学者的研究重点[3]。

在发展学生非形式推理能力的研究中常常会出现社会性科学议题的身影。学生在面对三种问题时会进行非形式推理：当面对情境复杂、信息众多或缺乏明确的关键性信息的问题时，学生难以提取和获得与问题解决直接相关的关键性信息；结构开放、答案不唯一的问题，更会引发学生的争议；对于需要寻找支持或者否定性证据的问题，学生需要尽可能地去搜集某方面的证据，并对这些证据进行归纳总结。将社会性科学议题的特点与适合学生进行非形式推理的议题的特点对照来看，二者的特质具有很高的一致性，因此社会性科学议题是一种非常适合进行论证的素材。不少学者研究发现：相较于对科学现象的论证，学生更容易在社会性科学议题中进行论证，原因就是在对科学现象进行解释论证时，学生需要有一定的科学知识基础，倘若学生没有经历过这些科学知识的学习，就无法形成有支援性的论点，而对社会性科学议题进行论证时，由于社会性科学议题具有多元性、情境性和情意性的特点，学生可以根据自己的日常生活经验、价值观作出相应的抉择与判断，从而推导出自己的论点[3]。

---

[1] 马艳苹.3～6岁幼儿非形式推理能力的发生、发展及家庭和幼儿园影响因素的研究[D].辽宁师范大学,2011.
[2] 钱奇兰.SSI教学中的非形式推理[J].科教文汇,2011,3:1-3.
[3] 张文君.高中生在社会性科学议题中的论证能力调查[D].南京师范大学,2018.

(二)对非形式推理能力(如辩论和论证)的评价的原则与策略

1. 四大标准

辩论和论证是非形式推理的表现形式。教师可以通过对学生辩论和论证能力的评价来判断他们的非形式推理能力。有学者提出四个评价标准:议题内一致性,议题间的一致性,相反立场的建构,反驳的建构。议题内一致性是对理由是否支持立场的评价;议题间的一致性是对类似的相关案例的立场和理由是否存在矛盾的评价;相反立场的建构是对参与者是否能够建构和解释正、反两方面立场的评价;反驳的建构是对参与者能否建构条理清晰的反驳的评价[1]。

2. 六大方面

有学者认为,如果学生能关于议题进行辩论或对辩论进行评价,那么该学生就能进行高水平的非形式推理,能够搜集关于议题正、反两方面的相关论据也被认为是重要的方面。他们提出从以下几方面来评价学生的非形式推理:①个体是否陈述了辩论;②从理由的可接受性角度讲,辩论是否正确,理由是否支持了观点;③所给出的理由的质量;④是否对议题的两面性进行了思考;⑤个体是否使用了限定性语句?⑥为了支持观点,能陈述多少可接受的理由[2]。

3. 定量、定性分析

吴颖泗、蔡今中通过定性和定量分析的方法,对学生的非形式推理能力进行了评价。在定性方法上,研究者分别从决策模式、推理模式和推理水平三方面进行评价;在定量方法上,研究者通过统计社会取向辩论的数量、生态取向辩论的数量、经济取向辩论的数量、科学或技术取向辩论的数量、推理模式的数量、辩论的总数、抗辩的数量、反驳的数量、支持性辩论的数量等来评价学生的非形式推理能力。此研究相对于以前的大量的定性研究可以说是一大进步,而且能更具体地探究学生的非形式推理能力[3]。

钱奇兰受赖志忠和蔡今中研究的启发,并结合他们对于非形式推理能力的评价标准,编制了具体的非形式推理评分标准(如下页表14、表15所示),每种推理模式都对应其推理水平标准,表中列举了社会取向的评分标准,其他三个取向的评分标准也如此[4]。

---

[1] Sadler, T. D. Informal Reasoning Regarding Socioscientific Issues: A Critical Review of Research[J]. *Journal of Research in Science Teaching*, 2004, 41(5):513-536.

[2] Means, M. L., Voss, J. F. Who Reasons Well ? Two Studies of Informal Reasoning Among Children of Different Grade, Ability and Knowledge Levels[J]. *Cognition and Instruction*, 1996, 14(2):39-178.

[3] Wu. Y. T., Tsai, C. C. High School Students' Informal Reasoning on a Socio-scientific Issue: Qualitative and quantitative analyses[J]. *International Journal of Science Education*, 2007, 29(9):1163-1187.

[4] 钱奇兰. 初中社会性科学议题教学研究——以"泥石流"议题为例[D]. 浙江师范大学, 2011.

表 14 非形式推理能力评分标准维度说明

维度	设计说明	维度	设计说明
社会取向	此模式欲检测学生所列举的论据或利益是否基于社会利益或人类同情的考虑	议题一致性	此维度欲检测学生所列举的内容是否按照议题的主旨选择适当的材料,来支持自己的观点、论断
经济取向	此模式欲检测学生所列举的论据或利益是否基于经济发展的角度来考虑	相反立场的建构	此维度欲检测学生能否从相反的立场进行推论,如果学生能从多角度进行思考,则具有较强的推理能力
生态取向	此模式欲检测学生列举的论据或利益是否基于生态考虑	反驳的建构	此维度欲检测学生能否通过具体的例子对他人的观点进行反驳,若能举出具体实例,则表示学生在个人推理时已经过深思熟虑,且清楚关于议题的不同立场后才作出最后决策
科学或技术取向	此模式欲检测学生所列举的论据或利益是否基于加强或限制科学或技术的考虑		

表 15 非形式推理评分标准

定性分析因素	推理模式	维度	赋分标准	得分(分/个)
推理水平	社会取向模式(生态取向模式、经济取向模式、科学或技术取向模式也一样)	议题一致性	未提出准确实例、相关概念以说明个人立场;叙述内容与主题、立场明显不符合	0
			能提出足以说明个人立场的具体实例或概念,叙述的内容连贯性、完整性良好,但所论述内容之概念及例证皆引自阅读文本内容	1
			能提出足以说明个人立场的具体实例或概念,叙述的内容连贯性、完整性良好,且能够正确提出个人独特之见解、观点,即为所给文本范例之外的例子	2
		相反立场的建构	学生能建构不同甚至对立的立场及解释	3
		反驳的建构	学生能提出与自己立场不同的具体反证来反驳他人的观点	3

实践篇

SSI-L案例1
海草房（小学）

案例作者

作者：李小燕、王小英、曲彬、周春娟、王英水、常军香、席爱军、王毓铭、张建丽
单位：山东省荣成市府新小学

山东省荣成市府新小学始建于1994年。多年来，府新小学秉承"植根养正，好习惯成就一生"的办学理念，承继好习惯养成教育优良传统，凝练出"植根树人"教育的办学特色，以独特的"成长之树"课程体系为载体，以"好习惯＋诚信"主题德育和"新动社团"活动为抓手，培养"三有""三会"的新时代少年。SSI-L项目与"学府育英才、创新向未来"的办学目标、与培养实践创新的时代少年的培养目标密切联系，有助于推动学校内涵式发展。

一、驱动性问题

1. 作为荣成人,你了解海草房吗?
2. 怎样修缮和保护海草房?
3. 海草房需要传承与保护吗?

二、跨学科融合学习框架

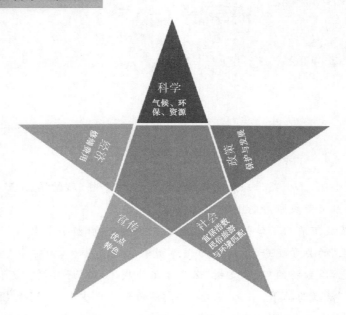

科学:通过查阅资料、实地考察、美学欣赏等,研究荣成海草房的历史起源和现存情况,了解海草房的生态特点,探究其与本地环境、气候的适应性及相互作用等,学习修缮和保护海草房,为传承与保护海草房做力所能及的事。

政策:通过查阅资料、调查访问,了解国家和地方在保护海草房、传承非物质文化遗产等方面的法规、政策等,调研相关部门是如何有效保护和传承海草房的。

社会:通过实地考察、科学实验、调查访问等,了解群众对海草房的保护和传承的态度,研究荣成海草房的宜居指数、环境匹配度,探究荣成海草房的发展前景。

宣传:通过查阅资料、实地考察、调查访问等,了解海草房的优点和特色,用创新的方式宣传荣成海草房。

经济:通过计算、调查访问,研究新建海草房和修缮旧海草房的材料费、人工费等,调查海边小渔村新型海草房的旅游盈利情况,在与瓦房、彩钢房等不同民居对比后形成自己的看法。

三、与小学义务课程标准的联系

(一) 与发展学生核心素养的联系

核心素养	具体内容
理性思维	通过建构模型来描述海草房的独特性
勇于探究	用证据来构建一个论点,海草房这一非物质文化遗产需要被保护和传承,在现今荣成特定的地理环境中,一些地区的海草房是需要被保护起来的
社会责任	说出针对农村城市化建设进程变化所引起问题的一个解决方案的优点,落实行动,为海草房的保护与传承尽一份力

(二) 与各学科课程标准的联系

学科名称	具体内容
语文	通过实地考察了解海草房,在调查访问中学会倾听、表达与交流,初步学会文明地进行人际沟通和社会交往,发展语言能力的同时,发展思维能力,激发想象力和创造潜能 小组分工合作,发展个性,培养合作精神,逐步形成积极的人生态度和正确的价值观 通过对社会性科学议题意义的解读,培养爱国主义情感、社会主义思想道德和健康的审美情趣 初步具备搜集和处理信息的能力。学习科学的思想方法,逐步养成实事求是、崇尚真知的科学态度
数学	通过统计、分析、计算等,体会数学与其他学科之间、数学与生活之间的联系,运用数学的思维方式进行思考,增强发现和提出问题的能力、分析和解决问题的能力
综合实践活动	认识海草房,了解海草与海洋环境的相互作用 认识人类与环境的关系,知道地球是人类应当珍惜的家园 了解科学探究是获取科学知识的主要途径,是通过多种方法寻找证据,运用创造性思维和逻辑性推理解决问题,并通过评价与交流等方式达成共识的过程 具有基于证据和推理发表自己见解的意识,乐于倾听不同的意见和理解别人的想法,不迷信权威;实事求是,勇于修正与完善自己的观点 初步了解人类活动对自然环境、生活条件及社会变迁的影响;了解社会需求是推动科学技术发展的动力;了解科学技术已成为社会与经济发展的重要推动力量 初步了解在科学技术的研究与应用中,需要考虑伦理和道德的价值取向;热爱自然,珍爱生命,具有保护环境的意识和社会责任感 初步了解分析、综合、比较、分类、抽象、概括、推理、类比等思维方法,发展学习能力、思维能力、实践能力和创新能力,以及运用科学语言与他人交流和沟通的能力
道德与法治	在体验生活和参与社会生活的过程中,学会热爱生活、创造生活;在服务自我、他人和集体的行动中,学会关心、学习做人;在与自然以及周围环境的互动中,主动探究,发展创新意识和实践能力 亲近自然,喜欢在大自然中活动,感受自然的美 做事认真负责,在成人的帮助下能制订出自己可行的目标,并努力去实现 有应对挑战的信心与勇气,敢于尝试有一定难度的任务或活动

四、学习目标

1. 参与调查研究来协商解决一个社会性科学议题。
2. 小组协作开展有关保护和传承海草房的论证。

五、学习评价

1. 评价主体：指导教师、分管该项目的领导与学生。
2. 评价对象：教师、学生。
3. 评价方式：
(1)师评：指导教师对学生进行评价，分管该项目的领导对教学效果进行评价。
(2)互评：小组之间互相评价。
(3)自评：对于自己在活动中的表现进行评价。
4. 评价学生内容：
(1)评价学生是否能就"海草房的传承与保护"论证自己的观点。
(2)通过调查访问、实地考察，评价学生是否能综合考虑海草房的优缺点，探究荣成海草房的发展前景。
(3)通过活动参与情况、参与效果和每次活动的书面作答情况，评价学生的参与度与思辨力。
5. 评价教师内容：
(1) 是否达成预期的学习目标。
(2) 学生活动是否能按预期进行。

六、活动计划

活动	时间	教学重点	活动安排	设计意图	活动计划	学生材料
1	90—120分钟	介绍社会性科学议题：认识海草房	陈述与展示、查阅资料 (1)观察海草房图片，讲述荣成海草房数量减少的故事 (2)介绍社会性科学议题，学生就此问题写出自己的初步立场，并为之辩护 (3)查阅资料，了解海草房的历史起源，了解海草房的特点 (4)分享研究成果	1.就当地问题提出社会性科学议题：荣成海草房需要传承与保护吗？ 2.探究海草房的历史，了解其形态特点、建筑技艺等，为小组辩论观点搜集资料	活动1计划	活动1学习材料

续表

活动	时间	教学重点	活动安排	设计意图	活动计划	学生材料
2	120—180分钟	了解海草房的现状	实地调查、采访、讨论、评价 (1)查阅资料,了解海草房的分布区域及数量 (2)设计问题清单,分小组进行实地考察与调查访问,了解海草房的现状 (3)采访当地居民,了解老百姓对海草房修缮的态度;对于有损坏的海草房,老百姓是如何进行修缮的	1.了解荣成海草房的分布区域、数量及现状 2.了解当地居民对海草房的保护与修缮等的态度、方式等	活动2计划	活动2学习材料
3	120—180分钟	怎样修缮和保护海草房	调查、采访、制作 (1)关于海草房的相关政策,走进建设局、村庄等进行调查 (2)走进文物管理所,采访老苫匠,了解保护、修缮海草房的方法 (3)请教老苫匠,学习苫房的技巧	1.了解有关海草房的相关政策 2.了解和学习苫房的技巧	活动3计划	活动3学习材料
4	120—180分钟	荣成市的海草房需要传承和保护吗?	协作、展示、评价 (1)阶段成果展示,分小组交流展示 (2)达成共识,修改关于SSI的最初立场 (3)创新表达方式,如画海草房、制作海草房模型、发起倡议书等,进行基于证据的有关环境保护的解释	提出、解释和捍卫与海草房传承保护相关的SSI论点	活动4计划	活动4学习材料

活动1

介绍社会性科学议题：认识海草房

驱动性问题

什么是海草房？

学习材料

1. 阅读资料《荣成民居——海草房》（见中国国家地理网站）
2. 关于海草房形态、特点的视频和文字信息（见百度百科"海草房"）

学习目标

1. 通过观察初步了解海草房的形态及特点。
2. 通过查阅资料，了解海草房的历史起源。
3. 具有问题意识，能针对特定的情境建立初步观点，提出问题。

活动过程

1. 参与

（1）教师出示荣成海草房的图片，请学生描述自己看到的内容。

图 1-1

教师:荣成地处沿海,夏季多雨潮湿,冬季多雪寒冷,在这种特殊的地理位置和气候条件下,民居主要考虑夏天避雨防晒、冬天保暖避寒。于是,当地居民根据在生活中积累的独特建筑经验,以厚石砌墙,用晒干后的海草作为材料苫盖屋顶,建造出了海草房。

(2)学生提出问题,并汇总问题。

学生1:海草房为什么用厚石块砌墙?

学生2:海草长在海里,怎样用来建房子?

学生3:海草房的房顶上为什么要盖那么厚的海草?

……

(3)带着问题观看关于海草房的视频资料(见学习材料2)。

教师:海草房用方砖石块筑墙,屋脊比一般瓦房高且坡度陡,形如马鞍的屋脊上面苫盖厚厚的海草,有些海草房上又盖着细腻的渔网。建造海草房的海草是生长在五至十米浅海的大叶海苔等野生藻类,晒干后非常柔韧。海草跟陆地上的植物一样春荣秋枯,长到一定高度后,海潮会将其成团地卷向岸边。渔民们会将这些海草打捞上来,晒干整理好后备用。生长在大海中的海草含有大量的卤盐和胶质,用它苫成厚厚的房顶,防虫蛀,防霉烂,不易燃烧,且冬暖夏凉,经年不毁。

2.探索

(1)学生通过观看视频,解答前面提出的问题,交流收获。

(2)小组合作探究,总结海草房的形态和特点。

教师:大家可以从海草房的形状、建筑材料、性能等方面进行分析。

(3)小组讨论分享收获,填写表1-1。

表1-1 认识海草房

海草房的形状	
海草房的建筑材料	
海草房的性能	
……	

教师归纳总结:海草房作为胶东最具地域特色的建筑样式,是与本地自然环境相适应、相协调的结果,是本地历史信息、地理信息、生存方式、审美标准、民俗风情的物化载体。这种地域性的构造样式、功能布局、空间形态等都显示出一定的适用性、经济性和美学价值。此外,原料可以就地取材,可再生、可循环建材的使用可以保护生态环境。

3.解释

(1)了解海草房的历史起源。

教师:威海有文字记载的历史距今约有2700年,而威海的民居及其建筑历史比文字记载的年代更为久远。以草苫顶是人类早期建房较为普遍的做法,早期人类的营建活动大多会因地制宜、就地取材。据有关专家考证,海草房的起源可以追溯到新石器时代。秦汉以后到辽宋、金以前,是海草房形成和广为流传的时期,元、明、清则是海草房的繁荣时期。随着海防不断巩固,居民增多,海草房也因此发展起来。明清时期,胶东地区广大农村及城镇的普通民房多为草顶房。例如,荣成许多民房就是以海草为材料苫顶的。

表1-2　荣成市海草房村落的历史起源

镇/街道	村落名称	历史渊源
宁津镇	涝滩村	"元至正二年"的房梁木,至今已有600多年历史
宁津镇	宁津所村	至今还保留着创建于明代的屯田军户海草房一条街,那长满青苔的屋顶阴坡印证了历史的久远,也向世人宣示着百年未动的海草房的厚重和耐久
宁津镇	东墩村	始建于明朝嘉靖年间(1522—1566年),至今已有500多年的历史
港西镇	巍巍村	至今尚保存二十多幢有200多年历史的海草房。旧石墙上的拴马桩作为过去胶东富裕人家的标准,依然见证着历史

(2)创设情境,引出议题。

教师:尽管海草房的知名度在提升,但现在人们已经不再居住在海草房里了。一方面,随着近海养殖的增多,渔民养殖海带、海蛎子等用的网拦住了海草。近30年来,在海岸上已经基本捡不到海草了;另一方面,随着改革开放的深入,人们的生活水平不断提高,外地的生活观念和建筑形式,特别是城市的居住方式不断向当地渗入,因此,新建的海草房越来越少,原有的海草房也大都弃之不用了。

文明进步带来的喜悦和海草房减少带来的惋惜相互交织在一起,难免令人唏嘘。然而,不管海草房最终的命运如何,给当地的居民遮风避雨并记录了历史的海边民居终究会给人们留下无尽的怀念。荣成市有这么多海草房村落,有这么悠久的历史渊源,我们需不需要保护这些海草房呢?

(3)引导学生根据自己的立场,建立初始的观点。

4.拓展

引导学生思考:

①为了支持我们的观点,我们需要获取哪方面的证据或信息?

②我们可以通过哪些方法获取这些证据或信息?

5.评价

(1)让学生填写个人问题清单,用便利贴将个人问题及解决办法粘贴到清单中。

表 1-3　个人问题清单

我想要知道的信息	我获得这些信息的方法
1. 我们荣成还有多少海草房？修缮一栋海草房，人工费和材料费一共需要多少钱？	网络查询、实地考察、调查访问等，去荣成市建设局及市博物馆等相关单位进行调查等
2. 海草房与砖瓦房相比有哪些优势？	网络查询、实地考察、调查访问等
3. 海草房的作用有多大？	网络查询、实地考察、调查访问等
……	……

(2)组成学习小组，整理问题清单，最终将个人问题清单整合成小组问题清单。

了解海草房的现状

驱动性问题

1. 俚岛镇大庄许家村海草房的现状如何？
2. 村里是如何传承与保护海草房的？
3. 荣成海草房的现状怎样？

学习材料

1. 阅读资料《荣成海草房实地调查及其形式美研究》
2. 阅读资料《传统村落保护与旅游开发的互动关系研究——以荣成市海草房传统村落为例》
3. 阅读资料《海草房特色民居保护规划模式探讨——以山东威海楮岛村为例》
4. 阅读资料《"美丽乡村建设"背景下传统村落保护与旅游规划研究——以荣成海草房传统村落为例》

学习目标

通过查阅资料和实地调查了解海草房的现状。

活动过程

1. 参与

教师向学生介绍海草房的分布区域及数量。

教师：据不完全统计，荣成市现在有95000多间海草房，呈零散状分布在沿海区域。海草房传统村落在荣成市石岛镇、俚岛镇、成山卫镇、港西镇、宁津街道等分布广泛。保留下来的海草房大多都有百年历史，最久的有300年历史。但是随着现代社会的快速发展和沿海环境的变化，海草房的数量正在不断减少，甚至面临消失。

2.探索

(1)学生走访海草房保护基地——荣成市俚岛镇大庄许家村,实地观察海草房,并对居住在海草房里的居民进行采访:

①采访村委,了解海草房的数量、分布及使用情况;

②采访当地居民,了解老百姓对修缮海草房的态度以及老百姓如何修缮海草房。

(2)引导学生讨论"要不要传承和保护海草房""大庄许家村村民是如何保护和传承海草房的"。

图 1-2

3.解释

(1)引导学生思考、探讨海草房减少的原因。

教师:大家可以从海草房的建筑材料和修缮技艺、从社会经济发展的角度、从生活方式等方面讨论。

(2)结合实地考察和搜集的材料获得以下信息:

①由于环境的变化,用于建造海草房的大叶海苔的数量锐减,而且价格较高;

②修缮海草房的核心工匠是苫匠,苫匠的数量很少;

③现代建筑材料价格低,建造技艺简单。

教师归纳总结:随着社会的发展和居民生活方式的改变,古老的海草房虽然冬暖夏凉、百年不腐,但其内部构造无法满足现代人的需求。地域性建筑海草房作为固态的传播媒介,承载着独特而丰富的地域信息,有着不可估量的文化价值与意义。如何使海草房长久存世,展现地域建筑特色;如何使传统建筑媒介获得继承性发展,为更多受众认可,是亟待解决的问题。

4.拓展

引导学生思考:

①荣成其他地方的海草房情况如何?

②要如何传承和保护海草房?

5.评价

以小组为单位,汇总荣成市俚岛镇大庄许家村海草房的数量、分布及使用情况,组内交流分享,每个小组选择一名发言人进行汇报。每个小组选派一名评委,对各小组的发言情况进行评价。

表 1-4 评价表

评价内容	评价指标	小组 1	小组 2	小组 3	小组 4
内容	观点明确,表述条理清晰				
	观点较明确,表述条理较清晰				
语言	简洁流畅				
	较简洁流畅				
礼仪	举止大方,站位合理				
	举止较大方,站位合理				
建议					

活动3

怎样修缮和保护海草房？

驱动性问题

荣成市需要大力修缮和保护海草房吗？

学习材料

1. 阅读资料《传统村落保护与旅游开发互动模式研究——以荣成市海草房传统村落烟墩角社区为例》
2. 阅读资料《胶东滨海地区海草房村落保护与利用策略研究》

学习目标

通过学习了解海草房修缮和保护的现状。

活动过程

1. 参与

(1) 教师向学生介绍保护海草房的政策。

教师：为了更好地促进传统文化的传承，做好传统村落保护与发展工作，2012年4月，我国建立国家、省、市、县四级传统村落名录保护体系，公布了四批中国传统村落名录，共计4153个。

近些年，荣成市各级政府逐步重视海草房传统村落的保护工作。2007年，荣成市颁布了《荣成市海草房民居保护试行办法》《荣成市保护海草房资金使用办法》，海草房保护自此开始走向规范化管理。2012年海草房保护协会成立，对海草房村落进行分类，站在区域角度对其实施整体性保护，并给予专项维修资金，海草房保护项目还被列为山东省"乡村记忆工程"项目。目前，多个海草房传统村落已完成或正在编制相关保护利用规划，部分已被列为有等级的传统村落。

表 1-5 荣成市海草房村落现有规划概况

镇/街道	村落名称	编制规划类型
俚岛镇	大庄许家村、东烟墩村、烟墩角社区、东崮村、项家寨村	传统村落保护发展规划
	颜家村	荣成市颜家新村规划、荣成市俚岛镇颜家社区规划一期
	中我岛村	海草房生态民居博物馆——倭岛王家文化创意
港西镇	巍巍村、小西村	传统村落保护发展规划
	鸡鸣岛	旅游发展规划
宁津街道	留村、渠隔村、马栏耩村、东楮岛村	传统村落保护发展规划
	东墩村	荣成市宁津街道"六村一庄"美丽乡村概念规划

表 1-6 荣成市海草房村落等级

等级	村落名称	数量
中国传统村落	东楮岛、大庄许家、东烟墩村、烟墩角社区	4
山东省传统村落	马栏耩、止马滩、留村、渠隔、东崮村、项家寨村、巍巍村、小西村、嘉鱼汪村	9
山东省文物保护单位	马栏耩、东墩村、大庄许家、烟墩角社区、陈冯庄、巍巍村、小西村	7

(数据来源:见学习材料 1)

(2)每个小组使用相同的数据,制作不同等级村落名称的名片。

(3)将不同村落的名片贴到相应等级。此活动的关键是:①观察各种等级海草房村落的数量;②统计正在修缮和保护的海草房村落及其数量。

(4)学生观看视频《海草房特色民居的保护与更新》,了解海草房修缮和保护的现状。

教师:随着旅游业的发展,荣成市海草房传统村落逐渐被开发,并取得了一定的经济效益和社会效益。2015 年,中国传统村落保护与乡村旅游发展论坛在荣成市石岛召开,"海草房唐乡"也为旅游开发带来了新思路、新模式、新面貌。目前,海草房传统村落旅游态势发展较好的有荣成市俚岛镇烟墩角社区、大庄许家村、鸡鸣岛、中我岛村、东楮岛村、巍巍村等。

(5)引导学生讨论修缮和保护海草房的困境。例如,荣成市有这么多区域的海草房村落,对其进行修缮和保护不是简单的事情,修缮是否能按照规划顺利进行?在保护和修缮海草房的过程中会遇到哪些困难?

2. 探索

(1)引导学生探索在保护海草房的过程中遇到的困境。

教师:从海草房的建筑材料与技术、生活理念、保护制度与政策的力度、科学规划等方面进行分析。

(2)引导学生总结制约海草房村落保护的因素。例如:

①环境因素:海草的生长环境遭到破坏,海草产量减少;

②经济因素:海草价格昂贵;

③技术与人文因素:苫盖海草房技艺的苫匠极少,且后继无人。

④规划因素:缺少科学的技术性指导。

教师:经济体制改革使人们的居住理念、居住格局发生了转变。过去渔业独立、封闭、安逸的生产特点形成了渔民一家一户为单位的居住格局。如今低矮的海草房已不能与求富、求变、求发展的观念匹配,开始逐步经历由海草房变瓦房以及瓦房变楼房的居住变化。另外,在快速城镇化进程中,城镇用地不断扩张,逐渐"吞噬"着邻近城镇的海草房传统村落用地,城市景观强势侵入海草房传统特色风貌景观。

3. 解释

(1)了解修缮海草房的方法。教师准备好构建海草房模型的材料(如纸箱、海草、黄泥、水、胶、胶带等)。

教师:邀请修缮海草房的资深专业人士樊爷爷为我们解释修缮海草房的具体方法和步骤,樊爷爷将和我们一起动手制作海草模型。

让学生体会修缮海草房的不易,感受海草房的魅力。教师要提醒学生认真倾听,注意观察,做好修缮方法的记录。

(2)学生分组、分工,动手制作海带草房模式,并做好相关记录。

(4)学生回顾和总结制作海草房模型的方法和过程。

图 1-3

4. 拓展

引导学生思考修缮和保护海草房应采取怎样的策略。(参考资料:图片资料《海草房村落的保护与再生——海草湾养出度假村改造设计》、新闻报道《保护性开发海草房古韵焕新生》和《威海市加大历史文化名村东楮岛海草房保护力度》)

教师:保护与开发海草房应该从两个层面进行:一是如何保护海草房,首先要认识到保护海草房的重要性,其次是保护海草房的具体手段、方法和措施;二是要在保护海草房的基础上科学合理地利用海草房,更好地传承特色,保护有价值、有胶东特色的文化遗产。

5.评价

(1)让学生以小组为单位,完成"写作1"——回顾保护海草房的现状,根据查阅的有关海草房保护与开发的相关资料,想一想修缮和保护海草房应采取哪些相关策略。把自己的想法写下来。

同学之间相互交流、分享,以班级为单位开展讨论"你认为我们应该采取哪些相关策略来修缮和保护海草房?为什么?"

教师:谁将会从这样的决定中受益?是当地居民、房主、开发商、政府、游客,还是其他人?为什么这个群体会受益?

①展示表1-7,让学生用它来预测海草房数量的变化趋势。

教师:如果我们在完成规划中的海草房修缮后,把明年的数据放在这个表格上,不同等级的海草房村落的数量会是怎样的?数字会变大还是变小?你为什么这么想?

表1-7 海草房数量预测表

	现在的数量	明年的数量
中国传统村落		
山东省传统村落		
山东省文物保护单位		
海草房数量		

②讨论"修缮和保护海草房有什么好处和坏处?"

(2)学生整理通过采访和查阅资料等途径得出的海草房修缮和保护策略,在班级内进行交流、分享。

学生以小组为单位,针对"怎样修缮和保护海草房?"这一问题,绘制建设性的策略图(思维导图、关系图等),并完成"写作2"——回顾各小组的交流内容,给修缮和保护海草房提出建设性的策略。

交流时,每组选一名成员依据"口头表达评价量表"(如表1-8所示)对其进行评价。

表1-8 口头表达评价量表

评价角度	5分	4分	2~3分	1分
语言组织	表达准确、语言流畅,动作自然,符合演讲内容	能运用一定的动作和手势,语言基本流畅、自然,但不够生动	较少动作或者手势,且动作较为僵硬,与内容不相符	没有动作和手势,站姿僵硬
眼神接触	说话时经常与听众有眼神接触,兼顾大部分听众	在部分时间里与听众有眼神接触	很少与听众有眼神接触	与听众没有眼神接触

续表

评价角度	5分	4分	2~3分	1分
声音	所讲的每个字都能让听众轻松理解,声音富有表现力,语音、语调适当,能吸引听众的注意力	讲话时声音小,语音、语调适当	讲话时声音小,所讲的大部分内容听众听不清楚或听不见;尝试用一种富有表现力的嗓音,但因为心烦意乱或紧张不够成功	讲话时声音小,语音、语调单调,无法吸引听众的注意力
流畅程度	讲话内容紧扣主题,语言表达清晰,抑扬顿挫;衔接部分自然,停顿得当,且逻辑性强,能让听众清楚明白	讲话内容符合主题,言语表达较清楚,有的放矢,过度语句表达恰当,偶尔出现停顿	讲话内容符合主题,说话时而断断续续。虽然理解需要花费精力,但是听众尚能接收一定的信息	话语离题,甚至出现结巴,句子的停顿不合理,让听众不厌其烦
内容	紧扣主题、观点鲜明、角度新颖、材料典型、富有创意,较能根据主题展开	观点较为鲜明,材料较真实全面,有一定的创新性,基本靠近主题	观点基本明确,材料基本清晰,新意较少	偏离主题,没有逻辑性,层次不分明,没有创新可言

(3)学生完成上述活动后,针对"荣成需要大力修缮和保护海草房吗?"这一问题进行总结发言。

(4)教师补充资料:论文《继承传统、重视文化、为了现代——山东荣成北斗山庄建筑创作体会》。

教师:传统与现代结合形成新的建筑媒介样式,使地域性建筑固有的风格、文化与现代建筑的物质需求可以相得益彰,既传承了悠久的地域性建筑精神,又适应了时代的要求,并且形成了高质量的艺术景观,实现经济效益、生态效益、文化效益的三重发展。新的建筑媒介样式也向大众传递着海草房独有的魅力,逐步改变着人们认为海草房是落后象征的固有态度。

荣成市的海草房需要传承和保护吗?

驱动性问题

荣成市的海草房需要传承和保护吗?

学习材料

1. 法律法规《中华人民共和国非物质文化遗产法》
2. 阅读资料《威海地区海草房传承与保护——以荣成市为例》

学习目标

关于如何传承与保护海草房,能通过学习提出自己的建议。

活动过程

1. 参与

(1)阶段成果展示,结合前期的研究,针对最初的驱动性问题,分小组交流展示。

第一组学生认为荣成市的海草房不需要传承。理由如下:

①由于近海养殖业的快速发展和海洋污染加剧,海草生长的环境发生变化,建设海草房的材料急剧减少;

②会修葺海草房的工艺师傅很少。在大庄许家村调查中获知,周围村子中最年轻的苫匠都六十多岁了,多数苫匠都没有徒弟;

③以前人们主要靠打鱼为生,而且人口水平相对稳定。现在人口数量剧增,导致住房紧张,海草房这种小型的建筑已经不适合家庭居住;

④随着现代化进程的推进,传统的海草房已经被洋房别墅、高楼大厦代替,传统海草房已经不能满足现代人的需求。经过采访,有90.4%的人不喜欢居住在海草房,只有部分老人喜欢。

第二组学生认为荣成市的海草房需要传承。他们认为,在中国传统民居中,海草房与北京四合院、陕西窑洞一样,可以说是世界上具有代表性的生态民居之一。因为海草的数量急剧减少,所以海草房的数量不断减少,更应该进行保护和传承。理由如下:

①海草房有文化价值。海草房作为胶东半岛最具有民族和民风特色的古老建筑,有着非常悠久的历史和文化内涵。它反映了胶东半岛的自然环境和文化风俗,它独特的建筑风格也是当地劳动人民智慧的象征;

②海草房有经济价值。人们的生活环境日益趋向单一化,工作压力和生活压力不断增大,使得人们越来越喜欢这种回归大自然、贴近大自然的民俗旅游住地;

③海草房有生态价值。海草房冬暖夏凉,而且建房所用的材料很环保,有助于实现可持续发展。

第三组学生认为可以让荣成市的海草房与现代化建设相结合。理由如下:

海草房是荣成市独特的建筑景观,而且它的建筑材料没有受到任何污染,非常符合现代人的环保要求。在保留原有旧居的古朴韵味的基础上,结合现代建筑风格,对海草房里面的建造风格进行适当改造,可以让它更符合现代人的生活需求。

2. 探索

(1)以学生对海草房的认识为基础,探索我们能为海草房的传承和保护做哪些事。

教师:海草房是根据我们当地的自然条件建造的。荣成地处山东半岛最东段,处于暖温带季风性湿润气候区,夏季潮湿多雨,冬季寒冷多雪。特殊的地理位置以及四季分明的气候类型,造就了冬暖夏凉、适宜居住的海草房。现在的人们提倡健康生活,海草房因为环保,进入了人们的视线。我们能为海草房的传承和保护做哪些事呢?

(2)教师分批次组织学生自主参与以下活动:

①画海草房。

根据前期参观的荣成博物馆渔家傲展馆和到大庄许家村实地观察到的海草房,画出海草房的样子,学生可以充分发挥自己的创新能力进行再创造。

②制作海草房模型。

学生以小组为单位,利用樊爷爷传授的海草房的建筑技艺,采用黏土、海草等材料制作海草房模型。

图 1-4

③发起倡议书。

借助研学活动,结合对宁津镇东楮岛村(保护海草房成功案例)、崖头镇西龙家村(不保护海草房的案例)、崂山镇崂山屯村(整村搬迁计划中)等村庄的实地调研和研究报告等,向大家发出对保护非物质文化遗产海草房的倡议,让学生撰写倡议书。每次活动都进行社团分享,展示学生的海报、想法和观点。

3. 拓展

(1)全班分享交流之后,完成"活动1",即"家乡荣成还有哪些特色?"让学生把自己的想法写下来。写完后可以与同伴交流分享,然后以社团为单位开展讨论。

(2)海草房是荣成市特有的、最具有代表性的生态民居,在研究海草房的基础上,引导学生完成"活动2",即用文字叙述、思维导图等形式阐述我们能够为海草房的传承和保护做哪些事。

4. 运用

结合研究、研讨形成的观点,撰写研究报告,向市长、城建部门及正在改造或拆除海草房的村委写建议信。

SSI-L案例2
海洋塑料垃圾（小学）

案例作者

作者：缪旭春、鲍珍怡

单位：浙江省温州道尔顿小学

温州道尔顿小学，是国际道尔顿教育协会认证成员学校、温州市首批办学水平五星级民办学校。整理教育是学校办学的理念支撑。温州道尔顿小学曾荣获"中国STEM教育2029行动计划种子学校""浙江省中小学STEM教育项目培育学校""浙江省STEAM教育实践样态典型学校"等称号。

一、驱动性问题

假如你是某个国家的会议代表,你将怎样制订"减少塑料,清洁海洋"行动清单,并在模拟联合国会议上发言,让与会成员通过这份清单呢?

二、跨学科融合学习框架

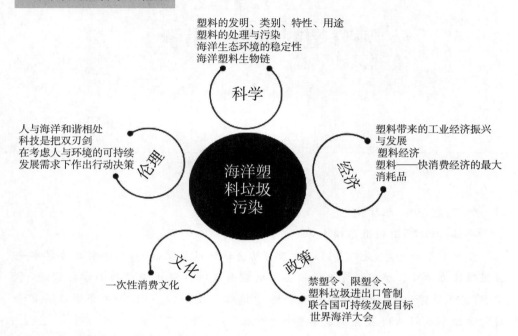

三、与义务教育小学课程标准的联系

(一)与中国学生发展核心素养的联系

核心素养	具体内容
批判质疑	具有问题意识,能多角度、辩证地分析问题,作出选择和决定等
信息意识	能有效地获取、评估、鉴别、使用信息
社会责任	热爱并尊重自然,具有绿色生活方式和可持续发展理念及行动等
国际理解	关注人类面临的全球性挑战,理解人与自然是生命共同体的内涵与价值
沟通能力	能清楚地表达观点

(二)与各学科课程标准的联系

关键指标	具体内容	内容来源
关键概念	材料具有一定的性能	小学科学课标 2-1
	工程和技术产品改变了人们的生产和生活	小学科学课标 16-2

续表

关键指标	具体内容	内容来源
关键能力	经历数据的收集、整理和分析的过程,掌握一些简单的数据处理的技能	小学数学课标——统计与概率(4~6年级)
	培养学生综合运用知识和多角度、多层面思考问题的能力	小学综合实践活动课标(3~4年级)
	尝试在习作中运用自己平时积累的语言材料(以平时积累的资料作为依据)	小学语文课标——习作(3~4年级)
	能基于所学的知识,采用不同的表述方式,如科学小论文、调查报告等方式,呈现探究的过程与结论;能基于证据质疑并评价别人的探究报告	小学科学课标——科学探究(5~6年级)
情感、态度与价值观	了解人类的生活和生产可能造成对环境的破坏,具有参与环境保护活动的意识,愿意采取行动保护环境、节约资源	小学科学课标-科学、技术、社会与环境(3~4年级)
	学会关心地球和生存环境,具有一定的责任心和使命感	小学综合实践活动课标(5~6年级)

四、学习目标

1.通过社会实践调查,认识到我们对于塑料垃圾问题及其消费文化负有集体责任。

2.通过多种渠道获取资料并分析和运用资料,认识到塑料垃圾问题是全球性的、普遍存在的、不断增加的和永久的。

3.通过建模认识和理解塑料垃圾给海洋生态环境带来的威胁是全球性的,而且是不可挽回的。

4.使用科学模型来论证社会性科学议题"人类活动对物种和环境产生影响"。

5.学习书写简单的书面文件,条理清晰地表达观点。

五、学习评价

1.本议题活动采用"海洋币"积分规则来激发学生的参与及学习兴趣,"海洋币"的积分细则下表所示:

"海洋塑料垃圾污染"项目"海洋币"积分细则

积分项目	积分标准	获得方式	完成分值	质量分值			
				超过标准	符合标准	接近标准	仍需努力
				(+4)	(+3)	(+2)	(+1)
学习表现	清楚要完成的任务是什么,以及每个任务截止的时间	提交项目规划单	每接受一次有关任务内容和截止时间的提问,回答正确得1分				
	根据任务的截止时间,逆向规划项目工作	提交项目规划单	除学校规定的任务外,有课后自主任务的规划得1分				
	在学习过程中持续地提出问题	提交问题清单	每提交一个问题得1分				
	认真执行每一个任务,并尝试用专业词汇、图示符号、统计图表、科学建模等方式记录和整理信息,能陈述证据和结果	提交记录单	每按时提交一次得1分				
	和小组成员友好协商、分工合作,乐于与他人共享学习资料、分享观点	小组合作表现	每项子任务符合标准得1分				
立场文件	能选择适当的事实依据和细节描述来支持自己的观点和想法	提交立场文件	提交初稿和修改稿各得1分				
	能根据某一国家的具体情况,描述塑料垃圾给该国带来的正面和负面的影响						
	能站在某一国家的立场,考虑该国利益和全球环境,列出具体可实施的减塑行动清单						
	能运用正规的书面语言清楚明白地表达观点和想法						
成果演示	用正规的语言大声、清晰、自然流畅地脱稿演讲立场文件	提交演讲视频	提交视频得3分				
	眼神、表情、肢体语言自然,精神饱满,自信有加						

2.评价的学生学习活动评价项目:

(1)海洋生态塑料污染模型的建构。

(2)社会调查:收集自己在一天内产生的垃圾并将其进行分类、调查生活中的塑料制品、进行社会垃圾处理调研访谈等。
(3)科学探究实验活动。
(4)立场文件的书写。
(5)在模拟联合国大会上的发言。

六、活动计划

活动	时间	教学重点	活动安排	设计意图	活动计划	学生材料
1	35分钟	提出社会性科学议题:怎样制订一份"减少塑料,清洁海洋"的行动清单	实践、陈述与讨论 (1)统计自己一天产生的垃圾,做好垃圾分类,统计各类垃圾的数量并分析组成,对垃圾的去向提出猜想 (2)出示海洋塑料垃圾的艺术品图片,寻找人类生产生活的证据,思考塑料垃圾与海洋之间的联系 (3)播放宣传片,揭示海洋塑料污染问题,引出社会性科学议题	从生活体验出发,发现问题并联系社会性科学议题,明确议题内容	活动1计划	活动1学习材料
2	50分钟	介绍模拟联合国	理解、讨论 (1)理解:我们这个世界是如何处理国际上各类大问题的 ①什么是联合国 ②联合国成立的意义 ③联合国17个可持续发展目标 (2)理解:我们青少年如何参与国际问题的解决 ①什么是模拟联合国 ②"模联"的议事规则 ③参与"模联"的准备步骤 (3)讨论:为了提交一份行动清单,我们应该怎么做	了解模拟联合国的运行机制和议事规则,明确认识到这是青少年参与国际问题解决的良好途径	活动2计划	活动2学习材料
3	50分钟	制订项目行动规划	解读、讨论与规划 (1)解读议题,完善问题清单 (2)根据课时计划及问题清单安排任务 (3)明确项目评价规则	从议题出发,制订自身任务规划表,明确项目评价规则	活动3计划	活动3学习材料

续表

活动	时间	教学重点	活动安排	设计意图	活动计划	学生材料
4	50分钟	认识塑料	调查、实验、讨论 (1)调查生活中的塑料制品,记录其型号标志及用途 (2)通过实验了解不同型号塑料的特性(燃烧对比实验、沸水检测、硬度检测、密度检测) (3)讨论生活中常用的是哪一类塑料制品,塑料主要应用于生活的哪些方面	了解塑料有广泛的用途,不同种类的塑料制品特性不同、用途不同,理解塑料对于生产生活的不可或缺性	活动4计划	活动4学习材料
5	50分钟	了解塑料垃圾的处理	阅读、讨论 (1)观看处理塑料垃圾的视频,了解不同垃圾的处理方式 (2)绘制思维导图——塑料垃圾的处理 (3)讨论:塑料垃圾的处理存在什么困境,可以通过哪些方式解决 (4)实践:课后进行有关"塑料垃圾处理"的调查采访活动	抓住并理解议题的讨论核心:塑料垃圾的管理及处理问题是解决污染问题的重中之重,也是世界各国需要商讨的重要内容	活动5计划	活动5学习材料
6	50分钟	建模:海洋生态塑料污染模型(一)	阅读、建模、评价 (1)阅读材料,观看视频,了解和海洋生物链、食物网有关的知识 (2)构建初始海洋生物模型,并在其基础上构建海洋生态塑料污染模型 (3)评价、修改初始模型	不同的生态系统是相互依存、相互影响的;海洋塑料垃圾污染与海洋生态系统及生物链紧密联系,它绝不是一个单变量问题	活动6计划	活动6学习材料
7	50分钟	建模:海洋生态塑料污染模型(二)	模型展示、分析、讨论 (1)制作最终模型并进行演示,解释模型所呈现的塑料污染机制 (2)分析海洋生态塑料污染数据库 (3)讨论进入海洋的塑料垃圾是如何一步步威胁海洋生态环境的	了解学生对模型和建模的看法;检验建模是否有利于加深学生对于海洋塑料垃圾污染问题的理解	活动7计划	活动7学习材料

续表

活动	时间	教学重点	活动安排	设计意图	活动计划	学生材料
8	90—120分钟	筹备模拟联合国	解读、撰写、表达立场 (1)解读联合国关于海洋塑料污染的背景文件 (2)学习含"行动清单"的立场文件的书写 (3)修改立场文件,学习立场文件的演说技巧	模拟联合国大会独具挑战的是多方立场及观点的碰撞,学生作为一个国家的代表,需要从政治、经济、政策、文化等方面提出观点并进行恰当的表述,因此前期的思维与表达训练尤为重要	活动8计划	活动8学习材料
9	120分钟	呈现:召开模拟联合国大会	角色扮演 (1)立场文件的演说展示及评选 (2)竞选代表 (3)召开模拟联合国大会,确定行动清单	学生将结合前期学习及获得的材料,站在不同国家的立场提出、解释和捍卫与海洋环境保护相关的社会性科学问题要点,最后拟定一份"清洁海洋"减塑行动清单	活动9计划	活动9学习材料
10	/	实践:为了践行减塑,保护海洋,我们能做些什么	拓展与宣传 (1)通过发电子邮件向联合国提交"清洁海洋"减塑行动清单 (2)发起并参与温州道尔顿小学"21天减塑挑战"活动 (3)开展春季研学:走进江心屿进行宣传路演,吸引更多人积极参与减塑活动 (4)戏剧表演:通过开展以"积极减塑,保护海洋"为主题的戏剧表演活动来宣传环保理念	让学生通过一系列实践活动,宣传绿色生活方式	活动10计划	活动10学习材料

活动1

提出社会性科学议题:怎样制订一份"减少塑料,清洁海洋"的行动清单?

驱动性问题

我们要解决的问题是什么?

学习材料

1. 纪录片《塑料海洋》
2. 科普短片《海洋微塑料——人类自己埋下的恶果》
3. 用海洋塑料垃圾制作的艺术品图片[可参考"被冲上岸"(Washed Ashore)项目图展]
4. 阅读资料《OCEAN ATLAS:Facts and Figures on the Threats to Our Marine Ecosystems 2017》(下载网址:https://us.boell.org/2017/06/07/ocean-atlas)
5. 新闻报道《年仅7岁,美国女孩子救百万人!轰动了世界》

学习目标

1. 通过收集垃圾以及垃圾分类活动,感受塑料在生活中的不可或缺性。
2. 思考由海洋塑料垃圾引发的社会性科学议题,形成初步立场。

活动过程

1. 体验

(1)学生参与实践活动"我和垃圾的一天"。

准备2个垃圾袋,将自己一天产生的垃圾分类装入两个垃圾袋中(如图2-1所示,一个装厨余垃圾,另一个装其他垃圾)。统计各类垃圾的数量,分析垃圾的组成,填写表格"我的一天垃圾清单",如表2-1所示。

图2-1

表 2-1　我的一天垃圾清单

执行任务人：＿＿＿＿＿＿ 执行时间：＿＿年＿＿月＿＿日-＿＿年＿＿月＿＿日	
垃圾材质	重量（或数量）
纸质	
玻璃	
塑料	
其他材质 （注明垃圾名称）	

（2）学生分享自己的感受，体会到人类无时无刻不在产生垃圾，初步感知生活中产生的垃圾大部分都含有塑料。

2.陈述

（1）让学生猜想"我们产生的塑料垃圾最后去了哪里？"以四年级学生对垃圾去向的了解为基础，为后面的议题引入作铺垫。

（2）出示"被冲上岸"（Washed Ashore）项目图片（用从海洋中收集来的塑料垃圾做成的生物创意雕塑的照片）。学生观察图片，从中找出自己近期使用过的生活用品，并思考自己在一天中产生的垃圾是不是也有进入海洋的可能。

（3）观看纪录片《塑料海洋》及科普短片《海洋微塑料——人类自己埋下的恶果》，阅读海洋塑料垃圾污染的相关数据，让学生思考并陈述：流入海洋的塑料垃圾所造成的危害有多大？

3.讨论

（1）讨论：面对迫在眉睫的海洋塑料垃圾污染问题，我们能做什么？

（2）学生阅读美国女孩凯瑟琳的故事，感受青少年榜样的力量，意识到每一个人都有改变世界的潜力。

（3）教师提出社会性科学议题。

教师：2017年2月，联合国环境规划署发起了全球"清洁海洋"倡导活动。如今，有60个国家参与该活动，为海洋减塑贡献力量。我们学校也将加入全球"清洁海洋"倡导活动，准备召开模拟联合国大会，现邀请你们模拟联合国成员代表，共同参与制定"减少塑料、清洁海洋"行动清单，并在模拟联国大会上发言，让与会成员通过这份清单。

（4）明确议题内容和具体要求。

教师：假如你是某个国家的会议代表，你将如何制订"减少塑料，清洁海洋"行动清单，并在模拟联国大会上发言，让与会成员通过这份清单呢？

行动清单包含"国家立场"和"具体行动"两个部分，并且要符合以下标准：

①能根据国家的具体情况，描述塑料垃圾给该国带来的正面和负面的影响；

②能站在某一国家的立场，考虑该国利益和全球环境，列出具体可实施的减塑行动清单；

③能选择适当的事实依据（数据或事件）和细节描述来支持主要观点和想法；

④能运用正规的书面语言清楚明白地表达观点和想法。

(5)讨论并提出问题。

①面对这样的议题，你有哪些疑问？在行动的过程中，你可能会遇到哪些困难？

②你希望学习哪些方面的内容来帮助自己完成这个任务？

③你的初始想法是什么？你觉得自己可以做些什么？

活动2

介绍模拟联合国

驱动性问题

什么是模拟联合国？我们可以通过模拟联合国做些什么？

学习材料

1. 视频《什么是联合国》和《什么是模拟联合国2》
2. 视频《饶舌可持续发展目标》
3. 视频《〈今天〉4月6日——五岁的蚊帐大使》

学习目标

1. 认识联合国与模拟联合国。
2. 明确模拟联合国的任务。

活动过程

1. 认识

（1）国际上的各类问题是如何处理的呢？教师通过蚂蚁种族之间的领地争斗故事引入第二次世界大战，继而介绍联合国的成立与作用。

教师：在一片茂密的森林中住着一群蚂蚁。各个蚂蚁部落之间互不侵犯，和平共处。小黄家蚁家族生性凶猛，加上近年来快速繁殖，家族日益壮大。它们自认为自己的生存空间不够，便意图入侵大头蚁家族，以获取领地。森林另一边的剑颚臭家蚁家族也动了同样的念头，它们意图入侵的是伊氏臭蚁家族。于是，处于被动的伊氏臭蚁家族决定联合同样被入侵的大头蚁家族及外援工蚁形成反侵略联盟，一同对抗小黄家蚁家族和剑颚臭家蚁家族。这场声势浩大的蚁族领地争夺战使森林里其他蚂蚁部落陷入恐慌，甚至引发一些部落产生内斗，如黑蚁家族。这场森林蚂蚁大战历时六七年之久，造成数千万蚂蚁死亡，使得整个蚂蚁种族陷入濒临灭绝的境地。终于有蚂蚁提出,再这样斗争下去我们只会自取灭亡。于是各部落集结召开蚂蚁大会,决定拟订并执行和平协定,以和平方式处理各部落间的争端。至此,喧闹许久的森林终于恢复了平静。

同蚂蚁的种族争夺战相似,1939-1945年,第二次世界大战爆发。这场战争给世界造成了前所未有的破坏与灾难,战争历时六年多,战场遍及世界各地,消耗了大量财富,许多城市和村庄被夷为平地,无数生灵涂炭。第二次世界大战之后,全人类提出的和平解决冲突的方案便是成立联合国,以维护国际和平。

(2)播放视频《什么是模拟联合国2》和《饶舌可持续发展目标》,通过下列问题引导学生从视频中获取信息,进一步了解联合国和模拟联合国。

关于联合国的思考问题:
①什么是联合国?
②联合国成立于哪一年?
③联合国有多少创始会员国?
④联合国现在有多少会员国?
⑤联合国的官方语言有哪些?为什么选择这些语言作为官方语言?
⑥联合国国旗图案的寓意是什么?
⑦联合国总部在哪里?
⑧联合国总部前面的三座雕塑分别是什么?又分别代表了什么?
⑨现任联合国秘书长是谁?
⑩联合国17个可持续发展目标有哪些?

关于模拟联合国的思考问题:
①什么是模拟联合国?
②模拟联合国最早开始于什么时候?
③模拟联合国和联合国有什么不同之处?
④模拟联合国通常采用什么议事规则?
⑤参与模拟联合国需要准备什么?四个步骤是什么?
⑥每个步骤分别需要做什么?
⑦什么样的人适合参加模拟联合国?
⑧参加模拟联合国可以收获什么?
⑨哪些国际领袖也是模拟联合国人?

2.讨论
(1)针对海洋塑料垃圾污染的议题,我们要为模拟联合国大会做哪些准备?
引导学生进行小组讨论并得出结论:①确定自己所代表的国家;②阅读和学习模拟联合

国大会的主题资料;③搜集自己所代表的国家的相关资料;④撰写国家立场文件;⑤在模拟联合国大会上进行演讲与辩论。

（2）播放视频《〈今天〉4月6日——五岁的蚊帐大使》，让学生对凯瑟琳的故事有进一步了解，感受榜样的力量，激发内在兴趣与社会责任感，为后续的项目学习提供动力。

活动3

制订项目行动计划

驱动性问题

我们如何规划任务?为了完成任务,我们需要学习哪些内容?

学习目标

1. 通过头脑风暴提出问题,根据议题内容完善、补充自己的问题;
2. 通过对课时计划与问题关联度的分析讨论,学会对项目任务进行自主规划。

活动过程

1. 回顾与整理

(1)回顾活动2,再一次明确模拟联合国的作用。

模拟联合国是对联合国大会和其他多边机构的仿真学术模拟,是为青年人组织的非竞赛性的教育活动。在模拟联合国的过程中,学生通过亲身经历联合国会议的流程,如阐述观点、政策辩论、投票表决、作出决议等,熟悉联合国的运作方式,了解国际大事、了解世界上发生的大事对各国未来的影响、了解自身在未来可以发挥的作用。

(2)引导学生围绕问题"怎样制订一份'减少塑料、清洁海洋'的行动清单?"进行头脑风暴。例如,通过前面的学习,我们已经知道了什么,我还需要知道什么?将问题进行分类,我们提出的问题都涉及哪些方面?

(3)整理问题清单。

标记哪些问题已经得到了解决,哪些问题还需要进一步学习。

社会性科学议题：海洋塑料垃圾

> **如果你是模联代表团成员，你将怎样为全球"清洁海洋"倡导活动提供一份"减塑"行动清单？**

关于"模拟联合国"的问题：

① 什么是联合国？是干什么的？
② 什么是模拟联合国？
③ 怎样才能成为模联代表？
④ _____
⑤ _____

关于"塑料垃圾"的问题：

① 塑料中有哪些成分？
② 哪些东西是塑料？
③ 生活中怎样减少塑料垃圾的产生？
④ 海洋那么广阔，我们应该如何有效清洁海洋里现有的塑料垃圾？
⑤ 海洋塑料垃圾清洁为什么这么难？
⑥ 人类为什么要往海洋里扔垃圾？
⑦ 如何处理塑料垃圾最有效？
⑧ 怎样可以利用塑料？
⑨ _____
⑩ _____

关于"怎样完成任务"的问题：

① 我们要怎么做？第一步做什么？
② 怎么做行动清单？
③ 行动清单的内容、格式是怎样的？
④ 除了行动清单，我们还要做别的工作吗？
⑤ 如何让全世界的人都愿意加入这个行动？
⑥ 怎样更好地宣传这个行动？
⑦ _____
⑧ _____

其他问题：

① _____
② _____
③ _____

我已经解决的问题（填序号）：_____

图 2-2　整理后的问题清单

2. 讨论与规划

引导学生阅读项目学习课程内容计划表,并进行讨论:

①课程计划中哪些学习内容是我需要的?可以帮助我解决哪些问题?

②哪些学习内容需要调整?调整后的内容可以帮助我解决什么问题?

③针对这些学习内容,我还可以安排哪些课外任务来帮助自己更好地解决问题。

④我还能通过哪些方式获取更多的信息来帮助自己解决问题。

认识塑料

驱动性问题

塑料有哪些特性?生活中不同的塑料给人类提供了哪些便利?

学习材料

1. 视频《做了一个环保实验!结果吓到我自己了!》
2. 资料《塑料回收标志》(见"百度百科")

学习目标

1. 认识7种塑料回收标志,通过对比实验区分不同种类塑料的特性。
2. 感受塑料在生活中的便利性及其用途的多样性。

活动过程

1. 调查讨论

(1) 在课前进行"塑料制品大调查"。

调查地点有家中、超市、文具店或者社区等;调查内容包括塑料制品的名称、形状、用途及上面的标志等。学生的调查情况如图2-3所示。

"塑料制品大调查"记录表

调查人：颜吉　　调查时间：2021年3月12日 - 2021年3月14日

调查地点（可选）	超市、文具店、家中、小区……		
物品名称	形状（文字或简图）	用途（如：包装、容器、文具、杯具、饰品……）	标识或图示
q ian 笔筒	(筒形)	容器	PET
瓶子	(瓶形)	容器	♻ PET
沐浴露	(瓶形)	包装	♻ HDPE
袋子	(袋形)	包装	♻ LD-PE
酒精	(瓶形)	杯具	♻ PET
盏子	(碗形)	杯具	♻ OTHER
guan 子	(罐形)	容器	♻ HDPE
护手 shuang	(盒形)	包装	♻ PP
眼镜清洗液	(瓶形)	包装	♻
爽肤水	(瓶形)	化妆品	♻ PETE

图 2-3

学生通过调查发现，生活中处处存在塑料制品，其用途十分广泛，且大多数塑料制品上都有一些回收标志，如图 2-4 所示。

图 2-4

（2）观看视频《做了一个环保实验，结果吓到自己了！》。

视频中的主人公通过记录自己一天正常生活所产生的塑料垃圾，呈现了一个令人惊讶的数据。例如，全球每年大约使用一万亿个塑料袋，平均每分钟使用 200 万个，且每一个塑料袋的使用时间仅有 12 分钟，平均每人每年丢弃的塑料制品高达 136 公斤。

(3)引导学生思考、讨论:

①塑料制品上的标志代表什么含义?

②标志上面的字母是什么意思?

③为什么同一类塑料制品上的标志都是一致的?不同塑料制品的材料又会有哪些区别?

教师:塑料制品上的数字及字母实际上是塑料制品回收标态,由美国塑料工业协会于1988年制定。将塑料材质辨识码打印在容器或包装上,民众无需费心去学习各类塑料材质的异同,就可以简单地进行回收。标志上有数字1—7,每个数字代表一种塑料材料,不同的塑料材料的使用禁忌也不同。

2.实验探究

本节活动探究的主题是"不同种类的塑料其特性及使用禁忌存在哪些区别呢?"学生在教师的指导下对6种不同编号的塑料样品进行观察、外力测试、刮痕测试、冷水测试及沸水测试。其中,4名学生为一组,每人至少完成1种塑料的观察、测试与记录,最后小组汇总完成实验记录表,并讨论自己的发现(为了安全,在燃烧测试上,选择让学生观察实验结果的照片来进行归纳总结)。测试塑料样品如表2-2所示,测试内容如表2-3所示。

表 2-2

编号	名称	样品来源
1	PET	矿泉水瓶
2	HDPE	沐浴液瓶
3	PVC	塑料水管
4	LDPE	保鲜膜
5	PP	果汁瓶
6	PS	寿司托盘

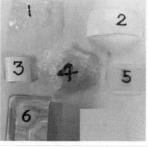

图 2-5

表 2-3

观察内容	具体描述
肉眼观察	形状、颜色、透明度
外力测试	施加外力是否易变形
刮痕测试	分别用指甲、铜钥匙、钢钉在表面划动,是否产生刮痕
冷水测试	放入冷水中,是沉还是浮
沸水测试	放入沸水中浸泡50秒,是否变形或变软

图 2-6

学生的实验结果如图 2-7 所示。

"不同种类塑料的对比"观察实验记录表

四（5）班　第 6 小组　实验人员：胡馨月、方贝匀、陈奕臻、陈芊豪、王弘越　实验日期：2021年3月16日

塑料标识 种类名称	1 PET	2 HDPE	3 PVC	4 LDPE	5 PP	6 PS	7 OTHER
典型制品	矿泉水瓶、饮料瓶	洗涤用品瓶子包装袋	水管、桌面垫板、塑料袋	保鲜膜、保鲜袋	食品包装、奶瓶	外卖寿司托盘泡沫快餐盒	水壶、水杯
肉眼观察	很透明	白色	白色	透明	透明	灰色 无	
外力测试	会变形	可变形会弹回	很难变形	会变形	透明	会变形	
刮痕测试	钉子刮痕	铜钥匙刮痕	铜钥匙刮痕	指甲刮痕	铜钥匙刮痕	铜钥匙刮痕	
冷水测试	下沉	浮起	下沉	浮起	浮起	下沉	
沸水测试	变形	无	变形	变形	没变形	无	
燃烧测试 可燃	能燃	能燃	不燃	易燃	易燃	易燃	
燃烧测试 烟雾	黑烟	少量烟雾	黑烟	黑烟	少量黑烟	大量黑烟	
燃烧测试 气味	刺激性	燃烧味	刺激性焦	刺激性	不明显	刺激性	
燃烧测试 状态	受热变形	液态	焦黑	受热变形	溶解为液态	直接燃烧	
其他特点	一次性，10个月使用后释放致癌物	一次性，不易清洁，易滋生细菌	不可加热，使用食品包装容器溶出有害物质	预热融化、高温和油脂容易析出有害物质	耐高温、不透明，可微波炉使用	不能装强酸强碱食物，加热后容易析出有害物质	含双酚A风险

图 2-7

3. 研讨分析

学生根据实验结果，围绕以下问题进行讨论分析：

①结合已有的塑料使用经验，说一说塑料的用途和材料有什么联系？

②通过实验，你有哪些发现？

③塑料为我们的生活提供了哪些便利？如果没有塑料，我们的生活会怎样？

活动5

了解塑料垃圾的处理

驱动性问题

塑料垃圾都去哪儿了？我们是怎样处理塑料垃圾的？

学习材料

1. 视频《你丢的垃圾都去哪儿了》
2. 视频《你丢掉的塑料后来怎么样了》
3. 视频《我们扔掉的那些塑料瓶，都是怎么被回收利用的》

学习目标

1. 了解我国及发达国家对于塑料垃圾的处理方式。
2. 运用思维导图呈现塑料垃圾的处理方式。
3. 反思塑料垃圾的处理方式与环境污染之间的联系。

活动过程

1.阅读讨论

(1)播放视频《你丢的垃圾都去哪儿了》(00:42～00:55)

教师：塑料给人类的生活带来了极大便利，但大部分塑料制品的使用时间都很短，在使用完后就会被立即丢掉，这些被丢弃的塑料垃圾都去哪里了呢？在了解具体的塑料垃圾处理方式之前，我们先了解垃圾到达垃圾厂后的处理方式。

通过观看视频，学生可以知道垃圾经过垃圾转运站的筛选分拣后分别被送到垃圾填埋厂、垃圾堆肥厂和垃圾焚烧厂。那么生活中的塑料垃圾最后去哪里了呢？

(2)播放科普视频《你丢的垃圾都去哪儿了》(01:18～02:06)

这一视频片段讲的是垃圾转运站较为具体的垃圾处理方式，如图2-8所示。其中，一些回收率较高的塑料垃圾会被回收利用,大部分塑料垃圾最后的去向是垃圾焚烧厂。

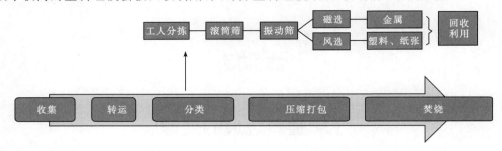

图 2-8

(3)组织学生讨论:我国的塑料垃圾处理存在哪些困境？会造成哪些影响？

2.绘制思维导图

(1)观看视频《我们扔掉的那些塑料瓶,都是怎么被回收利用的》,绘制"塑料垃圾处理流程"思维导图。

大部分塑料垃圾最后被焚烧或者倒入大海,这是由于不同种类的塑料很难彼此分离,同时也很难与其他材料分离。德国黑森州南部的 MEILO 垃圾分选厂则通过一系列细化的分拣措施大幅度增加了可重复利用废物的比例。该公司现已掌握从可回收垃圾袋中分出塑料并将其回收制成新的塑料的加工工艺,并计划在未来几年内确保塑料卫生达标,将回收制成的塑料应用于食品工业相关领域。

视频《你丢掉的塑料后来怎么样了》以动画的方式形象地描述了 3 个塑料瓶经过不同的处理方式,最后对地球造成的影响。第一个塑料瓶被运往垃圾填埋场,通过沉积与雨水冲刷,塑料中的一些水溶性化合物聚集形成了有害的垃圾渗滤液,从而污染河流、土壤等;第二个塑料瓶通过河流流向大海,并经过长时间的漂流被卷入海洋中一个巨大的垃圾漩涡,对海洋生物造成巨大的生命威胁;第三个塑料瓶则走向回收厂,通过分拣、压缩、提纯等工艺形成新的塑料材料并继续用于工业生产。

学生绘制思维导图,简要说明塑料垃圾处理流程。学生绘制的思维导图如图 2-9 所示。

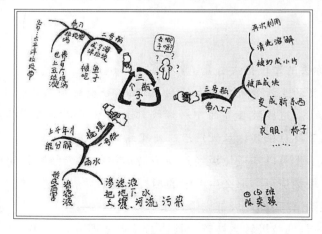

图 2-9

（2）学生思考和讨论"海洋塑料垃圾污染问题与塑料垃圾的处理方式有何联系？""为什么塑料垃圾的回收利用率会那么低？""与哪些因素有关？"

教师：这节课解决了你问题清单中的哪些问题？你还需要了解哪些方面的信息呢？

3. 拓展

学生在课后采访有关工作人员（如垃圾处理厂、社区垃圾站、餐饮店、大型商场等场所的工作人员），关注垃圾处理的相关信息，了解当地的垃圾处理情况。学生的采访记录如图 2-10 所示。

有关"塑料垃圾处理"的调查采访记录表

采访记录人：王浩锦　　所在班级：四（1）班　　采访时间：2021年3月___日　　采访地点：小区

采访主要内容	塑料垃圾收集与处理的现状	
采访流程	1. 称呼、问好 2. 自我介绍：我们是温州道尔顿小学四年级学生，我们正在进行有关"塑料垃圾"的调查采访活动 3. 征询同意：我可以采访您吗？（同意）我需要对采访进行录音，可以吗？ 4. 采访提问：选择下列清单中的问题进行提问，也可以自拟问题 5. 记录：先用手机录音，回家后整理简要文字记录在下表中 6. 致谢：采访结束，向对方真诚致谢！	
采访对象（选择2-3人）	采访提问清单（可选择）	采访记录整理（简要文字）
一线垃圾收集处理人员 ☑小区或社区环卫工人 □街道环卫工人 □商场清洁工人 ☑其他：快递站工作人员	☑请问您每天会清理垃圾几次？ ☑您清理的垃圾中什么垃圾最多？塑料垃圾多吗？ ☑您对塑料垃圾会做怎样的处理？ ☑您觉得处理塑料垃圾难吗？难在哪里？ ☑您负责的区域用户有没有分类投放垃圾？ ☑您在清理垃圾时会做分类处理吗？ ☑您的上级部门会要求您做垃圾分类吗？ □其它问题：	小区环卫工人一天会清理垃圾3次。基本是生活垃圾最多，塑料垃圾也有。他们会把塑料垃圾捡出来卖掉，处理塑料垃圾难，因为需要把它们挑出来。小区居民基本都有分类，但还是有部分没有分类。环卫工人们在现在还没有做分类处理，因为他们的上级部门没有要求，但他们会在五月时开始对垃圾进行分类。

图 2-10

活动6

建模：海洋生态塑料污染模型（一）

驱动性问题

塑料会对海洋生态系统造成怎样的影响？

学习材料

阅读资料《OCEAN ATLAS:Facts and Figures on the Threats to Our Marine Ecosystems 2017》(下载网址:https://us.boell.org/2017/06/07/ocean-atlas)

学习目标

1. 知道食物链、食物网的基本概念。
2. 能够根据食物链完成海洋生态模型的初步制作。
3. 能够根据不同的塑料垃圾源头完成海洋生态塑料污染模型。

活动过程

1. 阅读

（1）分享活动5"拓展"活动的调查采访结果（见上页图2-11）。出示一幅有多种海洋生物的海域图，引导学生思考"从图中看到了什么""生物与生物之间、生物与非生物之间存在什么关系"，进而根据具体实例引入食物链的概念，即在生态系统中，不同生物之间由于吃与被吃的关系而形成的链状结构。

（2）出示一条简单的食物链，如"海藻→小鱼→乌贼→海龟→鲨鱼"，让学生说一说它们之间的捕食关系。

2. 建模

（1）教师出示极地海洋水域、热带水域、温带海洋水域中4条简单的食物链，引导学生观察、思考"各海域食物链之间存在什么联系？""食物链之间有什么相同点和不同点？"由此引入概念——食物网,即在一个生态系统中,往往有很多食物链,它们彼此交错连接,形成食物网。

(2)为了便于学生理解食物链与食物网之间的联系,教师可以引导学生利用KT板、麻线、白色棉线及大头钉制作一个海洋生态食物网模型。例如:

①极地海洋水域

a. 浮游植物→南极磷虾→海豹→虎鲸

b. 浮游植物→南极磷虾→企鹅→海豹→虎鲸

c. 浮游植物→浮游动物→南极磷虾→飞鸟

d. 浮游植物→南极磷虾→蓝鲸→虎鲸

②亚热带水域

a. 浮游植物→水母→海龟→抹香鲸

b. 海藻→海龟→鲨鱼

c. 浮游植物→磷虾→蟹→鲸

d. 浮游植物→浮游动物→鲳鱼→鲨鱼

③温带海洋水域

a. 海藻→小鱼、小虾→章鱼→鲸

b. 浮游植物→小鱼、小虾→大黄鱼→海鸟

c. 海藻→小鱼、小虾→蟹→鲨鱼

d. 浮游植物→贝壳类软体动物→章鱼→海狮→鲨鱼

(3)让学生选择上述3个海域中的任一海域,利用大头钉将该海域的生物图片固定在KT板上,以食物链中的植物作为麻线的起点,根据食物链依次用白色棉线将各生物图片进行联结。学生每4人为一个小组,每人负责一条食物链,4条食物链便能初步形成一个简单的食物网。各小组在完成指定海域的食物网建模后,需在此基础上进一步完成海洋塑料污染模型。

(4)根据资料《OCEAN ATLAS:Facts and Figures on the Threats to Our Marine Ecosystems 2017》第19页的内容可知,塑料进入海洋的主要原因有以下几种:

①废物管理不善或回收系统不完善;

②城市和工业中心的塑料垃圾和未经处理的废水一起直接注入河流和大海;

③化妆品中的塑料微粒添加剂没有被污水处理厂过滤掉;

④遗失或故意丢在海里的渔网和钓线;

⑤遗失的货物和船舶材料;

⑥非法倾倒入海的垃圾;

⑦灾难造成的垃圾,如失事船只的残骸,被飓风、洪水和海啸卷入海中的垃圾等。

每组学生从这些原因中选择一个污染事件,讨论由该污染事件导致的海洋生态污染动线。白色棉线的起点是污染事件的地点,随后根据食物网讨论"该海域的白色污染是如何形

成的""这些塑料最后会流向哪里",最终形成由塑料垃圾引起的海洋生态污染模型。

在建模过程中,教师需要引导学生思考:食物链的末端往往是大型肉食海洋生物,白色污染的末端也是如此吗?

3. 评价与研讨

学生在依次完成两个建模任务后,进行组间互评。相邻小组从海洋生态塑料污染模型的科学性、逻辑性、完整性等方面进行评价。在进行组间互评时,学生要思考以下几个问题:

①该组选择的海域中的食物链是否正确、完整?

②我能否根据模型说出其中一条食物链?

③该组选择的污染事件是什么?该污染事件所造成的影响是什么?

④该组与本组虽然海域食物网不同,但在白色污染动线上有何共同点?

⑤我能为该组的模型制作提出什么建议?

组间互评结束后,各小组相互反馈意见,并根据建议对模型进行改进。

活动7

建模:海洋生态塑料污染模型(二)

驱动性问题

塑料进入海洋会对海洋生态系统造成怎样的影响?

学习材料

阅读资料:《OCEAN ATLAS:Facts and Figures on the Threats to Our Marine Ecosystems 2017》(下载网址:https://us.boell.org/2017/06/07/ocean-atlas)

学习目标

1. 能够制作最终模型并解释模型所表达的海洋塑料污染机制。
2. 分析数据图,获取相关信息,推断出相关结论。

活动过程

1. 模型展示

(1)各学习小组需要通过小组讨论及合作对之前制作的海洋生态塑料污染模型进行展示演说。展示演说的内容包括以下几个要素:海域名称、污染事件、该海域的白色污染动线。

①示例一,如下页图2-11所示。

学生:该海域为温带海洋水域,白色污染事件是陆地上由于管理不善而倾倒至海洋的垃圾。我们认为塑料垃圾会直接影响该海域中的各类生物,它们会把塑料垃圾当作食物吃掉。所以我们的白色污染动线是呈辐射状的,体型庞大的海洋生物会吞食大型塑料垃圾,而一些浮游动植物也会受微塑料的影响。最后所有拉出去的白线都回到人类,因为人类离不开海洋。

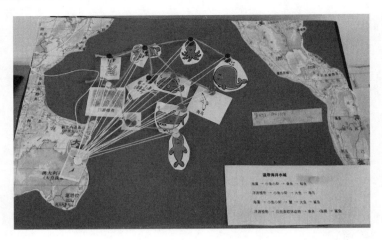

图 2-11

②示例二,如图 2-12 所示。

学生:该海域为热带海洋水域,白色污染主要是渔船上随意丢弃的渔具和渔网。我们认为渔具和渔网会危害到海洋生物的生命安全,因为一些生物会直接把渔网当作食物吃掉。渔网上细细的鱼绳和尖锐的渔具也会直接伤害海洋生物。同时,渔具在海浪的冲击下还会形成微塑料,通过食物链,最后进入人体内。在图片和视频中,我们看到渔网把乌龟和海豹的身体都勒变形了。所以我们选择了这个事件。

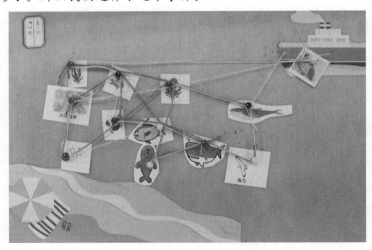

图 2-12

(2)各小组完成展示演说后,要求学生围绕以下 3 个问题展开集体研讨:

①通过制作这个模型,我们有什么发现?

②如果白色污染的情况继续恶化,可能会出现什么现象?

③这个模型能说明什么?

2.分析数据信息

(1)出示关于海洋垃圾带的相关数据,引导学生尝试解释"塑料垃圾带是怎样形成的?"

138

教师：据统计，80%的海洋塑料垃圾往往通过河流汇入海中，20%则是从船舶上扔下来的。部分塑料垃圾随洋流漂浮很长一段距离，最终形成类似北太平洋环流中的太平洋垃圾带这样的巨型垃圾漩涡。

（2）出示《全球塑料垃圾管理最差的20个国家》数据图（如图2-13所示），引导学生思考以下几个问题：

①垃圾处理不当数量"最多"的国家是？"最少"的国家是？

②最终流入大海的塑料垃圾数量"最多"的国家是？"最少"的国家是？

③观察数据图后，你有什么想说的？

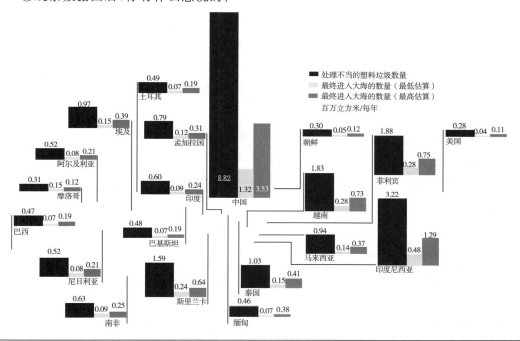

全球有3190万公吨的塑料处理不当；其中480万到1270万公吨最终进入大海。上图中的20个国家占全球塑料废物管理不善的83%。23个沿海欧盟国家合计位列榜单第18位。全球约三分之二的塑料产自北美、中国和欧洲。

图2-13 全球塑料垃圾管理最差的20个国家

学生通过对相关数据进行判断及简单推理，能够较快了解海洋塑料垃圾的来源及流向，这能为后面的多方协议及公海垃圾管理问题提供论点支撑。

3.研讨

基于对图2-13的分析，让学生针对全球塑料产量图（如图2-14所示）进行讨论：

①全球塑料产量在未来仍处于极速上升趋势，既然当前海洋塑料污染严重，人类为什么仍在大量生产塑料？

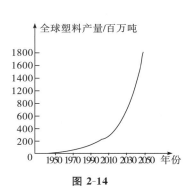

图2-14

②怎样可以既满足人类使用的需求,又能很好地控制塑料产量?

4. 拓展

体验"禁塑24小时",即要求学生尝试在一天内不使用任何与塑料有关的用品,不产生任何塑料垃圾,并进行记录(每隔1小时记录数据,若使用塑料制品的替代品则记录下替代品的名称)。学生记录如图2-15所示。

"禁塑24小时"体验官记录表

体验官:胡馨月　　2021年3月28日

体验时间	塑料制品使用记录	
	是否有使用	使用替代品
8:00以前	×	
8:00-9:00	×	
9:00-10:00	1	
10:00-11:00	1	
11:00-12:00	1	塑料碗→纸碗
12:00-13:00	×	
13:00-14:00	4	
14:00-15:00	×	
15:00-16:00	×	
16:00-17:00	×	
17:00-18:00	1	塑料袋→纸袋
18:00-19:00	×	
19:00-20:00	×	
20:00-21:00	×	
21:00以后	×	
体验官有话说	在这尽量不用塑料制品的一天里,我发现有些塑料是不可以不用或替代的。	

"禁塑24小时"体验官记录表

体验官:潘悦涵　　2021年3月__日

体验时间	塑料制品使用记录	
	是否有使用	使用替代品
8:00以前	有	被子
8:00-9:00	有	衣服
9:00-10:00	有	笔×3
10:00-11:00	有	笔×2
11:00-12:00	有	书×3
12:00-13:00	有	碗×4
13:00-14:00	有	书×1
14:00-15:00	有	笔×2
15:00-16:00	有	笔×1
16:00-17:00	有	书×2
17:00-18:00	有	椅子×2
18:00-19:00	有	桌子×1
19:00-20:00	有	床
20:00-21:00	有	被子×1
21:00以后	有	被子×1
体验官有话说	我们身没有一个东西没有塑料的。	

图 2-15

撰写行动清单

驱动性问题

世界各国的"海洋塑料污染"情况如何?我们怎样制订行动清单?

学习材料

1. "海洋塑料垃圾污染"的背景文件(教师自行归纳材料)
2. 全球禁塑、限塑政策(教师自行归纳材料)
3. 文件《关于进一步加强塑料污染治理的意见》

学习目标

1. 通过阅读资料,了解各国塑料垃圾污染的现状以及各自的立场。
2. 能从资料中提取有效信息,并将其作为书写公文的语言材料。
3. 通过仿写,掌握模拟联合国立场文件的书写规范,并完成含"行动清单"的国家立场文件。
4. 通过模拟演说,准确、有条理地表达出自己的观点。

活动过程

1. 解读背景资料,起草清单

(1)学生通过阅读相关资料,从中获取信息,并从国家、企业及个人角度提出行动清单的具体设想。

(2)学生阅读关于海洋塑料垃圾污染的背景资料,了解禁塑、限塑政策,分析一些政策未能落实到位的原因,完成"全球'清洁海洋'倡导行动清单"撰写指引单(如表2-4所示)。

表 2-4　"全球'清洁海洋'倡导行动清单"撰写指引单

四（　）班　　　第（　）小组　　　撰写人：＿＿＿＿　参与讨论者：＿＿＿＿　时间：＿＿＿

指引问题	我需要参考的信息	我提出的初步设想
作为国家公民,我们可以采取哪些行动来支持"减塑"?	我们日常生活中的哪些行为可能会减少塑料垃圾的产生? 怎样"减塑"不会影响我们的生活?	
作为塑料生产企业或工厂,可以采取哪些行动来支持"减塑"?	哪些塑料应该禁止生产? 怎样生产才能最大限度地减少塑料垃圾?	
国家可以制定哪些规定来倡导"减塑"?	各国已经有哪些"减塑"规定和具体的行动?行动的效果如何? 各国在"减塑"方面遇到的困难是什么?	
其他:		

（3）学生通过抽签确定自己所代表的国家,本次模拟联合国大会代表国分别有澳大利亚、德国、法国、菲律宾、加拿大、美国、尼日利亚、日本、泰国、印度尼西亚、越南、中国。抽签结束后,学生在教师的引导下解读下列文件:

①文件1:联合国发布的关于海洋塑料污染的背景文件。该文件描述了全球海洋塑料污染现状并对原因进行了分析,同时提到一些国际禁塑、限塑行动建议;

②文件2:代表国发布的关于海洋塑料污染的背景文件。该文件对该国的概况（包含国家的地理位置、经济概况、外交政策等）、该国海洋塑料垃圾污染现状、该国已作出的"减塑"行动三方面内容进行了较为详细的描述。

2.撰写初稿

（1）学生观看微课,学习模拟联合国立场文件的书写。教师出示"立场文件"评价表,和学生一起讨论立场文件的评价标准。

表 2-5　"清洁海洋,减塑行动"立场文件评价标准表

评分	评分标准			
	科学依据	国家立场	国际视野	实际行动
	在描述塑料垃圾对该国产生的影响时	在描述该国在"塑料垃圾污染"方面将采取的行动时		
4	能选择适当的事实依据（数据或事件）和细节描述 有正面和负面的影响	考虑该国的利益 符合该国的实际情况和特点	能考虑全球环境 列出能为他国提供的帮助,以及需要他国提供的援助	行动具体可实施

续表

评分	评分标准			
	科学依据	国家立场	国际视野	实际行动
	在描述塑料垃圾对该国产生的影响时	在描述该国在"塑料垃圾污染"方面将采取的行动时		
3	能选择适当的事实依据(数据或事件)和细节描述 只有正面或只有负面的影响	考虑到该国的利益 不完全符合该国的实际情况和特点	能考虑全球环境 列出能为他国提供的帮助	大部分行动具体可实施
2	有事实依据(数据或事件),但没有细节描述 只有正面或只有负面的影响	考虑到该国的利益 完全不符合该国的实际情况和特点	能考虑全球环境 列出需要他国提供的援助	小部分行动具体可实施
1	没有事实依据(数据或事件)和细节描述 只有正面或只有负面的影响	没有考虑到该国的利益 不符合该国的实际情况和特点	能考虑全球环境 没有列出需求和帮助	只有呼吁,没有行动

(2)教师提供立场文件撰写学习单,给予学生清晰的书写框架,包含文章结构、撰写要点、参考范文三部分内容。学生作品如图 2-16、图 2-17 所示。

图 2-16

本国行动清单	请根据本国的情况，写出**具体可操作**的行动清单。清单内容一般不超过三条，尽量提供数据、举出实例，而不是空讲政策和态度。可参考"**清单撰写指引单**"	以色列愿意和全球各国共同治理世界性的**粮食浪费**问题，推动国际社会减少粮食损失和浪费、倡导节约，做出以下行动： 1. 以色列拥有世界最高的75%的废水循环利用率，在水肥一体的滴灌技术和海水淡化处理领域等，积极向所需国家提供指导和帮助。 2. 以色列在致力于农业科技研究，建立区域性农业科技服务中心，不断向世界输出先进的农业技术。 3. 以色列将携手各国共同治理世界性的粮食浪费问题，推动国际社会减少粮食损失和浪费、倡导厉行粮食节约。 最后，以色列政府将积极配合联合国粮食援助机构进一步强化粮食援助工作，克服新冠肺炎疫情持续蔓延等因素导致世界粮食安全出现的危机，保障全球粮食安全并推动国际健康和稳定。	**菲律宾**政府愿意和全球各国共同治理世界性的"**海洋塑料污染**"问题，推动国际社会"清洁海洋"做出以下行动： 1. 菲律宾将对塑料袋进行征税，顾客需要付费购买塑料袋。税收获得的资金用来支持塑料回收工作。 2. 菲律宾将禁止制造、使用销售和进口所有一次性塑料袋。 3. 菲律宾政府将投资制造塑料回收设备，大力支持环保袋制造商。 最后，菲律宾将鼓励和推广替代塑料的材料，并且准确测试替代材料是否也会对生活环境产生影响。
结束语	致谢	以色列代表发言完毕，谢谢！	菲律宾代表发言完毕，谢谢！

图 2-17

(3)学生撰写立场文件初稿，并提交给自己的模拟联合国导师进行修改。学生根据导师的意见修改文件，直到完成一份较为完整、论点清晰的国家立场文件。

3.表达立场

(1)学生学习"演讲与口才"相关课程并进行训练，从语言表达、姿态练习、语言应变等方面加强自己的表达技能，为模拟联合国大会的召开做好准备。

(2)录制自己的立场文件演说视频，竞选模拟联合国代表。

活动9

呈现:召开模拟联合国大会

驱动性问题

何为模拟联合国代表?我们可以在模拟联合国会议上怎样呈现我们的观点?

学习目标

1. 通过模拟联合国大会,学会多角度、多层次地思考社会性科学议题。
2. 能在了解科学概念和技术原理的基础上,考虑人类可持续发展需求,并作出决策。

活动过程

1. 竞选模拟联合国代表

(1)学生通过提交国家立场文件演说视频,参加模拟联合国代表竞选活动。

(2)根据模拟联合国导师的评价及同伴互评,最后选出24名模拟联合国代表参加正式的模拟联合国大会。

2. 召开模拟联合国大会,确定行动清单

模拟联合国大会正式召开,24位国家代表站在各国的立场阐述观点,共同商议"清洁海洋"减塑行动清单。在模拟联合国大会的过程中,学生能深刻感受到社会性科学议题的多角度性及多层次性。完整的模拟联合国大会流程包括国家立场主发言、有主持核心磋商、自由磋商、决议草案陈述、投票等环节。

表2-6 模拟联合国大会的具体环节

	开场(5分钟)	
	所有代表进场并入座	
主席团	主席:各位代表,我是今天的会议主席。欢迎大家参加道尔顿青少年模拟联合国大会,在此对诸位代表的到来表示衷心的欢迎。现在我将先介绍主席团成员。在我左边的是主席助理×××	

续表

	开场(5分钟)	
主席团	下面进行点名,被点到的国家的代表请举牌并答"出席"	
主席团	主席助理:美国(出席)、中国(出席)、……应到 12 个国家代表,实到 12 个国家代表	
	第一轮主发言(20分钟)	
主席团	今日的议题是:"清洁海洋"减塑行动清单的确立,现在主席团需要一个国家来动议开启主发言名单	
环境规划署	联合国环境规划署代表动议开启主发言名单,总时长 900 秒,每位代表发言时间 150 秒	环境规划署(其他国家也可以举牌开启动议)
主席团	现主席团收到来自联合国环境规划署代表的动议,动议开启主发言名单,总时长 900 秒,每位代表发言时间 150 秒。请问场下有无附议?(举牌)感谢附议。请支持此动议通过的国家高举国家牌,(超过半数)此动议通过	
主席团	主席:下面将产生发言名单。请有意向加入主发言名单的代表高举国家牌,谢谢!(所有人举牌,主席团确定发言 6 组)	环境规划署、印度尼西亚、中国、越南、法国、菲律宾
主席团	尊敬的环境规划署代表,您有 2 分 30 秒的发言时间,请印尼代表做好准备	环境规划署
主席团	主席:感谢环境规划署代表,您尚余×秒的发言时间。请问做何让渡?(让渡给问题/评论/其他国家/主席团)环境规划署代表选择让渡给问题,请问场下有无问题?(点举手的国家)	
加拿大	请问环境规划署代表,……	加拿大
环境规划署	感谢加拿大代表的提问,环境规划署认为……	环境规划署
主席团	感谢联合国环境规划署的发言,尊敬的印度尼西亚代表,您有 2 分 30 秒的发言时间,请中国代表做准备。	印度尼西亚
主席团	主席:感谢印度尼西亚代表,您尚余×秒的发言时间。请问做何让渡?(让渡给问题/评论/其他国家/主席团)印度尼西亚代表选择让渡给问题,请问场下有无问题?(点举手的国家)	
举手国	请问印度尼西亚代表,……	×国
印度尼西亚	感谢×国代表的提问,印度尼西亚认为……	印度尼西亚
主席团	感谢印度尼西亚代表的发言,尊敬的中国代表,您有 2 分 30 秒的发言时间,请越南代表做好准备	中国
主席团	主席:感谢中国代表,您尚余×秒的发言时间。请问做何让渡?(让渡给问题/评论/其他国家/主席团)中国代表选择让渡给问题,请问场下有无问题?(点举手的国家)	
举手国	请问中国代表,……	×国
中国	感谢×国代表的提问,中国认为……	中国

续表

第一轮主发言(20分钟)		
主席团	感谢中国代表的发言,尊敬的越南代表,您有2分30秒的发言时间,请法国代表做好准备。	越南
主席团	主席:感谢越南代表,您尚余×秒的发言时间。请问做何让渡?(让渡给问题/评论/其他国家/主席团)越南代表选择让渡给问题,请问场下有无问题?(点举手的国家)	
举手国	请问越南代表,……	×国
越南	感谢×国代表的提问,越南认为……	越南
主席团	感谢越南代表的发言,尊敬的法国代表,您有2分30秒的发言时间,请菲律宾代表做好准备	法国
主席团	主席:感谢法国代表,您尚余×秒的发言时间。请问做何让渡?(让渡给问题/评论/其他国家/主席团)法国代表选择让渡给问题,请问场下有无问题?(点举手的国家)	
举手国	请问法国代表,……	×国
法国	感谢×国代表的提问,法国认为……	法国
主席团	感谢法国表的发言,尊敬的菲律宾代表,您有2分30秒的发言时间	菲律宾
主席团	主席:感谢菲律宾代表,您尚余×秒的发言时间。请问做何让渡?(让渡给问题/评论/其他国家/主席团)菲律宾代表选择让渡给问题,请问场下有无问题?(点举手的国家)	
举手国	请问菲律宾代表,……	×国
菲律宾	感谢×国代表的提问,菲律宾认为……	菲律宾
主席团	感谢菲律宾代表的发言,此轮发言环节结束,请问场下有无问题或动议?	
第一轮有主持核心磋商(10分钟)		
×国	×国代表动议有主持核心磋商,其议题为:×××,总时长480秒,每位代表发言时间40秒	×国
主席团	现主席团收到来自×国代表的动议,动议有主持核心磋商,其议题为:×××,总时长480秒,每位代表发言时间40秒。请问场下有无附议?(举牌)感谢附议。请支持此动议通过的国家高举国家牌,(超过半数)此动议通过。请问菲律宾代表要优先发言还是滞后发言?	
×国	×国代表要求优先/滞后发言	
主席团	请有意向加入发言名单的代表高举国家牌。谢谢	全部举牌参加,主席确认上场顺序

续表

第一轮有主持核心磋商(10分钟)		
主席团	尊敬的××代表,您有40秒的发言时间,请××代表做好准备	
主席团	尊敬的××代表,您有40秒的发言时间	
主席团	此轮动议结束,请问场下有无动议或问题	
第一轮自由磋商(6分钟)		
×国	×国代表动议自由磋商,总时长300秒	×国
主席团	现主席团收到来自×国代表的动议,动议自由磋商,总时长300秒。请问场下有无附议?(举牌)感谢附议。请支持此动议通过的国家高举国家牌,(超过简单多数)此动议通过	
主席团	下面进入自由磋商环节	
主席团	此轮动议结束,请问场下有无动议或问题?	
第二轮主发言(20分钟)		
主席团	此轮动议结束,请问场下有无动议或问题?	
×国	×国动议继续回到主发言名单,总时长1050秒,每位代表发言时间150秒	×国
×国	现主席团收到来自××代表的动议,动议回到主发言名单,总时长1050秒,每位代表发言时间150秒。请问场下有无附议?(举牌)感谢附议。请支持此动议通过的国家高举国家牌,(超过简单多数)此动议通过	澳大利亚、泰国、尼日利亚、美国、加拿大、日本、德国,顺序随机
主席团	尊敬的××代表,您有2分30秒的发言时间,请××代表做好准备	
主席团	主席:感谢××代表,您尚余×秒的发言时间。请问做何让渡?(让渡给问题/评论/其他国家/主席团)××代表选择让渡给问题,请问场下有无问题?(点举手的国家)	
举手国	请问××代表,……	×国
×国	感谢×国代表的提问,×国认为……	×国
主席团	感谢××的发言,尊敬的××代表,您有2分30秒的发言时间,请××代表做好准备	×国
主席团	感谢××代表的发言,此轮发言环节结束,请问场下有无问题或动议?	
第二轮有主持核心磋商(10分钟)		
×国	×国代表动议有主持核心磋商,其议题为:××,总时长480秒,每位代表发言时间40秒	×国

续表

第二轮有主持核心磋商(10分钟)		
主席团	现主席团收到来自×国代表的动议,动议有主持核心磋商,其议题为:×××,总时长480秒,每位代表发言时间40秒。请问场下有无附议?(举牌)感谢附议。请支持此动议通过的国家高举国家牌,(超过半数)此动议通过。请问菲律宾代表要优先发言还是滞后发言	
×国	×国代表要求优先/滞后发言	
主席团	请有意向加入发言名单的代表高举国家牌。谢谢	全部举牌参加,主席确认上场顺序
主席团	尊敬的××代表,您有40秒的发言时间,请××代表做好准备	
主席团	尊敬的××代表,您有40秒的发言时间	
主席团	主席:此轮动议结束,请问场下有无动议或问题?	
关闭主发言(1分钟)		
主席团	主席:现在主席团需要一个国家来动议关闭主发言名单	
×国	×国代表动议关闭主发言名单	×国
主席团	现主席团收到来自×国代表的动议,动议关闭主发言名单,请问场下有无附议?(举牌)感谢附议。请支持此动议通过的国家高举国家牌,(超过半数)此动议通过,主发言名单关闭,正式辩论环节结束。请问场下有无问题或动议?	
第二轮自由磋商(6分钟)		
×国	×国代表动议自由磋商,总时长300秒	×国
主席团	现主席团收到来自×国代表的动议,动议自由磋商,总时长300秒。请问场下有无附议?(举牌)感谢附议。请支持此动议通过的国家高举国家牌,(超过半数)此动议通过	
主席团	下面进入自由磋商环节	
决议草案陈述(3分钟)		
主席团	此轮环节结束,现收到来自中国代表提交的决议草案1.1,下面请中国代表上台陈述决议草案内容	
中国	尊敬的主席团,尊敬的各国代表,本次会议决议草案内容如下……	中国
投票(3分钟)		
主席团	感谢中国代表,现在主席团需要一个国家来动议对决议草案进行投票	
×国	×国动议对决议草案进行投票	×国

续表

投票（3分钟）		
主席团	现主席团收到来自×国代表的动议，动议对决议草案进行投票，请问场下有无附议？（举牌）感谢附议。请支持此动议通过的国家高举国家牌，(超过简单多数)此动议通过，现在开始对决议草案进行投票	
主席团	主席：尊敬与会各国的代表，现在我们将进入实质性投票。请志愿者协助关闭会场大门。我们将对场内代表进行重新点名	
主席团	现对中国代表提交的决议草案1.1进行唱名表决。请被点到的代表答"赞成""反对""弃权"或"过"	
主席团	主席：×票赞成，×票弃权，×票反对，该决议草案获得通过	
休会（1分钟）		
主席团	主席：现在主席团需要一个国家来动议休会	
×国	×国动议休会	×国
主席团	现主席团收到来自×国代表的动议，动议休会，请问场下有无附议？（举牌）感谢附议。请支持此动议通过的国家高举国家牌，(超过简单多数)此动议通过，现在休会	

除了在场的24名学生，其他学生可通过现场观摩或网络观摩的形式参与模拟联合国大会中，感受模拟联合国大会的精彩。

图 2-18

活动10

提交清单，实践行动

驱动性问题

怎样提交行动清单？我们怎样履行"减少塑料、清洁海洋"的责任？

学习目标

1. 通过提交行动清单，提高人类可持续性发展的意识。
2. 通过"减塑"行动，意识到可以从周边小事做起，为实现人类可持续发展供献自己的力量。

活动内容

1. 通过电子邮件向联合国提交"清洁海洋"模拟联合国决议草案

召开模拟联合国大会后，发起国——中国代表撰写决议草案，并召开决议草案听证会。在听证会上，各国代表对决议草案进行举手表决（少数服从多数），表决通过后，各国代表签字。决议草案则通过校官方邮箱发送给联合国。

2. 发起并参与温州道尔顿小学"21天减塑挑战"活动

温州道尔顿小学四年级全体师生向全校发起"21天'减塑'挑战"活动，即尝试执行21天"减塑"并进行打卡记录。"减塑"行动小册子如图2-19、图2-20所示。

温州道尔顿小学"减塑"行动联盟

邀请函

尊敬的朋友：

2021年3月份，我们温州道尔顿小学四年级全体学生进行了有关"海洋塑料垃圾污染"的研究，这是一个社会性科学议题，简称SSI，它也是联合国可持续发展议题中的一个重要内容。尽管我们年纪尚小，但却能凭借着对社会的这份关心，克服项目中遇到的种种困难，如完成烧脑的"项目规划"，又如阅读和分析复杂的"背景材料"，再如撰写晦涩难懂的"立场文件"……这些比以往任何一个项目任务都要难得多，但我们依然坚持到现在，所有的老师都对我们大加赞赏。相信爸爸妈妈了解到这一切，也会为我们感到骄傲！

项目进行到此时，我们已经表达了自己的立场，现在需要我们化语言为行动了。让我们一起加入温州道尔顿小学"减塑"行动联盟，并尝试坚持执行21天减塑行动吧！

虽然只是一个小小的行动，却影响着大大的世界，温州道尔顿"减塑"行动联盟期待您的加入！

温州道尔顿小学四年级全体师生
2021年4月

我们的行动约定

我以及我的家人自愿申请加入道尔顿"清洁海洋"减塑行动联盟，并承诺在未来21天内坚持执行减塑行动。

签名：＿＿＿＿＿

＿＿＿＿＿

道尔顿"清洁海洋"减塑联盟行动清单

①带环保袋 拒绝一次性塑料袋

②自备水瓶 拒绝一次性包装瓶装水

③使用环保吸管 拒绝一次性塑料吸管 最好不使用吸管

④拒绝过度包装 尽可能购买散装或环保包装的物品

⑤饮品不打包 外出喝饮品主动向店家提出无需打包袋

⑥自备饮料杯 外出喝饮品尝试向商家申请使用自带杯

⑦减少外卖频次 点外卖虽方便快捷，但会产生大量的塑料包装

⑧环保点餐 条件允许下，外卖勾选"无需餐具"，减少使用一次性餐具

道尔顿"清洁海洋"减塑联盟行动清单

⑨重复利用 重复利用家中产生的塑料制品，如一次性餐盒、瓶子等容器洗净后可用来收纳、充当花瓶等；网购产生的塑料包装可用于外出行李的衣物分装。

⑩自备菜篮子买菜 拒绝菜摊提供的一次性塑料袋

⑪自备保鲜盒买鱼肉 鱼肉等生鲜食物可用保鲜盒或牛皮纸进行包装

⑫使用竹牙刷 更换使用频次较高的生活用品时可选择环保材质

⑬用友善环境清洁剂 减少微塑料污染

⑭自备雨伞袋 拒绝使用商店提供的一次性塑料雨伞袋

⑮参与净滩、净山 爬山或海边游玩时主动捡拾塑料垃圾

道尔顿"清洁海洋"减塑联盟行动清单

⑯自然地影响别人 向他人介绍塑料污染的危害，引导Ta关注环境问题

⑰分享减塑行为 通过社交网络分享自己的减塑行为，吸引更多的人加入队伍

图 2-19

我的减塑行动周记

"一日一钱，十日十钱。绳锯木断，水滴石穿。"改变生活方式并非一下子就能成功，减塑生活始于点滴行为。

接下来的21天，请你每天对自己的减塑行为进行自检记录，每一周以周记的形式对过去一周的减塑生活进行反思与整理。

行动周记书写形式不限，可以是<u>文字</u>，可以是<u>绘画</u>，可以<u>粘贴照片、剪贴画</u>，更可以<u>图文结合</u>，我们非常鼓励你用自己<u>喜欢的方式</u>去表达在"减塑"上的所做所感所悟。

相信你，可以做到！赶快去踏出你减塑生活的第一步吧！

一周减塑自检表

周___ 月___ 日	今天我（有 / 没有）进行减塑行动，我做到了这些 ① ② ③ ④ ⑤ ⑥ ⑦ ⑧ ⑨ ⑩ ⑪ ⑫ ⑬ ⑭ ⑮ ⑯ ⑰ Or 其他 _____
周___ 月___ 日	今天我（有 / 没有）进行减塑行动，我做到了这些 ① ② ③ ④ ⑤ ⑥ ⑦ ⑧ ⑨ ⑩ ⑪ ⑫ ⑬ ⑭ ⑮ ⑯ ⑰ Or 其他 _____
周___ 月___ 日	今天我（有 / 没有）进行减塑行动，我做到了这些 ① ② ③ ④ ⑤ ⑥ ⑦ ⑧ ⑨ ⑩ ⑪ ⑫ ⑬ ⑭ ⑮ ⑯ ⑰ Or 其他 _____
周___ 月___ 日	今天我（有 / 没有）进行减塑行动，我做到了这些 ① ② ③ ④ ⑤ ⑥ ⑦ ⑧ ⑨ ⑩ ⑪ ⑫ ⑬ ⑭ ⑮ ⑯ ⑰ Or 其他 _____
周___ 月___ 日	今天我（有 / 没有）进行减塑行动，我做到了这些 ① ② ③ ④ ⑤ ⑥ ⑦ ⑧ ⑨ ⑩ ⑪ ⑫ ⑬ ⑭ ⑮ ⑯ ⑰ Or 其他 _____
周___ 月___ 日	今天我（有 / 没有）进行减塑行动，我做到了这些 ① ② ③ ④ ⑤ ⑥ ⑦ ⑧ ⑨ ⑩ ⑪ ⑫ ⑬ ⑭ ⑮ ⑯ ⑰ Or 其他 _____
周___ 月___ 日	今天我（有 / 没有）进行减塑行动，我做到了这些 ① ② ③ ④ ⑤ ⑥ ⑦ ⑧ ⑨ ⑩ ⑪ ⑫ ⑬ ⑭ ⑮ ⑯ ⑰ Or 其他 _____

日期：_____月_____日　　本周减塑心情：♡♡♡♡♡

本周的减塑行动　　□一直在执行　　□偶尔有执行　　□未执行

我的减塑行动周记

一周减塑自检表

周___ 月___ 日	今天我（有 / 没有）进行减塑行动，我做到了这些 ① ② ③ ④ ⑤ ⑥ ⑦ ⑧ ⑨ ⑩ ⑪ ⑫ ⑬ ⑭ ⑮ ⑯ ⑰ Or 其他 _____
周___ 月___ 日	今天我（有 / 没有）进行减塑行动，我做到了这些 ① ② ③ ④ ⑤ ⑥ ⑦ ⑧ ⑨ ⑩ ⑪ ⑫ ⑬ ⑭ ⑮ ⑯ ⑰ Or 其他 _____
周___ 月___ 日	今天我（有 / 没有）进行减塑行动，我做到了这些 ① ② ③ ④ ⑤ ⑥ ⑦ ⑧ ⑨ ⑩ ⑪ ⑫ ⑬ ⑭ ⑮ ⑯ ⑰ Or 其他 _____
周___ 月___ 日	今天我（有 / 没有）进行减塑行动，我做到了这些 ① ② ③ ④ ⑤ ⑥ ⑦ ⑧ ⑨ ⑩ ⑪ ⑫ ⑬ ⑭ ⑮ ⑯ ⑰ Or 其他 _____
周___ 月___ 日	今天我（有 / 没有）进行减塑行动，我做到了这些 ① ② ③ ④ ⑤ ⑥ ⑦ ⑧ ⑨ ⑩ ⑪ ⑫ ⑬ ⑭ ⑮ ⑯ ⑰ Or 其他 _____
周___ 月___ 日	今天我（有 / 没有）进行减塑行动，我做到了这些 ① ② ③ ④ ⑤ ⑥ ⑦ ⑧ ⑨ ⑩ ⑪ ⑫ ⑬ ⑭ ⑮ ⑯ ⑰ Or 其他 _____
周___ 月___ 日	今天我（有 / 没有）进行减塑行动，我做到了这些 ① ② ③ ④ ⑤ ⑥ ⑦ ⑧ ⑨ ⑩ ⑪ ⑫ ⑬ ⑭ ⑮ ⑯ ⑰ Or 其他 _____

图 2-20

3. 开展春季研学，进行"减塑"宣传路演

温州道尔顿小学四年级段在春季研学活动中，走进温州市江心屿进行"减塑"宣传路演。在老师、项目组导师的引领下，环保小卫士们通过团队分工绘制"减塑"宣传海报，并进行宣传演练。在研学活动当天，学生通过团队间的默契配合吸引一个又一个路人加入"减塑"行动行列。

图 2-21

4. 通过戏剧创作及表演宣传"减塑"环保理念

四年级(6)班的学生借助学校戏剧周的戏剧表演活动，自创剧本，自导自演《海洋的新鲜事》。《海洋的新鲜事》讲述的是在海洋塑料垃圾污染日益严重的大环境下，海狮一家在危机四伏的海洋中历险的故事。这场精彩的戏剧表演从海洋生物的角度出发，让人类意识到塑料垃圾给海洋生态带来的巨大威胁。

SSI-L案例3
潮汐能发电（初中）

案例作者

作者：于志健、姜荣、刘剑锋、崔文浩、孔鹏飞、姜倩倩、尚颖杰、于翔、杜天宇、王乾

单位：山东省威海世昌中学

威海世昌中学秉承"四个在场"的办学理念，以"孜矻固柢 蓬勃生长"为校训，始终让学生站在学校的最中央，构建以立德树人为根本、"野蛮体魄、文明精神、开启智慧"的"1+3课程体系"。学校致力于办一所爱国主义底色鲜明、充盈生命温情与生长力量的现代学校。

一、驱动性问题

1. 潮汐能发电与其他发电方式相比,有哪些优势和劣势?
2. 潮汐发电站能否与自然环境和谐共处?
3. 威海是否需要大力发展潮汐能发电?

二、跨学科融合学习框架

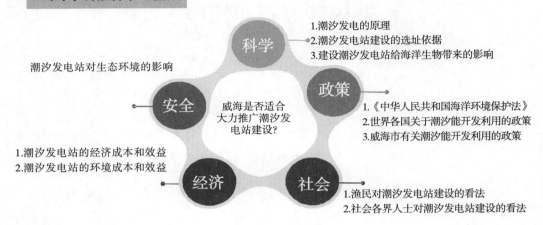

三、与义务教育课程标准的联系

学科名称	具体内容
生物	举例说出生物生存的环境条件,讨论温度、水、空气、光等因素对生物生活的影响,理解生物与环境相互依赖、相互影响的生物学概念 初步形成生物学基本观点、创新意识和科学态度,并为确立辩证唯物主义世界观奠定必要的基础 了解人类所面临的资源、环境发展等重大问题,初步认识环境与人类活动的关系,确立保护生物圈的意识
地理	能初步说明地形、气候等自然地理因素在地理环境形成中的作用,以及对人类活动的影响 增进学生对地理环境的理解力,培养学生应对人口、资源、环境与发展问题的初步能力。初步形成尊重自然、与自然和谐相处、因地制宜的意识和可持续发展的观念,养成关心和爱护地理环境的行为习惯 关心家乡环境与发展,增强热爱家乡、热爱祖国的情感
物理	了解自然界中多种多样的运动形式,认识机械运动和力、电和磁等内容,了解相互作用规律及其在生产生活中的应用 熟悉能量的转化和转移、能量守恒等内容,了解新能源的开发与应用,养成在分析问题和解决问题时尝试运用物理基础知识和方法进行研究的思维习惯 有初步的物理实验操作技能,会使用简单的实验仪器,能测量一些基本物理量,知道简单的数据记录和处理方法 会用简单的图表等描述实验结果,会写简单的实验报告 初步具有一定的科学探究和实践能力,养成科学思维的习惯

续表

学科名称	具体内容
数学	体会数学与其他学科之间、数学与生活之间的联系,运用数学的思维方式进行思考,增强发现、提出、分析和解决问题的能力 初步学会从数学的角度发现问题和提出问题,综合运用数学知识解决简单的实际问题,提高实践能力

四、学习目标

1. 说出威海地区的发电方式,比较不同发电方式的利弊。
2. 了解国内外潮汐能发电的现状。
3. 了解国内外潮汐能发电的政策。
4. 理解潮汐能发电的原理,使用模型模拟潮汐能发电。
5. 举例说明潮汐能发电对威海自然环境和渔业生产的影响。
6. 分析潮汐能发电的成本和效益。
7. 针对大力发展潮汐能发电向政府提出合理化建义,增强社会责任感。

五、学习评价

学习评价采用积分制,各小组参照标准分别积1~5分,项目完成后按照小组积分发放相应的奖励。

序号	项目实施标准	赋分		
		4~5分	2~3分	0~1分
1	能够用自己的语言概括威海有哪些发电方式,通过对比总结不同发电方式的利弊	能全面准确地表述	能表述出部分内容	表述不准确
2	能够说出国内外潮汐能发电站的建设情况	能全面准确地表述	能表述出部分内容	表述不准确
3	能够说出国内外潮汐能发电的政策	能全面准确地表述	能表述出部分内容	表述不准确
4	能够总结出潮汐能发电的原理,通过动手操作建立潮汐能发电的物理模型	能建立模型并总结	只能建立模型或只能总结	不能建立模型并总结
5	能够用自己的语言总结潮汐能发电对自然环境和渔业生产的影响	发言准确,概括性强	发言表述不到位	没有发言
6	能够利用各种工具对潮汐能发电的成本和效益进行核算	能完整核算出成本和效益各项数据	能核算处出部分数据	无法核算
7	能够利用自己所掌握的知识就潮汐能发电的发展给威海市政府写建议书	表达准确且语言优美	表达不全面	未书写建议书

六、活动计划

活动	时间	教学重点	活动安排	设计意图	活动计划	学生材料
1	90—120分钟	了解威海各种发电方式的特点和优缺点	学生采取实地调研和网络搜集资料的方式,获取威海各种发电方式的信息	1.了解威海各种发电方式的信息 2.体验探索科学知识的乐趣	活动1计划	活动1学习材料
2	90分钟	了解各种发电方式的原理、特点和优缺点	1.调查威海市常见发电方式的相关信息 2.比较潮汐能发电与其他发电方式的区别	1.通过比较分析,提升思维能力 2.激发探究的好奇心,体验探索科学知识的乐趣	活动2计划	活动2学习材料
3	90分钟	国内外潮汐能发电现状的调查	1.查阅资料,小组交流潮汐能发电的现状 2.实地调研	结合威海市的地理位置及地质特点,初步分析威海市是否有必要建设潮汐发电站	活动3计划	活动3学习材料
4	90分钟	了解国内外海洋建设和潮汐发电政策的相关知识	查阅资料,小组交流国内外的政策信息	增强海洋资源合理开发和利用的意识	活动5计划	活动4学习材料
5	90—120分钟	理解潮汐发电的原理,并尝试构建物理模型	1.阅读资料,观看潮汐能发电工作原理的视频 2.教师动手演示,构建概念模型 3.学生构建物理模型	1.理解潮汐能发电的原理 2.学会科学分析问题的方法	活动5计划	活动5学习材料
6	90—120分钟	了解潮汐发电站对自然环境的影响	查阅资料,小组交流,分析国内外现有的潮汐发电站对城市的影响	1.了解生态系统包括生物部分和非生物部分,对自然环境的影响既包括对生物的影响,又包括对非生物的影响 2.培养学生的环保意识及社会责任感	活动6计划	活动6学习材料
7	90—120分钟	潮汐能发电对渔业养殖业的影响	1.通过展示及搜集资料,使学生了解威海海域附近的海洋生物种类及数量 2.通过实验、观看视频等方式理解潮汐能发电对生物的影响	1.通过展示及搜集资料,使学生了解潮汐发电站的使用现状 2.通过查阅资料等收集潮汐发电对鱼类繁殖的影响 3.在了解潮汐能发电对渔业生产影响的基础上,对利用潮汐能发电后的生态补偿提出建设性意见,培养学生的环保意识及社会责任感	活动7计划	活动7学习材料

续表

活动	时间	教学重点	活动安排	设计意图	活动计划	学生材料
8	90—120分钟	分析威海建设潮汐发电站的成本和收益 根据潮汐发电站建设的成本和收益提出自己的观点	1. 介绍成本核算的方法 2. 核算潮汐能发电的成本 3. 介绍收益核算的方法 4. 核算潮汐发电的收益 5. 提出观点:威海是否有必要建设潮汐发电站	通过对潮汐发电站建设的成本和收益核算,让学生能够提出自己的观点和看法	活动8计划	活动8学习材料
9	90—120分钟	通过前面的学习和积累,形成最终的建议书	1. 以组间讨论交流的形式开展活动 2. 形成书面建议书	以学生对建设潮汐发电站的了解为基础,引导学生判断威海是否应该大力发展潮汐能发电	活动9计划	活动9学习材料

威海发电方式调研

驱动性问题

为确定威海市能源建设的发展方向,我们需要了解哪些发电方式呢?

学习材料

1. 视频《火力发电原理展示动画》
2. 视频《核电站的工作原理是什么?……就是烧开水》
3. 视频《5分钟带你看懂核电站发电原理》
4. 视频《核能科普宣传片——核电那些事》
5. 视频《核能发电原理》
6. 视频《风力发电机的工作原理是什么?叶子转那么慢,为何还能发电?》
7. 视频《风力发电机的组成和工作原理是什么?这个动画可以告诉你!》
8. 视频《科普:太阳能板的工作原理》
9. 视频《水力发电的原理》
10. 视频《"海趣"科普动画——潮汐发电怎么发?》
11. 视频《潮汐发电 Tidal Power》
12. 视频《"天文"潮汐形成原理》
13. 视频《海洋能——潮汐发电》
14. 视频《绝对绿色能源——海洋动力利用洋流及海浪蓄能 Blue Energy-Ocean Power》
15. 视频《潮汐能》
16. 视频《几种常见的海浪发电站工作原理演示动画》
17. 视频《地热能》
18. 阅读资料《核电与火电等的比较》
19. 阅读资料《浅谈核电和水电的利弊》
20. 阅读资料《各种发电方式的优劣与比较》

21. 阅读资料《各类发电技术成本2020年现状》
22. 阅读资料《能源——火电、核电、水电比较》

学习目标

通过实地调研和网络搜集资料获取各种发电方式的信息，了解威海市各种发电方式的特点和优缺点，对物理学习和能源知识产生好奇心和兴趣，体验探索科学知识的乐趣。

活动过程

1. 导入

引入话题，明确本节活动的内容。

教师：2021年秋冬季节，东北地区"限电"话题频频登上热搜，备受关注。各地区的能源利用和发展方向成为大家讨论的热点话题。为确定威海市能源建设的发展方向，我们一起来了解一下威海市的发电方式。

2. 采访

教师组织学生到国家电网（威海高区供电营业厅）采访工作人员。学生通过采访国家电网的工作人员，可以了解威海发电方式的情况。经采访获悉，威海市的主要发电方式有：火力发电、水力发电、核能发电、潮汐能发电和风力发电。

3. 实地调研

教师组织学生分组进行实地考察。学生分组情况见表3-1。

表3-1 学生分组情况

分组	发电方式类型	采访地点	地区
1组	火力发电（垃圾发电）	威海市垃圾焚烧厂	威海市环翠区天目路
2组	火力发电	华能威海电厂	威海市环翠区经济技术开发区海埠路58号
3组	水力发电	文登抽水蓄能电站	威海市文登区界石镇
4组	核能发电	石岛湾核电站	威海市荣成宁津湾
5组	潮汐能发电	乳山市白沙口潮汐发电站	乳山市海阳所镇白沙口
6组	风力发电	华能中电威海风力发电有限公司	威海市经济技术开发区海滨南路26号

4. 资料搜集

学生分组通过网络搜集信息。学生通过搜集资料、分享交流，最终梳理出各种发电方式的特点。

①火力发电。火力发电是一种需要燃烧煤、石油等化石燃料的发电方式。一方面,火力发电是现阶段最普及、技术最成熟的发电方式,成本较低,对地理环境要求低。另一方面,火力发电的效率低并且浪费资源。化石燃料是不可再生资源且蕴藏量有限,化石燃料燃烧会释放二氧化碳和硫的氧化物,从而导致温室效应,形成酸雨,破坏地球环境。

②水力发电。水能是一种取之不尽、用之不竭、可再生的清洁能源。水力发电具有效率高、发电成本低、机组启动快、容易调节、绿色环保等优点。为了有效利用天然水能,需要人工修筑能集中水流落差和调节流量的水工建筑物,如大坝、引水管涵等。因此,水电的缺点是工程投资大,建设周期长,易受地域和气候限制。

③核能发电。现有的核能发电都是核裂变发电,与火力发电相似。核燃料具有体积小、能量大的优点,但核电厂的反应器内有大量放射性物质。如果这些放射性物质被释放到外界环境中,就会对环境和生物造成极大的危害。

④潮汐能发电。潮汐能是一种清洁、不污染环境、不影响生态平衡的可再生能源。潮水每日涨落,周而复始,取之不尽,用之不竭。潮汐能发电相对稳定,很少受气候、水文等自然因素的影响,其发电量不会产生大的波动,而且不占用农田,不污染环境。

5.完成调查报告

学生整理信息,完成本组的发电方式调查报告。

表 3-2 威海市发电方式调查报告

姓名_____ 时间_____ 调查方式_____

带着准备去调研	威海的用电主要是由哪些部门提供的?	备注
调研笔记		
威海市的用电主要依靠哪些发电方式来提供?这些发电方式的原理又是怎样的呢?		

威海发电方式的比较

驱动性问题

潮汐能发电有什么优势?

学习材料

1. 视频《火力发电原理展示动画》
2. 视频《核电站的工作原理是什么?……就是烧开水》
3. 视频《5分钟带你看懂核电站发电原理》
4. 视频《核能科普宣传片——核电那些事》
5. 视频《风力发电机的组成和工作原理是什么?这个动画可以告诉你!》
6. 视频《科普:太阳能板的工作原理》
7. 视频《水力发电的原理》
8. 视频《"海趣"科普动画——潮汐发电怎么发?》
9. 视频《海洋能——潮汐发电》
10. 视频《绝对绿色能源——海洋动力利用洋流及海浪蓄能 Blue Energy-Ocean Power》
11. 阅读资料《核电与火电等的比较》
12. 阅读资料《浅谈核电和水电的利弊》
13. 阅读资料《各种发电方式的优劣与比较》
14. 阅读资料《能源——火电、核电、水电比较》

学习目标

1. 运用比较分析法,了解不同发电方式的优缺点。
2. 分析潮汐能发电的优势。

1. 资料搜集

学生通过网络搜集到的常见的发电方式的相关资料如下:

> ①风力发电
>
> 风力发电的原理是把动能转化成机械能,再把机械能转化为电能,即利用风力带动风车叶片旋转,再通过增速机将旋转的速度提升,从而促使发电机发电。风力发电可分为两类:一类是水平轴风力发电机,风轮的旋转轴与风向平行;二类是垂直轴风力发电机,风轮的旋转轴垂直于地面或者气流方向。
>
> ②火力发电
>
> 火力发电是利用可燃物(中国多为煤)燃烧时产生的热能,通过发电动力装置将热能转换成电能的一种发电方式。其原理是利用可燃物燃烧时产生的热能来加热水,使水变成水蒸气,由水蒸气推动发电机发电。火力发电的主要设备系统包括燃料供给系统、给水系统、蒸汽系统、冷却系统、电气系统及其他辅助设备。
>
> ③核能发电
>
> 核能发电是利用核反应堆中核裂变释放出的热能进行发电的方式。它与火力发电极其相似,只是以核反应堆及蒸汽发生器来代替火力发电的锅炉,以核裂变能代替化石燃料产生的化学能。其原理是利用中子去撞击铀235的原子核,使其裂变为2个较轻的原子核,同时产生2~3个中子并放出能量,这些新产生的中子又引起其他铀235原子核的裂变……这样,裂变就会不断进行下去,释放越来越多的能量,给反应堆升温。水泵中的水流进入反应堆时会给反应堆降温,同时产生水蒸气,进而驱动汽轮机发电。
>
> ④水力发电
>
> 水力发电的基本原理是利用水位落差,配合水轮发电机产生电能,也就是将水的势能转化为水轮的机械能,再以机械能推动发电机发电。
>
> ⑤潮汐能发电
>
> 潮汐能发电与普通水力发电的原理类似,在涨潮时将海水储存在水库内,在落潮时放出海水,利用高、低水位之间的落差推动水轮机旋转,带动发电机发电。

教师向学生展示不同的发电方式,相关视频见学习资料。

2. 比较和探究

学生分组探究"潮汐能发电与核能发电、火力发电、水力发电相比,有哪些优势和劣势"。

① 风力发电

风力发电作为一种清洁的可再生能源，具有广阔的发展前景。风能储量大，广泛发展风力发电是解决中国能源供应不足的有效途径；风力发电可以减少温室气体的排放。

优点：a. 清洁，环境效益好；b. 可再生，永不枯竭；c. 基建周期短；d. 装机规模灵活。

缺点：a. 产生噪声；b. 占用大片土地；c. 不稳定，不可控；d. 成本仍然很高；e. 影响鸟类。

② 火力发电

火力发电需要燃烧煤、石油等化石燃料。一方面，化石燃料蕴藏量有限，正面临日渐枯竭的危机；另一方面，燃烧化石燃料会排出二氧化碳和硫的氧化物，因此会导致温室效应和酸雨，破坏地球环境。

优点：a. 选址灵活，布厂方便，可以有效降低电网输配电耗损；b. 初投资费用低，占地面积小，建造周期短；c. 机组受环境、气候等不利因素的影响少，可有效保障国家电力供应。

缺点：a. 资源利用率低，机组运行成本高，能源浪费严重；b. 环境污染严重；c. 火力发电设备长期承受高温、高压，运转与维护较难。

③ 核能发电

核能发电在正常情况下固然是干净的，一旦发生核泄漏，后果是非常可怕的。例如：2011年3月11日，日本发生9.0级地震，引发福岛第一核电站核泄漏，导致核电站附近方圆20公里成为无人区。

优点：a. 不会造成空气污染，不会产生加剧地球温室效应的二氧化碳；b. 核电站所使用的燃料体积小，运输与储存都很方便；c. 在核能发电的成本中，燃料费用所占的比例较低，故不易受到国际经济情势的影响，发电成本与其他发电方式相比较为稳定。

缺点：a. 链式反应必须由人通过一定装置进行控制。失去控制的裂变能不仅不能用于发电，还会酿成灾难；b. 裂变反应中产生的中子和放射性物质对人体的危害很大，必须设法避免它们对核电站工作人员和附近居民产生伤害；c. 核电站热效率较低，因而比一般火电站排放更多废热到环境中，故核电站的热污染较严重；d. 核电站投资成本太大，电力公司的财务风险较高。

④ 水力发电

水电站要占据大量土地，有可能破坏生态环境，而且大型水库一旦坍塌，后果将不堪设想。另外，一个国家的水力资源是有限的，而且易受季节影响。

优点：a. 水力发电效率高，发电成本低，机组启动快，容易调节；b. 水力发电可以与航运、养殖、灌溉、防洪和旅游组成水资源综合利用体系；c. 水是可再生能源，水力发电对环境冲击较小。

缺点：a. 受地形限制，无法建造太大容量的水库；b. 建设时间长，建造费用高；c. 会破坏生态环境；d. 因设于天然河川或湖沼地带，易受风水之灾害，而影响其他水利事业。

⑤潮汐能发电

优点：a. 潮汐能是一种清洁、不污染环境、不影响生态平衡的可再生能源，完全可以发展成为沿海地区生活、生产和国防需要的重要补充能源；b. 它是一种相对稳定的可靠能源，很少受气候、水文等自然因素的影响，全年总发电量稳定；c. 潮汐发电站不需占据大量农田来建设水库，因此，不存在人口迁移、淹没农田等问题（这对于人多地少、农田非常宝贵的沿海地区更是个突出的优点）；d. 潮汐发电站不需筑高水坝，即使发生战争或地震等自然灾害，水坝受到破坏，也不会对下游地区造成严重危害；e. 可将一次能源和二次能源的开发相结合，不用燃料，不受一次能源价格的影响，而且运行费用低，是一种经济能源；f. 机组台数多，不用设置备用机组。

缺点：a. 潮差和水头在一日内经常变化，在无特殊调节措施时，出力有间歇性，给用户带来不便；b. 潮汐存在半月变化，潮差可相差两倍，故保证出力、装机的年利用小时数也低；c. 潮汐发电站建在港湾海口，通常水深坝长，地基处理及防淤等困难，故土建和机电投资大，造价较高；d. 潮汐能发电是低水头、大流量的发电形式，涨落潮水流方向相反，故水轮机体积大，耗钢量多。又因发电设备浸泡在海水中，海水及海水中的生物对金属有腐蚀和沾污作用，故需作特殊的防腐和防海生物黏附处理。

3. 小组活动

教师向学生讲解威海市的由来。学生阅读威海市地形地貌资料卡，在辅导教师的帮助下通过阅读资料认识威海市地形地貌的特点：威海市三面环海，具有绵长的海岸线，海水资源丰富。

4. 分享

学生针对"威海更加适合哪种发电方式？"这一问题写下自己的想法，学生写完后可以与同伴交流分享。分享后，以小组为单位进行讨论。

活动3

国内外潮汐能发电现状的调查

驱动性问题

威海市能否利用潮汐能发电解决用电问题？

学习材料

1. 视频《"海趣"科普动画——潮汐发电怎么发？》
2. 视频《纽约高温，电力紧张，市长不让用空调，市民推特指双标》
3. 视频《潮汐发电的原理！潜能35万亿瓦，相当于800座核电站发电量！》
4. 视频《海洋能——潮汐发电》
5. 视频《绝对绿色能源——海洋动力利用洋流及海浪蓄能 Blue Energy-Ocean Power》

学习目标

1. 通过资料总结国内外潮汐能发电的现状。
2. 掌握资料分析总结的方法，提高思维能力，培养热爱家乡、热爱祖国的情感。

活动过程

1. 导入

播放视频《纽约高温，电力紧张，市长不让用空调，市民推特指双标》(见学习材料2)，教师向学生讲述城市用电不足的故事。

教师：威海这座地理位置特殊的城市，如果面临用电不足的情况，该如何应对？

2. 了解潮汐能发电

(1)学生提出应对策略，教师带学生认识潮汐能发电。

教师：海水周期性涨落运动中具有能量。水位差表现为势能，其潮流的速度表现为动能。这两种能量都可以利用，属于可再生能源。由于潮汐具有规律性，且涨落于岸边，因此便最早为人们所认识和利用。在各种海洋能的利用中,潮汐能的利用是最成熟的。威海市是一个沿海城市,多海湾,具备建设潮汐发电站的优良自然条件。

(2)学生通过实地走访、上网搜索等多种方式进行自主调查,对比各种清洁能源,结合威海市的地理位置,了解潮汐能发电的意义。

(3)学生观看视频(见学习资料3、4),教师向学生讲解潮汐能发电的原理,并介绍我国潮汐能发电的现状。学生通过教师的介绍结合自己搜集的资料,了解我国潮汐能发电的概况。

表 3-3

站名	建成年代	装机容量/kW	年发电量/MW·h	设计水头/m	机组数	运行方式
浙江江厦						
浙江岳普						
山东白沙口						
福建幸福洋						
江苏浏河						
浙江海山						
……						

3. 实地调研

学生实地调查白沙口潮汐发电站,了解该潮汐发电站的相关数据,结合资料完成调查报告。

图 3-1

调查报告(节选):

　　受水文条件限制,白沙口潮汐发电站并不是24小时都能发电。每年5月至10月为大潮期,库容能达244万立方米,发电机一天可运行9~10小时;11月至次年2月枯潮期,库容为120万立方米,发电机一天可运行4~5小时;3月至4月为中潮期,库容为170万立方米,发电机一天可运行6~7小时。但姜凤友同学还是认为潮汐发电好处多:成本低,不占用农田,不用移民,而且环保,发出来的电绝对是"无公害电",每度电的成本只有火力发电的1/8。

活动4

国内外潮汐能发电政策

驱动性问题

影响潮汐能发电的法律法规有哪些?

学习材料

1. 政策性文件《海洋可再生能源发展纲要(2013—2016年)》
2. 法律法规《威海市海岸带保护条例》
3. 论文《法国新能源法律与政策及其对中国的启示》
4. 阅读资料《世界三大著名潮汐发电站》

学习目标

1. 了解国内外与海洋资源开发利用和保护有关的政策。
2. 通过学习了解潮汐能发电及海洋资源开发利用和保护方面的法律法规,掌握分析国内外政策的一般方法,加强保护海洋的意识。

活动过程

1. 导入

教师带领学生回顾旧知,通过列举国内外潮汐发电站,如浙江省的江厦潮汐发电站和海山潮汐发电站等,分析与潮汐发电站建设相关的政策文件。

2. 了解相关政策

(1)组织学生查阅潮汐能发电方面的政策性文件,了解影响潮汐能发电的法律法规。
(2)学生自主查阅资料后,在小组内交流、分享。
①国内政策性文件:
a.《中华人民共和国海域使用管理法》

b.《中华人民共和国海洋环境保护法》
c.《海洋可再生能源发展纲要(2013—2016年)》
d.《可再生能源发展"十二五"规划》

> "十二五"期间,我国将发挥潮汐能技术和产业较为成熟的优势,在具备条件地区,建设1~2个万千瓦级潮汐能电站和若干潮流能示范电站,形成与海洋及沿岸生态保护和综合利用相协调的利用体系。到2015年,建成总容量5万千瓦的各类海洋能电站,为更大规模的发展奠定基础。

e.《威海市海岸带保护条例》
②国外政策性文件(见学习材料3、4)
3.交流分享
(1)以小组为单位,整理搜集到的资料,并填写下表。

表 3-4

与潮汐能发电相关的国内政策	与潮汐能发电相关的国外政策
1.	1.
2.	2.
3.	3.
……	……

(2)小组内交流讨论,对政策进行分析。
(3)以小组为单位在班级内进行交流。

活动5

潮汐能发电的原理和建模

驱动性问题

潮汐能是怎么被转化成电能的？

学习材料

1. 视频《"海趣"科学普动画——潮汐发电怎么发？》
2. 视频《潮汐能发电的原理！潜能35万亿瓦，相当于800座核电站发电量！》
3. 视频《利用潮汐能发电，它的工作原理是什么？涨知识了》
4. 阅读资料《潮汐能发电原理与发电形式》
5. 论文《潮汐能发电装置模型设计》
6. 论文《含潮汐流能和储能的发电系统概率建模及其可靠性评估》

学习目标

理解潮汐能发电的原理，动手构建潮汐能发电物理模型，学会用科学的方法分析问题，关注可再生能源的利用与可持续发展问题。

活动过程

1. 导入

教师提问出题："你们都了解过哪些城市或地区的潮汐能发电？"学生列举利用潮汐能发电的地区，如山东省威海市乳山白沙口、浙江省江厦、浙江省海山等。

2. 探索原理，构建概念模型

(1) 教师提出问题："潮汐能是如何转化为电能的？"然后带领学生观看潮汐能发电的相关视频。

(2) 小组合作，分析视频内容，整理归纳出潮汐发电机的分类，并填写表3-5。

表 3-5

潮汐发电机的分类	
①第一种	②第二种

(3) 学生根据资料,归纳、总结潮汐能发电的两种形式,并填写表 3-6。

表 3-6

潮汐能发电的两种形式	
①名称:	②名称:
简要介绍:	简要介绍:

(4) 学生先在小组内进行讨论,确定发言人,然后在班级内分享交流。

(5) 教师归纳总结。

教师:潮水的流动与河水的流动不同,潮水的流动是不断变换方向的。潮汐能发电主要有两种形式:利用潮流的动能发电的潮流发电和利用潮差的位能发电的潮位发电。潮位发电站的常见类型有:①单库单向电站,即只用一个水库,仅在涨潮(或落潮)时发电,我国浙江省温岭市沙山潮汐电站就是这种类型;②单库双向电站,即只用一个水库,但是涨潮与落潮时均可发电,平潮时不能发电,浙江省温岭市江厦潮汐电站就是这种类型;③双库双向电站,即一个水库在涨潮时进水,另一个水库在落潮时放水,这样前一个水库的水位总比后一个水库的水位高,故前者称为上水库,后者称为下水库。水轮发电机组被放在两个水库之间的隔坝内,两个水库始终保持着水位差,故可以全天发电。

3. 动手实践,构建物理模型

(1) 教师利用教具,演示潮汐发电机的工作原理。

(2) 小组合作,自己尝试动手制作简易的潮汐发电机模型,理解潮汐能发电的原理。

(3) 在班级内展示作品,相互分享交流。

4. 总结分享

(1) 学生交流自己的收获,根据所学思考:"假设威海市大力发展潮汐能发电,适合选择哪种潮汐发电站,安装哪种潮汐发电机?"让学生写出自己的想法。

(2) 教师根据每组的交流情况进行总结。

5. 课后实践活动

学生在课后上网搜集资料,了解潮汐发电站的建立对自然环境的影响。

活动6

潮汐能发电对威海自然环境的影响

驱动性问题

潮汐发电站对环境有什么影响？

学习材料

1. 论文《芬迪湾潮汐发电站对生态的影响》
2. 论文《潮汐能开发对环境的影响分析》
3. 论文《浅谈潮汐电站环境影响》
4. 论文《乳山口潮汐电站建设对环境的影响》
5. 论文《海洋可再生能源环境收益及对区域经济影响研究——以潮汐能为例》
6. 论文《论我国潮汐能开发利用中的环境责任》
7. 阅读资料《潮汐能的利用及对生态的影响》
8. 阅读资料《潮汐能发电何去何从》

学习目标

了解潮汐能发电对自然环境的影响，提升人与自然和谐相处的环保意识。

活动过程

1. 导入

引入话题，明确本节活动的内容。

教师：人工对自然进行改造必定会对环境造成一定的影响，潮汐发电站就是人工改造自然的案例。潮汐发电站对自然环境有什么影响呢？

2. 了解生活在威海海域的海洋生物

(1)通过参观海洋馆使学生了解威海海域附近的海洋生物种类，激发学生对威海海域海洋生物的研究兴趣,引出潮汐能发电对海洋生物会有所影响。生态系统包括生物部分和非生物部分,因此潮汐能发电对自然环境的影响既包括对生物的影响,也包括对非生物的影响。

图 3-3

(2)让学生说出自己熟悉的威海海域附近的海洋生物种类,并试着说出生物的生存需要什么样的环境。

3.分析资料,总结潮汐能发电对自然环境的影响

(1)教师出示资料(见学习材料 2、7、8),引导学生分析"潮汐能发电对自然环境的影响"。具体问题如下:

①潮汐能发电对人类、潮汐、海底泥沙、周边海洋生物的栖息地及海洋生物种类有什么影响?

②预测潮汐发电站建设后自然环境的变化趋势,建设潮汐发电站后威海海域会发生什么变化?你的依据是什么?

(2)学生通过分析资料总结潮汐能发电对环境的影响,并以小组为单位进行分享。各个小组进行讨论,对威海市建设潮汐发电站后自然环境的变化趋势进行预测,并根据资料找出自己的依据,在课堂上进行分享交流,完成"分享 1"。

> 分享 1 潮汐能发电对自然环境有哪些影响?
>
> 人类:
>
> 潮汐:
>
> 海底泥沙:
>
> 周边海洋生物的栖息地:
>
> 海洋生物种类:
>
> ……

4.总结分享

学完本节课后,让学生针对"威海市是否需要大力发展潮汐能发电?"这一问题写下自己

的想法。学生写完后可以与组员交流分享,以小组为单位开展讨论,完成"分享2"。

> 分享2 威海是否需要大力发展潮汐能发电?
> 我的想法:

5.课后实践活动

学生在课后上网查阅资料,了解建设潮汐发电站对渔业生产的影响。

潮汐能发电对威海渔业生产的影响

驱动性问题

潮汐能发电是否会破坏威海的渔业生产?

学习材料

1. 纪录片《澳洲渔业英雄》
2. 阅读资料《韩国海洋经济开发的经验与启示》
3. 阅读资料《江厦潮汐电站库区滩涂水产养殖现状及对策》
4. 阅读资料《江厦潮汐电站库区滩涂水产养殖成本收益分析》

学习目标

运用资料分析的方法,分析潮汐能发电对威海渔业生产的影响,初步确立人与自然和谐相处的环保意识。

活动过程

1. 导入

引入话题,明确本节活动的内容。

教师:威海有漫长的海岸线,因其独特而优越的地理条件,适合发展渔业。经过近年的快速发展,威海建成了大型的水生动植物养殖基地。这些渔业生产活动成为威海重要的经济来源。那么在海湾口建造的潮汐发电站是否会破坏威海的渔业生产?

2. 了解渔业环境

(1)教师播放纪录片《澳洲渔业英雄》,激发学生的兴趣。

学生观看纪录片后交流:哪些环境因素会影响渔业生产,会产生什么影响。

(2)教师引导学生回顾上个活动的内容,提出问题:潮汐能发电对环境因素有什么影响?

学生回忆上节课的内容,思考并回答问题。

3.分析潮汐发电站对渔业生产的影响

(1)教师出示资料(见学习材料1~4),展示国内外潮汐发电站的建造和运行对渔业生产的影响。学生以小组为单位,分析资料中的案例并填写表3-7。

表 3-7

潮汐发电站使渔业减产	潮汐发电站不会使渔业减产
1.	1.
2.	2.
3.	3.
……	……

(2)教师引导学生预测潮汐能发电是否会破坏威海渔业生产。学生进行小组内交流讨论,确定统一的观点,完善相应的依据,以小组为单位在班级内进行交流。

图 3-4

3.课外拓展

去乳山市白沙口潮汐发电站,走访附近养殖区的渔民,调查潮汐发电站建设以来周边渔业产量的变化情况。根据调查走访的结果,再次思考潮汐发电站建设是否会破坏威海渔业生产。

活动8

潮汐能发电的成本和效益核算

驱动性问题

威海潮汐能发电与其他发电方式相比,哪个成本比较低,收益比较好呢?

学习材料

1. 阅读资料《潮汐能发电:高昂的成本 经济账何解?》
2. 阅读资料《俄罗斯兴建基斯罗古布斯卡亚潮汐电站的经验》
3. 阅读资料《福建潮汐发电的开发前景与存在问题》

学习目标

学会计算潮汐能发电成本和收益的方法,提升分析问题的能力。

活动过程

1. 导入

教师讲述进行成本核算的原因及其作用,让学生了解成本核算的目的及基本思路,引出潮汐发电站建设的成本和效益核算问题。

2. 了解潮汐能发电的成本和收益

(1)阅读资料(学习材料1),了解潮汐发电站建设的成本主要包括哪些方面。学生经过探究发现,建设潮汐发电站的成本主要包括建设用地、材料成本、人工成本等,而收益主要是发电收益。

(2)阅读资料(学习材料2、3),引出问题:建设潮汐发电站还有哪些成本?

3. 思考总结

(1)教师结合之前的探究,引导学生总结出潮汐发电站的建设成本主要包括两个方面:经济成本和环境成本。其中,经济成本包括建设用地、材料成本、人工成本、运行成本等,环境成本主要指潮汐发电站对环境造成的影响。

（2）教师提问："如果威海市建设潮汐发电站，会有哪些成本？"引导学生讨论，并计算潮汐发电站的建设成本，并和其他发电方式进行对比。

表 3-8　各种发电方式成本对比

	潮汐能发电	核能发电	水力发电	火力发电	风力发电
建设用地					
人工成本					
材料成本					
维护成本					
环境成本					

对比潮汐能发电和其他发电方式的成本后，在教师的指导下，学生开始进行潮汐能发电和其他发电方式的收益对比。结果发现，潮汐能发电与其他发电方式相比，建设的材料、人工成本、维护等较高，但环境成本较低。潮汐能发电的发电收益更大，而且对环境更友好。潮汐能发电不仅可以解决威海市自身的供电问题，还可以向外输送电力资源，为威海市创造经济效益。

活动9

关于潮汐能发电给政府的建议

驱动性问题

威海市是否需要大力发展潮汐能发电？

学习材料

1. 学生的分享记录和总结记录
2. 教师总结的潮汐能发电的背景、原理及其影响
3. 建议书的范文和基本格式

学习目标

了解建议书的书写方法，能向政府提出建议，增强社会责任感。

活动过程

1. 导入

教师出示学生整理好的分享记录和总结记录，提出问题："威海市是否需要大力发展潮汐能发电？"

图 3-5

2. 回顾总结,作出判断

教师带领学生回顾总结潮汐能发电的背景、原理及其对各方面的影响等,引导学生总结潮汐能发电的优缺点。

学生再次思考"威海市是否需要大力发展潮汐能发电?"这一问题并写下自己的想法,写完后与同伴交流分享,并以小组为单位进行讨论。

3. 书写建议书

(1)教师给出建议书的书写格式,建议书主要从三方面叙述:

①介绍问题,列出问题的危害;

②给出解决措施,列举解决问题的方法;

③介绍解决问题的好处。

(2)学生针对"威海市是否需要大力发展潮汐能发电?"这一问题以小组为单位进行讨论,由小组长按条目整理,梳理思路,并完成建议书的书写。

4. 总结分享

各小组针对建议书进行分享交流,查漏补缺,最终汇总成一份建议书。

5. 课后实践活动

将建议书提交到学校模拟联合国社团,进行模拟政府讨论。

SSI-L案例4
水体富营养化（初中）

案例作者

作者：沙立国、俞园、吴幸春、卢特、杨可、董艳萍、周正、黄小倩、盛海波、钟棋
单位：浙江省杭州市三墩中学

三墩中学是浙江省杭州市西湖区公立初级中学，学校秉持"励志求真，尚礼扬善"的校训，以学生为本。三墩中学被评为浙江省示范初中，获得"浙江省绿色学校""杭州市文明单位""杭州市智慧教育示范学校""全国青少年校园足球特色学校"等荣誉称号，并荣获"杭州市五一劳动奖状"。

水是人类赖以生存的生命之源。由于人口增长和经济发展,一方面人类对水的需求与日俱增,另一方面水资源被大量浪费。同时,令科学家极为担忧的是,众多工农业废料甚至核废水被排入江河湖海,严重威胁人类的健康。联合国国际水资源大会指出:"水资源危机将成为 21 世纪人类面临的最为严峻的危机之一。"杭州是著名的水乡,"五水共治"成效显著,同时水资源又与学生的日常生活密切相关,因此,我们将"水资源"确定为我校社会性科学议题校本实施的核心内容。

校园内的智能化无土栽培实验室是缩小版的现代化农场,为我校提供了较为完善的现代化农业科教空间。其中,雾培区和水培区植物所需的营养由循环的水体提供。每隔一段时间,水桶中的水质就会发生变化。夏天,水质变差的周期还会更短。学生观察到这个现象,提出了"水体富营养化"这个议题。同时,校园内已经出现水体富营养化的求知塘也为同学们提供了实践场所。

一、驱动性问题

1. 人类能否找到有效措施防控水体富营养化的发生?
2. 水体富营养化的最有效防控措施是什么?

二、跨学科融合学习框架

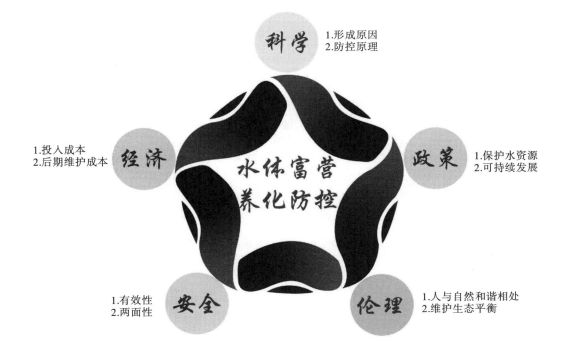

三、与义务教育课程标准的联系

课程标准	具体内容（《义务教育初中科学课程标准（2011版）》）
知识	概述生态系统的组成、结构及功能
	知道无机盐和水对植物生命活动的作用
	知道光合作用的原料、条件、产物及简要过程，认识光合作用过程中物质和能量的转化及其重要意义
	知道植物的呼吸作用
	了解细菌的繁殖方式和在生产生活中的应用
	了解自然界中氮的循环
	说出合理开发和利用水资源的措施
	认识人口过度增长给自然环境带来的严重后果，了解自然环境的人口承载量
	认识生态平衡的现象和意义
能力	运用生态系统的概念分析生产生活中的一些简单问题
	举例说出水对生命体和经济发展的影响
	初步学会运用所学的生物学知识分析和解决某些生产生活或社会实际问题
	体验建立模型、解决问题的过程，并在此过程中尝试发现和提出问题
	有初步的实验操作技能，会用简单的实验仪器，能测量一些基本实验数据，知道简单的数据记录和处理方法。会用简单的图表等描述实验结果，会写简单的实验报告
	初步具有一定的科学探究和实践能力，养成科学思维的习惯
情感、态度和价值观	列举我国和本地区水资源的情况与水污染的主要原因，增强节约用水的意识和防止水污染的责任感
	了解人类所面临的资源、环境发展等重大问题，初步认识环境与人类活动的关系，确立保护生物圈的意识
	关注科技的发展与应用对生物圈和人类社会的影响，增强社会责任感
	关注与生物学相关的社会问题，初步形成主动参与社会决策的意识
	关心家乡环境与发展，增强热爱家乡、热爱祖国的情感

四、学习目标

1. 了解水体富营养化的成因、危害和防控措施。

2. 通过建构模型，理解不同防控措施的优缺点，并能通过实验结论优化自己的防控模型。

3. 学会科学探究的方法，能提出问题、作出假设，能设计和研究方案、分析和处理数据，能运用创造性思维和逻辑推理解决问题，并通过评价和交流达成共识。

4. 掌握观察、实验、搜集和处理信息的方法，学会应用传感器和磁力搅拌器等仪器和设备。

5. 了解有代表性的几个国家的政治、经济、社会、文化特点,分析这些特点会怎样影响这些国家对水体富营养化防控措施的选择。

6. 初步形成主动参与社会决策的意识,尝试主动运用相关知识保护周围的水资源,养成良好的环保习惯。

五、学习评价

项目学习评价采用任务积分制,每项任务参照标准分别积 1~5 分,项目完成后按照小组积分对应发放奖励。

评价内容:

1. 建构知识结构图或模型图,用以解释水体富营养化的成因、危害和防控措施。
2. 建构"预防水体富营养化措施"模型,使用模型解释不同防控措施的生物学原理。
3. 结合自己的实验研究成果,完成一篇科技小论文。
4. 能设计一套防治水体富营养化的生物处理模型,对学校求知塘的水进行净化处理。
5. 制作海报或微视频,介绍自己在防治水体富营养化环节可以采取哪些有效措施以及如何更好地实施这些措施。

六、活动计划

活动	时间	教学重点	活动安排	设计意图	活动计划	学生材料
1	90分钟	提出社会性科学议题	学生采取实地调研和网络搜集资料的方式,获取水体富营养化的相关信息	实地调研学校周边出现水体富营养化的河道、池塘,了解成因及防治措施,激发学生的环保意识	活动1计划	活动1学习材料
2	90分钟	了解什么是建模,感受建模的优势,尝试建立概念模型	1.了解模型:了解模型的类型和建模的方法 2.准备建模:初步了解什么是水体富营养化及其成因 3.尝试建模:寻找关键词,厘清逻辑关系,模仿构建 4.优化建模:展示交流,归纳整合	1.通过学习建模,培养学生的创新精神和实践能力 2.掌握建模的方法	活动2计划	活动2学习材料

续表

活动	时间	教学重点	活动安排	设计意图	活动计划	学生材料
3	90分钟	了解水体富营养化形成的原因及预防和治理方式	1.阅读资料,学习生态系统的组成、结构及功能 2.设置情景,运用生态系统的概念分析生产生活中的一些简单问题 3.通过模型演示,理解植物的光合作用、呼吸作用以及这两个过程对水体生态系统的影响 4.进行扮演游戏,在生物层次对水体富营养化的成因有更深入的了解 5.组内讨论,提出防控水体富营养化的方式。运用多种学习形式,让学生进一步理解水体富营养化的成因和防控方法	运用多种学习形式,进一步理解水体富营养化的成因和防控方法	活动3计划	活动3学习材料
4	180分钟(分两次进行)	了解水生植物对水体富营养化的防控效果,以及在实践过程中是否会对水体造成二次污染	1.了解哪些水生植物对水体富营养化有防控作用。思考水葫芦在防控水体富营养化过程中的利与弊;权衡利用水葫芦防控水体富营养化的利与弊,得出水葫芦防控水体富营养化的模型 2.阅读资料,小组内交流提出利用水生植物防控水体富营养化的方案 3.班级交流讨论,评选最优方案,制作浮岛,并将其放入求知塘 4.采集求知塘中的水样进行对比探究,检验防控效果 5.根据实验结果对模型进行修改,在求知塘中搭建、投放浮岛,并进行水质跟踪检测	理论和实践相结合,让学生基于自己的防控模型,检验水生植物的防控效果,激发学生的探究兴趣,培养多维度思考问题的能力	活动4计划	活动4学习材料

续表

活动	时间	教学重点	活动安排	设计意图	活动计划	学生材料
5	180分钟（分两次进行）	了解水生动物对水体富营养化的防控效果，以及如何设计利用水生动物防控水体富营养化的模型	1.自主阅读材料、观看视频和交流探讨，了解水生动物净化水质的原理 2.通过查阅资料，寻找常见的用于水质净化的水生动物 3.通过实验探究详细了解这几种水生动物的净水能力并进行分析讨论 4.调查选定水生动物的养殖成本、难易程度等，综合设计利用水生动物防治水体富营养化的模型 5.采集水样进行对比实验 6.验证并改进模型	理论和实践相结合，让学生基于自己的防控模型，检验水生动物的防控效果，激发学生的探究兴趣，养成多维度思考问题的能力	活动5计划	活动5学习材料
6	180分钟（分两次进行）	了解利用微生物防治水体富营养化是否可行	1.根据相关资料讨论"利用微生物防治水体富营养化是否可行" 2.进行科学实验，设计实验记录表 3.教师对学生的实验过程以及实验结果进行评价，总结实验	理论和实践相结合，让学生基于自己的防控模型，检验微生物的防控效果，激发学生的探究兴趣，养成多维度思考问题的能力	活动6计划	活动6学习材料
7	90分钟	基于原有基础模型，结合星形图，分析如何进行水体富营养化防控，以及水体富营养化防控如何影响经济与人们的生活	1.感知情境 2.提出驱动性问题 3.探究不同地区治理措施的特点 4.比较不同地区治理措施与防控模型的异同 5.交流讨论结果，尝试解释驱动性问题 6.利用星形图修改初级模型 7.利用因果图预测学校周围水域治理效果	1.通过对实验数据的分析研究，感受利用自己的研究成果减轻水体富营养化的成就感，培养学生的环保意识及社会责任感 2.通过查阅资料，了解世界上不同国家和地区的防控措施的异同，并结合当地的实际情况进行分析 3.能够合作完成水体富营养化防控的最优化模型	活动7计划	活动7学习材料

续表

活动	时间	教学重点	活动安排	设计意图	活动计划	学生材料
8	90分钟	如何对本次社会性科学议题学习过程进行表现性评价，从哪些维度对自己的社会性科学议题学习进行表现性评价，如何制订评价的具体规则	1.学生通过解读资料、交流探讨，认识自我表现性评价并理解其重要性 2.学生通过教师的讲解，进一步了解表现性评价，特别是关于评价维度、评价规则的讲解 3.根据前面讨论的评价维度和评价内容，设计本次社会性科学议题学习的表现性评价表格 4.针对设计的表格，制订具体的评分规则 5.根据前面设计的评价表格和制定的评价规则，对自己的社会性科学议题学习过程进行表现性评价	指导学生讨论设计表现性评价量表，并对照量表进行自评，使其萌发自我评价意识	活动8计划	活动8学习材料

活动 1

提出社会性科学议题

驱动性问题

防控水体富营养化的最有效措施是什么?

学习材料

1. 阅读资料《水体富营养化》
2. 阅读资料《资料富营养化的防治方法有哪些?》
3. 阅读资料《杭州市城市河道治理与国际化建设》
4. 论文《杭州市平原河道生态治理措施设计研究——以江干区十号河为例》
5. 论文《西溪湿地水质污染现状与防治对策》

学习目标

1. 通过观察校园内智能化无土栽培实验室的水质变化,产生探究的兴趣,再通过分析、比较数据,提出社会性科学议题。
2. 知道什么是水体富营养化并认识其危害,了解各种水体富营养化的防治方式并作出初步选择。

活动过程

1. 参与

(1)教师出示学生观察到的校园内智能化无土栽培实验室中水质变绿的图片,引导学生思考:水为什么会变绿?水中有什么?"绿水"的好处是什么?水是不是越绿越好?如果不是,应该如何解决"绿水"问题?

教师:我们学校的无土栽培实验室中有一个水培种植区,将水溶肥添加到水中,再利用水泵将水循环起来,可以让植物从循环水中吸收营养物质。但是水培区的营养液总是在一周后颜色开始变绿,水桶周边会出现气泡。同学们可以仔细地观察、对比两个不同区域、不同时期配制的营养液。

(2)学生通过观察,提出问题:防控水体富营养化的最有效措施是什么?

2. 探索

(1)学生通过阅读资料(见学习材料1)初步了解水体富营养化的过程及原因。学生结合自己的所见所闻交流水体富营养化的危害。

图 4-1

(2)分工查阅资料(见学习材料2～5),简单记录河流、湖泊富营养化的治理方式。

(3)整合资料,归纳出各种治理方式。小组间交流分享归纳出的各种治理方式的要点,并通过比较找出各种治理方式的共同点。

3. 解释

学生对不同的治理方式进行归类,教师给予解释。

教师:不同的河流、湖泊在治理时会有差异。比如,治理时投放的微生物不同,种植的水生植物不同,但它们都属于生物性措施。我们前面了解到的各种治理发式可以归纳为:工程性措施、化学方法、生物性措施。在讨论的过程中,我们发现这些河道、湖泊的治理其实需要综合应用各种方式。

4. 拓展

(1)教师以西湖和西溪湿地的治理经验为例,展示数据,让学生知道通过哪些数据可以了解河流、湖泊的营养状态,知道在制订治理措施时要从引起河流、湖泊富营养化的原因入手,有针对性地治理。

(2)学生自主学习一些主要的水质监测数据,讨论、交流选择这些数据作为监测依据的原因。

(3)学生通过自主学习,了解河流、湖泊富营养化的污染物来源,并从中提取出两大来源:内源和外源。然后组内共同协作,将污染问题和治理方法一一对应,制作成更加直观的表格,见表4-1。

表 4-1 学生整体的污染物来源

污染问题	内源			外源	
	底泥污染	藻类大量繁殖	水生植物残体	固体废弃物污染	工农业、城市生活污水
治理方法	底泥活化改良,使用微生物来净化,曝气	加入食藻类动物	清理打捞除去多余的成分,增加植物种类	上游截污,在污水排放前先对其进行处理	

5. 评价

(1) 以身边的河流为例,让学生谈一谈该河流是否已经处于富营养化的状态。请学生说出自己判断的依据,并提出有效的防控措施。

(2) 学生将自己的想法写在纸上,然后进行组内交流,完善答案。最后,每组以思维导图的形式阐述观点。

活动2

介绍建模

驱动性问题

什么是模型？如何利用概念模型解释水体富营养化的原因？

学习材料

1. 视频《什么是水体富营养化？水体富营养化会带来什么后果？》
2. 阅读资料《水体富营养化的成因》

学习目标

1. 了解建模的类型和方法。
2. 了解水体富营养化的原因，能通过寻找关键词、厘清逻辑关系来建立水体富营养化成因的模型，并能利用概念模型解释水体富营养化的原因。

活动过程

1. 参与

教师收集学生针对"什么是模型"所提供的所有答案，对学生提供的答案进行分类，归纳介绍三种不同的模型——物理模型、数学模型和概念模型，并提出问题：你是如何判断某个物体是否是模型的？利用模型有什么样的好处？

学生围绕"模型"一词进行词语风暴游戏，并判断地球仪或地图（用来理解地球上某些事物的模型）、生命周期表（用来理解动物如何生长和发育的模型）、酶活性受温度影响的示意图（用来描述酶的

图4-2

性质的模型)、玩具汽车或玩具飞机(取决于使用目的,如果是用来理解什么是汽车或飞机,可当作模型)、使用无土栽培室的水体研究水体富营养化是否是模型。

2.探索

(1)教师演示一次概念模型的建构过程(如植物的光合作用),帮助学生提炼模型建构的步骤:

①寻找关键词,明确概念范围和等级;

②厘清概念之间的关系(并列关系、上下级关系等);

③画出初步关系图并建立联系;

④标明概念之间的关系;

⑤修改和完善。

(2)播放视频(见学习材料1),给学生提供水体富营养化形成原因的文字资料(见学习材料2)。学生进行模型准备,即提炼水体富营养化形成原因的关键信息。

(3)建立模型。小组合作,通过讨论完善关键词之间的逻辑关系,画出它们之间的关系,并标明概念之间的关系。

3.解释

小组展示汇报成果,并说明如此建构的原因,重点介绍建构模型的流程和思路。教师负责记录每个小组展示时的优缺点。

图 4-3

4.拓展

组织学生分享交流这些初始模型待完善的地方,并根据建议进行修改。同时根据模型开展循环赛,写出治理水体富营养化的具体方法。

> 学生初评:结合每个小组展示的成果及建构思路,请每位同学在最喜欢的模型下面贴上磁贴。
>
> 达成共识:讨论归纳出最佳模型的特点(如简洁直观、逻辑清晰、内容完善等)。
>
> 完善模型:结合点评建议,请各组再次完善初始模型。
>
> 开展循环赛:5人为一小组,每个学生准备一张纸和一支笔,不准交头接耳,写出治理水体富营养化的具体方法。1分钟后,教师给一个换纸的信号,每个学生把纸传给自己左边的人,看到纸上的内容后,在纸上继续写出更多的想法(不能重复已经写过的内容)。重复交换纸的活动,直到纸再次回到自己手上或者已经绞尽脑汁为止。小组讨论后汇报最终想法。

5.评价

评选出本节课的最佳模型,并对活动过程中各小组在目标明确、分工协作、认真讨论、自信展示、表达流畅等方面的表现进行评价,评选出最佳合作小组和最佳个人。

活动3

水体富营养化的成因与防控方式

驱动性问题

1. 水生生态系统由哪些成分组成？这些成分分别有什么功能？这些成分是如何造成水体富营养化的？
2. 如何防控水体富营养化？

学习材料

1. 视频《细菌的营养方式和繁殖方式》
2. 视频《水体黑臭竟因水体缺氧造成？厌氧细菌大量繁殖，伴随厌恶的气味》
3. 视频《水体富营养化什么大量生长，了解一下》
4. 视频《海水已经富营养化了，专家却还要往里面加肥料，咋回事？》
5. 阅读资料《水体生态系统》
6. 阅读资料《水体中氮磷的来源》

学习目标

1. 了解生态系统的组成、结构及功能。
2. 运用生态系统的概念分析生活中的一些简单问题。
3. 了解无机盐和水对植物生命活动的作用。
4. 理解植物的光合作用和呼吸作用，以及这两个过程对水生生态系统的影响。
5. 了解细菌的繁殖方式及其对水生生态系统的影响。
6. 了解水体富营养化的形成过程。

活动过程

1. 参与

学生制作"生态瓶",并进行介绍。

生态瓶,就是将少量的植物、以这些植物为食的动物和其他非生物成分放入一个密闭的广口瓶中,形成的微型生态系统。

2. 探究

(1)教师介绍生态系统。

教师:自然界中的各种生物及其生活的环境,构成了相生共存的生态系统。生态系统中任何一个环节受到破坏,生态系统都可能失去平衡。

(2)学生阅读资料(见学习材料5),讨论水生生态系统的结构和功能。

3. 解释

(1)教师提出问题:"氮元素、磷元素的主要来源有哪些?""除了人为因素,氮元素、磷元素如何通过藻类大量增加?"并让学生阅读相关资料(见学习材料6)。

(2)学生进行扮演游戏:

①15名同学戴上眼罩扮演藻类植物,6名同学扮演微生物,6名同学扮演氧气。

②在教室内划定一个范围为"生态池",所有同学在限定范围内活动。扮演藻类的同学戴上眼罩后随意走动,在限定时间内找到氧气就能继续存活;若是找到微生物,就淘汰下场。

③选一名同学保管标注着氮元素和磷元素的卡牌以及一个盒子,若是有"藻类植物"被分解,就将一张氮元素卡牌和一张磷元素卡牌放进盒子里,代表池内的水体富营养化增加。

(3)教师根据游戏进行总结。

教师:三类同学分别代表藻类植物、氧气和微生物,他们的游戏过程代表在水体富营养化的水池中,藻类植物和微生物大量繁殖,水中溶解氧的量越来越少。水体中氮元素、磷元素含量增加,从而使水体富营养化加剧。

(4)学生根据这次游戏,谈一谈自己对生态系统中生产者、分解者以及水体富营养化的新的认识,并分析在这个过程中有哪些方法可以减缓水体富营养化。

4. 拓展

(1)教师播放视频(见学习资料3、4),引导学生思考如何减缓水体富营养化。

(2)请几位同学在班上分享观点,教师对他们的观点进行整理和补充,以提问的方式启发学生总结防治措施,如投放消费者去消耗藻类植物、降低氮元素和磷元素的浓度等。

(3)学生阅读有关降低氮元素和磷元素浓度的方式的资料,在纸上进行补充。

5. 评价

以学生总结的内容为基础,绘制水体富营养化形成原因、防治方式的思维导图。在这个过程中,学生需要尽可能多地补充水体富营养化的形成原因、预防治理方式,使思维导图更加完善。以小组为单位展示思维导图,其他小组进行评价。评价标准为:①内容是否全面

(是否包含藻类植物的呼吸作用、光合作用的过程,微生物的分解过程以及氮元素、磷元素的来源);②内容呈现是否清晰。

图 4-4

活动4

水生植物对水体富营养化的防控作用

驱动性问题

水生植物对水体富营养化的防控效果如何？在实践过程中会对水体造成二次污染吗？

学习材料

1. 视频《珊珀湖全面禁投有机肥，栽种水生植物加快水质恢复》
2. 视频《原来的入侵物种水葫芦现在都去哪了？看完涨知识了》
3. 新闻《紫根水葫芦治污滇池显成效，部分水体可以游泳》
4. 新闻《水葫芦威胁浙东古运河，部分河段被全覆盖》
5. 阅读资料《生态系统中的能量流动和物质循环》

学习目标

1. 了解哪些水生植物对水体富营养化有防控作用，思考水葫芦在防控水体富营养化过程中的利与弊。
2. 权衡用水葫芦防控水体富营养化的利与弊，得出水葫芦防控水体富营养化的模型，并探究模型的科学性。

活动过程

1. 参与

（1）教师播放视频（见学习材料1），出示以下研究报告结果，引出驱动性问题：水生植物对水体富营养化的防控效果如何？

表格 4-2　不同水生植物对污染物的去除率

植物	COD 背景值 /(g/L)	COD 去除率 /%	NH₃-N 背景值 /(mg/L)	NH₃-N 去除率 /%	总氮 背景值 /(mg/L)	总氮 去除率 /%	总磷 背景值 /(mg/L)	总磷 去除率 /%
美人蕉	106.0	50.9	10.4	89.4	25.5	73.7	3.5	82.9
芦苇	103.4	37.0	9.3	78.5	30.1	63.5	3.4	67.6
水葱	102.3	28.2	10.2	74.3	30.0	33.0	3.7	59.5
凤眼蓝	105.4	43.1	9.9	77.8	27.3	66.5	3.6	75.0
水芹菜	93.8	14.0	10.5	71.8	26.0	48.8	2.5	60.0
对照	108.0	12.8	10.1	58.4	31.0	19.7	3.8	46.2

（数据来源：刘韩、王汉席、盛连喜的研究报告《中国湖泊水体富营养化生态治理技术研究进展》）

(2) 出示学习材料 3 和学习材料 4，引导学生发现问题。学生根据水葫芦的两面性，对驱动性问题进行思考。

(3) 教师提出问题：利用水葫芦防控水体富营养化具有两面性，那是否还要将它作为防控手段呢？你能找到合适的解决方法吗？

学生分析不同水生植物对污染物的去除效果，寻找适合的研究对象，理解驱动性问题，并进行思考。

(4) 学生学习教师提供的资料，对驱动性问题作出尝试性的回答，并进行交流。

2. 探索

(1) 教师播放视频（见学习材料 2），展示水葫芦的开发价值，引导学生思考解决水葫芦大量繁殖的方法。

(2) 教师提供学习材料 5，提出问题："利用水葫芦处理富营养化水体时，水中氮元素和磷元素最终流向哪里？水体净化后，水中的氮元素和磷元素有减少吗？怎样做才能真正减少这两种元素在该水域生态系统的含量？"指导学生分小组作出假设，建立探究方案。

(3) 学生自主学习教师提供的资料，总结出两条解决水葫芦大量繁殖的方法，如开发水葫芦经济价值、制作饲料等。

通过学习教师提供的资料，学生可以了解利用水葫芦防控水体富营养化的原理。水体净化后需要将水葫芦捞出，这样才能真正减少水中氮元素和磷元素的含量。

(4) 小组内讨论交流，各自提出利用水葫芦防控水体富营养化的实验设计思路。例如：控制水葫芦的投放量；将水葫芦和其他水生植物按照一定比例投放；在投放水葫芦的区域外围围上护栏，及时处理超出护栏范围的水葫芦。

3. 解释

(1) 针对问题"如何才能更科学地使用水葫芦进行水体富营养化防控？"学生在个人探究和小组交流讨论获得结论的基础上进行全班交流，形成最终解释。在学生交流的过程中，教师要适当引导，提出意见和建议。

教师可以让学生思考实验过程的因变量、自变量和无关变量,以及如何设计自变量、如何控制无关变量相同、如何测量因变量等。引导学生了解水体富营养化的判断指标以及总氮(TN)、总磷(TP)含量的测定方法,并学会使用。

(2)小组展示组内水葫芦使用方案的设计和说明,其他小组提出质疑和评价,最后共同商讨出适合的解决方案,建立模型。例如:

方案一:探究水葫芦的投放面积与 TP 和 TN 去除率的关系

表 4-3

水葫芦投放面积占水面面积百分比	2 天去除率/%		4 天去除率/%		6 天去除率/%		……
	TP	TN	TP	TN	TP	TN	
5%							
10%							
20%							
……							

方案二:探究不同水生植物组合的防控效果(学生根据资料卡,从经济、美观、实用等方面考虑,利用积木构建防控模型)

图 4-5

4. 评价

教师对学生设计的实验方案进行评价,确定最终实施方案。

5. 拓展

(1)教师带领学生根据探究方案开展实验。将理论化为实践,在实践中验证猜想。

①为学生准备总氮检测仪、总磷检测仪、足量的水葫芦和巴氏消毒法处理过的水桶等相应的实验器材,组织学生制作实验模型;②为学生提供方案中所需的各种水生植物和制作浮岛的材料;③督促学生定时进行观察、记录和反馈。

(2)按照实际情况投放水葫芦,投放面积分别为

图 4-6

水面面积的5%、10%、20%、40%。学生合理分工,制订值班表,定期观察、记录实验结果。每隔2天测量总氮和总磷含量,并计算去除率。

(3)根据选出的最佳植物组合模型,在求知塘中搭建浮岛。10天后,采集不同处理点的水样,送到浙江师范大学地理与环境科学学院进行氮浓度检测。水质总氮的检测方法参照《中华人民共和国国家环境保护标准》。检测结果见表4-4。

图 4-7

表 4-4

	总磷浓度/(mg/L)	硝态氮浓度/(mg/L)	氨氮浓度/(mg/L)	亚硝氮浓度/(mg/L)
池塘	0.022	0.016	<0.01	0.005
中间桶	9.984	59.558	10.965	0.352
西边桶	9.899	59.295	10.897	1.015

利用水生动物防控水体富营养化

驱动性问题

是否可以利用水生动物防控水体富营养化呢?

学习材料

1. 阅读资料《水生动物在生态系统中的作用》(教师自行总结)
2. 阅读资料《常见的用于水质净化的水生动物》(教师自行总结)
3. 视频《什么是水体富营养化?水体富营养化会带来什么后果?》
4. 视频《治理海水富营养化,牡蛎成关键,专家为何却说太乐观?》
5. 视频《视频全程记录:河蚌是如何把沙子吐出来的》
6. 和鲢鱼、河蚌、泥鳅、田螺、小龙虾有关的资料卡(教师自行总结)

学习目标

1. 了解利用水生动物防控水体富营养化的原理。
2. 通过阅读资料提取有效信息,对比不同水生动物的净水能力、养殖成本、养殖难易程度、环境影响等,初步选择能有效防控水体富营养化的水生动物。

活动过程

1. 参与

(1)教师播放视频(见学习材料3),使学生对水体富营养化带来的后果有更加清晰的认识,并提出问题:"动物作为自然界中的消费者,它们是如何生存的?如果用水生动物防治水体富营养化,你觉得可行吗?为什么?"

(2)观看视频后,引导学生说出造成水体富营养化的"罪魁祸首",并思考水生动物的生活方式,说出自己的想法。

2. 解释

(1) 教师发放阅读资料,组织学生阅读和记录,小组之间进行交流。教师筛选资料中的重要观点,解说利用水生动物防治水体富营养化的原理。

教师:水生动物对维持水生生态系统有重要作用,对水体中营养物质循环有直接和间接的影响。水生动物通过吸入水与吐出水滤取小型浮游生物,因此可以净化水质。

学生进行小组讨论,尝试阐述利用水生动物防控水体富营养化的原理,并进行小组间交流。

(2) 教师播放视频(见学习材料4),展示水生动物在防控水体富营养化方面的重要作用,组织学生观看和讨论。

(3) 教师播放视频(见学习材料5),给学生发放资料"常见的用于水质净化的水生动物"(见学习材料2)。

教师:结合刚才学习的水生动物防控水体富营养化的原理,如果我们治理的是淡水水体,我们应该选择具有哪些特点的水生动物?

学生自主阅读资料,筛选出常用于净化水质的几种水生动物,并进行记录。

学生:水生动物的腮或口中的齿就像滤网一样,通过水的吸入与吐出滤取小型浮游生物。湖泊生态系统中的田螺、河蚌、泥鳅、螺蛳等生物能够直接吸收营养盐类和浮游植物,可以有效降低水中氮元素、磷元素的含量。

(3) 教师向学生提供有关鲢鱼、河蚌、泥鳅、田螺、小龙虾的资料卡(见学习材料6),组织学生讨论。

教师:请同学们谈一谈在选择水生动物的时候,你会从哪些角度考虑?

学生从资料卡中提取信息,从各个方面考虑,选择出合适的水生动物,并说出自己的想法。

学生:鲢鱼去除氮、磷的能力较强,但是鲢鱼耐低氧能力差;河蚌不耐低氧,生存能力较差;泥鳅作为底栖动物,生存能力较强,去除氮、磷的能力也较强;田螺适应性较强,但是去除氮、磷的能力较差;小龙虾较为经济,但是容易对当地的生态环境造成破坏。

(4) 学生以小组为单位进行讨论,对比不同水生动物的净水能力、养殖成本、养殖难易程度、经济效益、生态环境影响,初步选择能有效防控水体富营养化的水生动物。

图 4-8

3. 探索

(1)教师提供实验器材(求知塘的水样,氧气泵,一定数量的田螺、河蚌、泥鳅、鲢鱼、小龙虾)。

(2)组织学生进行探究实验:

①对学生进行分组,营造良好的交流讨论环境。

②在学生交流的过程中,提出自己的建议。

③引导学生思考如何在不同水域中合理分配动物。

(3)学生设计实验方案,探究选定的水生动物的净水能力。全班分为四个小组,每个小组设计一种水生动物投放方案,进行净水性探究,各小组的方案不得重复。在实验过程中,学生要记录实验前后水中氮、磷的去除率。四个小组分别进行实验并记录实验数据。持续两周后再测水质,分析投放水生动物前后水质的变化。

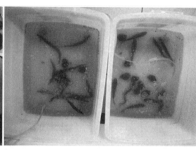

图 4-9

4. 评价

四个小组分别派代表陈述实验记录和实验总结,并对选定的水生动物在降低氮、磷含量和藻类含量等方面进行比较。教师根据每组的交流情况进行总结。

表 4-5

组别 水生动物投放种类及数量	种类 数量	田螺	河蚌	泥鳅	鲢鱼	小龙虾
2 天后天去除率/%	总氮 总磷	4 天后天去除率/%	总氮 总磷	6 天后天去除率/%	总氮 总磷	
8 天后天去除率/%	总氮 总磷	10 天后天去除率/%	总氮 总磷	12 天后天去除率/%	总氮 总磷	
14 天后天去除率/%	总氮 总磷	16 天后天去除率/%	总氮 总磷	19 天后天去除率/%	总氮 总磷	
实验小结						

5. 拓展

综合考虑水生动物的净水能力,设计利用水生动物防治水体富营养化的模型。利用得到的模型再次开展实验探究,在实践中验证猜想,改进模型。

活动6

利用微生物防控水体富营养化

驱动性问题

是否可以利用微生物防控水体富营养化呢?

学习材料

1. 阅读资料《反硝化细菌的特点》
2. 阅读资料《好氧反硝化细菌的特点》
3. 阅读资料《好氧反硝化细菌的活化及扩培方法》
4. 视频《反硝化细菌:将硝态氮还原为气态氮的细菌群》
5. 视频《微生物治理水体富营养化实例》

学习目标

通过分析资料和实验探究,了解微生物对防控水体富营养化的作用,培养学生的科学思维和实践能力。

活动过程

1. 导入

教师通过问题引入主题。学生根据已学知识进行解答。

教师:作为自然界的分解者,微生物是如何进行工作的?如果将普通的微生物用于防治水体富营养化,你觉得可行吗?为什么?

2. 参与

(1)教师分发阅读资料(见学习材料1)。学生阅读资料,讨论能否用反硝化细菌防控水体富营养化,根据反硝化细菌的工作环境推测实验室水体是否适合用反硝化细菌处理,并提出解决思路。

教师：反硝化细菌为厌氧细菌，对水体富营养化更多在于治，如何能做到防呢？

（2）教师分发阅读资料：好氧反硝化细菌的特点（见学习材料2）。学生阅读资料，讨论好氧反硝化细菌的优点，总结好氧反硝化细菌的生活环境。

（3）教师展示好氧反硝化细菌干粉菌种，出示阅读资料《好氧反硝化细菌的活化及扩培方法》（见学习材料3），帮助学生了解细菌的繁殖方法及繁殖条件。

3. 探究

（1）学生分组设计实验方案：设计对照组，探究好氧反硝化细菌繁殖的最佳数量。

学生先对实验中所要控制的变量进行讨论，然后分组讨论，设计实验记录表，最后寻找校园中符合细菌培养的地点，做好记号以及相应的安全提示符号。

表4-6　学生设计的实验记录表

编号	扩培液	富营养化程度	氮、磷含量
①	100克		
②	200克		
③	300克		
④	0克		

（2）学生进行实验操作。

① 实验准备

对照组：5 kg池水。

实验组：取好氧型反硝化菌 x g，加入 $4x$ g葡萄糖、强微水产苷 $0.5x$ g、食盐 x g、池水 5 kg（在发酵容器中用一个曝气头充气培养18～24小时，得到扩培液）。

图 4-10

② 实验过程

两人为一小组，每天中午12时30分去实验室记录水体富营养化情况。组长对实验数据进行总结，组员讨论得出实验结论。

4. 评价

教师对学生的实验过程以及实验结果进行评价。学生以科学小报的方式呈现实验探究的过程与结论，并进行反思与改进。

5. 拓展

教师引导学生课后思考以下问题：

①培养的好氧反硝化细菌能做到循环利用吗？你能想到将细菌回收利用的方法吗？

②好氧反硝化细菌的处理效果与pH有关吗？你能再设计一个实验方案吗？

活动 7

水体富营养化防控模型

驱动性问题

防控水体富营养化的最有效措施是什么？

学习材料

1. 阅读资料《三峡水库支流水体富营养化现状、发展趋势及防治策略》
2. 阅读资料《新形势下洞庭湖生态经济区需解决的关键科学问题研究》
3. 阅读资料《湿地——湖泊富营养化的治理的首选》

学习目标

1. 分析水体富营养化治理对社会各方面的影响，初步确立人与自然和谐相处的环保意识。
2. 收集各地区水体治理的社会影响数据与证据，探讨水体富营养化治理将如何影响社会的方方面面，完善初级防控模型。
3. 探究水体富营养化防控模型是否适用于学校周围池塘生态系统的治理。

活动过程

1. 参与

在前面几节课中，学生已经设计了水体富营养化防控模型。教师可以请同学说一说当初设计模型的理念和具体的操作方法。学生通过回顾水体富营养化防控模型，思考科学、经济等因素对治理效果、社会生活等的影响。

教师：直接将该模型投入学校求知塘或者投入附近的水域能长期发挥效果吗？

学生根据已有认知对问题进行猜想和解释。部分同学认为此方案可行有效，部分同学则认为还需要考虑成本、维护等因素。

教师：你是否观察过学校附近、家附近水域的水体富营养化防控措施和手段？是否了解在实际生活中水体富营养化防控手段是如何实施的？

学生可以通过观察将理论问题与社会生活相联系。

2. 探究

(1)针对不同地区的水域问题，各地区会采取不同的治理措施，这对人们的生活产生的影响也不同。教师分发阅读资料（见学习材料），让学生了解不同地区水体富营养化采取的治理措施对社会产生的影响，并向学生说明任务要求，即绘制星状图。

(2)学生认真阅读相关资料，将重点内容用笔划出来，不能理解的内容就用不同颜色的笔划出来，以便与同学、老师探讨。按小组分工完成星形图，即对相关资料关于水体治理的重点内容进行分类，填写到星形图（图4-11）"科学、经济、政治、历史、文化"五个类目中。

在学生制作星形图的过程中，教师需要做到：①让学生明确个人任务及小组讨论规则；②倾听小组代表的讲述，及时记录典型问题；③抛出典型问题，引导学生进一步思考。

3. 解释

学生根据阅读资料，用简短的语言概括水体富营养化防控措施，并在汇报过程中重点描述"这些措施将如何影响水体富营养化防控，如何影响人们的生活"。在其他学生汇报的过程中，各组学生可将自己认可的内容补充到星状图（图4-11）中。

图 4-11

4. 迁移

在完善星形图的过程中，学生对水体治理有了更深入的认识。教师可以让学生利用该星形图进一步完善水体富营养化初级防控模型，并重点分析各小组的模型将如何影响社会的方方面面。

5. 评价

教师：如果按你们的模型治理学校求知塘中富营养化的水，会产生怎么样的效果呢？

教师引导学生对各组的作品进行评价，并让学生利用因果图（图4-12）来解释如何使用他们的防控模型。

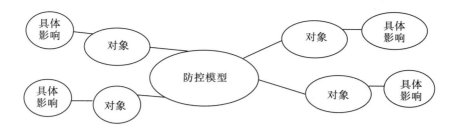

图 4-12

在分析模型使用效果的过程中,学生可以认识到各小组水体富营养化防控模型在实施过程中都有正面的积极的影响,如美化校园环境、增强师生水体治理的环保意识等,但也存在负面影响,如维护成本高等。评价过程有利于学生更充分地认识模型在实施过程中需要考虑的因素,以及水体富营养化防控如何影响人们的生活。

SSI-L 的自我表现性评价

驱动性问题

1. 如何对本次社会性科学议题学习过程进行自我表现性评价？
2. 从哪些维度对自己的社会性科学议题学习进行表现性评价？
3. 如何制订评价的具体规则。

学习材料

表 4-7　学生自我表现性评价表

课题			班级		姓名		日期	
评价项目	评价标准				评价等级			
					A	B	C	D
目标内容	获得亲身参与实践的积极体验和丰富经验							
	具备从生活中主动发现问题并独立解决问题的态度和能力							
	形成对自然、社会、自我的内在联系的整体认识							
	实践能力、对知识的综合运用和创新能力得到提高							
	养成合作、分享、积极进取等良好的个性品质							
活动过程	能根据课题需要，采用适当的组织形式							
	活动方法得当							
	注重实践丰富学生的体验，发展实践能力							
	自主活动，主体性得到充分发挥，个性化的创造性得到表现							
	互助合作，交流与合作能力得到提高							

续表

课题		班级		姓名		日期	
评价项目	评价标准	评价等级			
		A	B	C	D
活动效果	自主思考、设计、操作和解决问题,有真实的学习体验				
	学会与人协作,学会反思				
	知识面拓宽,综合运用知识能力得到提高				
	学习方法、方式多样,学会科学的研究方法				
	探究和创新意识增强				
综合评价意见与建议					

注:评价结果分为 A、B、C、D 四个等级。其中,A 表示好,B 表示较好,C 表示一般,D 表示尚可。

学习目标

制订评价的具体规则,对社会性科学议题学习过程进行自我表现性评价。

活动过程

1. 参与

教师介绍"水体富营养化"议题开展近况,对学生的学习、实验与实践表示肯定。

教师:请大家来量化同伴和自己在学习过程中的成长和收获。

2. 解释

教师根据学生的经验分享,充分肯定学生过往的评价活动,并在此基础上介绍基本要素特征分析法:第一步,确定对评价起重要作用的要素;第二步,编制每一个要素的评价表;第三步,对评价表进行测试和修改。

以"利用水生动物防控水体富营养化"的评价表制订为例,组织学生思考讨论评价维度、细化的评价内容、评价人员、具体评价规则。

学生:制订探究方案最重要,有了蓝图才可以展开实践。我们准备根据控制变量法对探究方案进行着重评价。

3. 设计

学生在老师的指导下,以小组为单位设计评价表。

(1)根据评价维度和细分评价内容设计评价表。

(2)小组间展示、交流,选出设计精良、内容完善的表格作为评价表。

表 4-8 "利用水生动物防控水体富营养化"探究方案评价表

表现性评价任务		PTA 检核量表		得分
		评价指标	评价标准与规则(每条标准满分 3 分,请根据真实表现取整数打分,重在弄清得分依据、扣分理由以及如何改进)	
制订探究方案	"动脑"和"动手"相结合:一边系统思考以下问题,一边设计实验方案,并简要说明步骤 a. 实验材料如何选择? b. 实验因变量是什么? c. 如何控制无关变量? d. 为使实验结果更加真实,实验时需考虑哪些因素?	设计实验方案	a. 方案针对"利用水生动物防控水体富营养化"展开设计	
			b. 实验对象、变量的转换和控制具有可操作性	
			c. 方案逻辑严密、结构完整	
			d. 方案具有一定创新性,如对水生动物种类的选择和搭配比例考虑到经济、环境、社会、科学等方面的因素	
		实验设计思路	a. 选择具有净水功能,且生活环境与学校池塘相似的水生动物	
			b. 水中氮和磷的浓度	
			c. 同一时间,选取同一位置的,同一深度的等体积水;将实验组和对照组放在相同且适宜的环境中,同时供氧等	
			d. 考虑该水生动物的价格,是否会造成生态失衡,该水生动物是否容易得到,容易成活等	

4. 制订

除了量表维度的设定,还需要进一步确定评价维度的标准。学生在教师的指导下进一步制订具体的评价标准:①使用等级制还是打分制?②等级制分几等?打分制的分数标准是什么?③除了自评,还有哪些人员参与评价?

各小组完成量表的制作后,以小组为单位交流讨论。讨论后确定评价规则。大家使用统一的规则进行自我表现性评价。

5. 评价

学生利用共同协定的评价表对"水体富营养化"议题实施过程中的自我表现进行评价。

SSI-L案例5
汽车动力类型选择（高中）

作者：北京师范大学 SSI-L 项目办

一、驱动性问题

1. 燃油车与电动车分别有何优势和不足？
2. 如何建立汽车动力类型选择模型？

二、跨学科融合学习框架

三、研究驱动性问题涉及的观点

1. 燃油汽车和电动汽车的性能及其对环境的影响等因素是影响人们选择汽车动力类型的基础。
2. 居民收入、政策等因素会影响燃油汽车和电动汽车市场的发展和个人决策。

3. 汽车动力类型选择需要遵从绿色发展、人地协调的生态发展观。

四、与课程标准的联系

(一)与学生发展核心素养的联系

核心素养	具体内容
理性思维	崇尚真知,能理解和掌握基本的科学原理和方法 尊重事实和证据,有实证意识和严谨的求知态度 逻辑清晰,能运用科学的思维方式认识事物、解决问题、指导行为
批判质疑	具有问题意识,能独立思考、独立判断 思维缜密,能多角度、辩证地分析问题,作出选择和决定
问题解决	善于发现和提出问题,有解决问题的兴趣和热情 能依据特定情境和具体条件,制订合理的解决方案 具有在复杂环境中行动的能力
社会责任	热爱并尊重自然,具有绿色生活方式和可持续发展理念及行动

(二)与高中课程标准的联系

学科名称	具体内容
物理	1. 理解位移、速度和加速度。通过实验探究匀变速直线运动的特点,能用公式、图像等方法描述匀变速直线运动,理解匀变速直线运动的规律,能运用其解决实际问题,体会科学思维中的抽象方法和物理问题中的极限方法(必修1.1.3) 2. 理解牛顿运动定律,能用牛顿运动定律解释生产生活中的有关现象、解决有关问题(必修1.2.3) 3. 理解功和功率。了解生产生活中常见机械的功率大小及其意义(必修2.1.1) 4. 理解电功、电功率及焦耳定律,能用焦耳定律解释生产生活中的电热现象(必修3.2.5) 5. 知道不同形式的能量可相互转化,在转化过程中能量保持不变,能量转化是有方向性的(必修3.4.2) 6. 了解可再生能源和不可再生能源的分类,认识能源的过度开发和利用对环境的影响(必修3.4.3)
化学	认识物质具有能量,了解化学反应体系能量改变与化学键的断裂和形成有关。知道化学反应可以实现化学能与其他能量形式的转化。体会提高燃料的燃烧效率、开发高能清洁燃料和研制新型电池的重要性(必修3.3.4)
生物	1. 人类活动对生态系统的动态平衡有着深远的影响,依据生态学原理保护环境是人类生存和可持续发展的必要条件(选择性必修2.4) 2. 概述生物多样性对维持生态系统的稳定性以及人类生存和发展的重要意义,并尝试提出人与环境和谐相处的合理化建议(选择性必修2.4.3) 3. 根据生态学原理,采用系统工程的方法和技术,多角度分析探讨最合理的出行方式,以达到资源多层次和循环利用的目的,使特定区域中的人和自然环境均受益(选择性必修2.4.4)

续表

学科名称	具体内容
地理	运用资料,归纳人类面临的主要环境问题,说明协调人地关系和可持续发展的主要途径及缘由(必修2.10)
思想政治	概括影响消费决策的主要因素,解析绿色低碳的生活方式,反对奢侈浪费和不合理消费,坚定走生产发展、生活富裕、生态良好的文明发展道路(选修模块1.2.2)

五、学习目标

1. 比较燃油汽车和电动汽车的驱动原理、能源利用效率,说明燃油汽车尾气和废弃汽车电池的成分及其对大气、土壤等环境要素的影响。

2. 对比分析影响燃油汽车和电动汽车市场发展的政策因素和经济因素,并阐明燃油汽车和电动汽车市场发展前景预测的科学依据。

3. 综合考虑科学事实和社会现实,建立汽车动力类型选择模型。

六、学习评价

1. 寻找方案计算燃油汽车与电动汽车的能源利用效率;分析燃油汽车尾气中有害气体产生的原因并找出消除的方法;了解不同电池的工作原理,列表说明燃油汽车尾气和废旧电池对生物和环境的影响。

2. 以图表的形式说明政策、经济等社会因素对燃油汽车和电动汽车市场的影响;比较燃油汽车和电动汽车市场发展的有利和不利条件。

3. 全面考虑影响汽车动力类型选择的各种因素,根据不同情形下各因素的影响程度,以思维导图的形式建立汽车动力类型选择模型。

七、活动计划

	活动时间	各活动驱动性问题	活动设计	教学材料	学生材料
1	90分钟	你知道汽车的动力有哪些类型?你买车时会选择哪种动力类型的汽车?	1.通过查找资料,了解汽车的各种动力类型 2.通过查找资料和计算,比较燃油汽车和电动汽车的使用成本 3.通过查找资料,比较燃油汽车和电动汽车对环境的友好度 4.解读相关政策,分析燃油汽车和电动汽车的发展前景和消费者的心理	1."汽车之家"与"爱卡汽车"在线资料 2.在线阅读材料:①新能源汽车与燃油汽车使用成本比较;②电动汽车更换电池的费用;③纯电动汽车市场化的成本障碍与产业发展对策 3.中国汽车尾气控制政策的减排效果研究 4.锂电池、三元锂与磷酸铁锂 5.新能源汽车使用的专家意见 6.展望2030年新能源汽车的使用情况 7.中国新能源汽车的发展与挑战	在线阅读设备

续表

	活动时间	各活动驱动性问题	活动设计	教学材料	学生材料
2	90分钟	燃油汽车与电动汽车的能源利用效率相比,有何不同?	1.通过课前搜集资料和小组讨论,学习燃油汽车与电动汽车的驱动原理 2.搜集证据解释电动汽车为什么比燃油汽车加速快 3.小组讨论,提出计算燃油汽车与电动汽车能源利用效率的方案	1.燃油汽车与电动汽车的驱动原理动画视频 2.燃油汽车与电动汽车的驱动原理图像示例 3.燃油汽车与电动汽车能量走向图,电动机与燃油发动机工作特点对比图	在线阅读设备 学习任务清单: 1.课前任务:收集家用车的特征参数 2.寻找燃油汽车与电动汽车的不同特征 3.搜集证据解释电动汽车为什么比燃油汽车加速快 4.寻找方案,计算燃油汽车与电动汽车的能源利用效率
3	90分钟	1.燃油汽车中燃料产生热量的原因有哪些?汽车尾气的成分有哪些,其产生的原因是什么? 2.电动汽车电池的工作原理是什么?废弃的汽车电池中有哪些成分?废弃的汽车电池会造成哪些污染?	1.通过资料和相关教学过程,了解汽车的动力来源,学习化学反应伴随的热量变化,并从微观角度解释原因 2.分析汽车尾气的主要成分,根据资料分析三元催化剂减低污染的原理 3.通过资料学习化学电池的工作原理,分析不同电池的工作原理和可能带来的环境问题 4.通过所学知识分析燃油汽车和电动汽车的优劣说出自己的初步选择及理由	1.气缸运动模拟动画 2.《化学必修2》山东科学技术出版社	1.阅读资料:《城市汽车尾气排放污染及防治》《中国汽车尾气控制政策的减排效果研究》《新能源车旧电池再生利用技术分析》《中国新能源汽车发展与挑战》《浅谈废铅酸蓄电池污染防治技术及政策》《电动汽车报废的电池是怎么处理的?》《燃油汽车想要延续、电动汽车想要胜出》《燃油汽车与电动汽车的发展抉择不该如此两难》《新能源电动汽车发展历程、现状以及制造技术》 2.海报作品评价
4	90分钟	燃油汽车尾气和电动汽车废旧电池分别对环境有哪些危害?	1.阅读资料,分析汽车尾气的主要污染物及其危害 2.以汽车尾气中的铅为例,具体分析其对生物和环境的影响 3.阅读资料,分析汽车尾气的防控措施 4.通过实验分析废旧电池电解液对土壤微生物的影响 5.基于前期的讨论,分析对能源汽车的选择问题,提出合理化建议	阅读资料《汽车尾气的危害》《汽车尾气——铅含量》《生物对铅吸收、富集的初步探究及铅污染危害与防治》《我国汽车尾气污染及治理技术》《电动汽车与环境保护》《电动汽车电池技术的发展及环境影响》《乡镇土法蓄电池回收对环境及儿童健康的影响》	分析计算、绘制图表所需的材料

续表

	活动时间	各活动驱动性问题	活动设计	教学材料	学生材料
5	90分钟	你看好燃油汽车还是电动汽车的市场发展前景？	1. 探究出台并实施宏观调控政策的原因，以及政策是如何影响燃油汽车和电动汽车市场发展的 2. 燃油汽车和电动汽车市场发展现状对比分析 3. 列表对比分析燃油汽车和电动汽车市场发展的有利和不利条件 4. 预测燃油汽车和电动汽车的市场发展前景，说明预测依据	1. 文件《关于完善新能源汽车推广应用财政补贴政策的通知》 2. 汽车双积分政策 3. 新能源汽车销量下滑，未来3年是产业"破晓"时刻 4. 阅读资料《2020电动汽车需求专题分析报告》（节选）	在线阅读、分析计算、绘制图表所需的材料
6	90分钟	如何理性选择汽车动力类型？	1. 结合所学，总结影响选择汽车动力类型的因素 2. 根据各因素影响程度的不同，分组讨论不同情形下的决策依据，建立汽车动力类型选择模型 3. 各小组汇报展示汽车动力类型选择模型，小组互相打分 4. 结合所学知识和材料，给我国新能源汽车的发展提出建议	1. 消费者购买新能源汽车的关键因素 2. 新能源汽车的主要产地与销售地的比较情况	撰写分析报告所需的材料

活动1

汽车动力类型选择之争

驱动性问题

你知道汽车的动力有哪些类型？你买车时会选择哪种动力类型的汽车？

学习目标

1. 通过查找资料、分析数据，了解不同动力类型的汽车的优缺点。
2. 通过头脑风暴、辩论等活动，了解选择不同动力类型的汽车时产生争议的原因。
3. 通过收集、整理资料，绘制思维导图，学会科学研究的方法；综合运用知识和方法，关注汽车发展议题，参与讨论并作出理性解释。
4. 通过学习，从多视角分析、探讨最合理的出行方式，发展学生理性思维、批判质疑的科学精神，认识人类活动对自然环境的影响。

活动设计

1. 通过查找资料，了解汽车的各种动力类型。
2. 通过查找资料和计算，比较燃油汽车和电动汽车的使用成本。
3. 通过查找资料，比较燃油汽车和电动汽车对环境的友好度。
4. 解读相关政策，分析燃油汽车和电动汽车的发展前景和消费者的心理。

学习重点

1. 了解汽车的主要动力类型与不同动力类型的汽车的优缺点。
2. 理解成本、政策、环保因素是影响选择不同动力类型的汽车的重要因素。

活动过程

1. 了解不同动力类型的汽车

(1)情境导入:汽车是当今社会必不可少的交通工具,随着科技的发展,不同动力类型的汽车的选择也越来越多。由于能源危机迫在眉睫,相比以燃油为主的传统能源汽车,近几年社会越来越重视推动新能源汽车的发展。目前,市面上新能源汽车,如电动汽车的充电便利性、续航能力、环境适应性等性能又明显弱于燃油汽车,其环保价值和安全性也被广泛质疑。传统能源汽车与新能源汽车未来会如何发展?社会各界对不同动力类型的汽车的选择产生了不少争议。

教师:汽车的动力类型具体有哪些?各自的优缺点是什么?

(2)学生4～5人为一组,从燃油汽车、新能源汽车中选择一个角度进行资料搜索,记录汽车的动力类型和优缺点(汽车之家:https://www.autohome.com.cn/wenzhou/;爱卡汽车:http://www.xcar.com.cn/)。

(3)对记录的材料进行整理,以列表、思维导图等形式梳理与汽车动力类型有关的知识。组间分享交流,完善成果。每小组派代表以销售人员的身份向大家介绍不同动力类型的汽车的优点。

2.燃油汽车与新能源汽车的使用成本差异

(1)情境导入:近年来,各地对于新能源汽车的购车补贴不断增加,如重庆市对公用和专用直流充电桩给予400元/千瓦补贴。从电耗看,一般情况下,新能源汽车跑一公里电能消耗在1毛钱左右,燃油汽车即使将油耗控制到5 L/100 km,成本也在4毛钱左右。从表面上看,新能源汽车确实省钱,但是事实是怎样的呢?

教师:仅从里程和能耗角度考虑汽车的使用成本是否合理?汽车购买价格、配件更新和汽车的维护、保养等是否也需要考虑?

(2)分小组查找相关资料,结合所学的物理、化学知识,从消费者的角度分析、比较燃油汽车与新能源汽车的使用成本。在线拓展阅读资料如下:

①现实中新能源汽车的使用成本比燃油汽车更低吗?
②论文《基于线性回归分析的新能源汽车与传统汽车能耗与使用成本比较研究》;
③比亚迪电动汽车更换电池需要多少钱?
④纯电动汽车市场化的成本障碍与产业发展对策。

(3)各小组利用office办公软件制作表5-1,展示数据分析结果。组间交流,完善结果。

表5-1 燃油汽车与新能源汽车成本对比

对比项目	燃油汽车	新能源汽车
与购车相关		
与折旧相关		
保险费用		
燃料消耗		
……		

(4)各小组派代表说明选择燃油汽车和新能源汽车的成本性价比。

3. 燃油汽车与新能源汽车的环境友好度比较

(1)情境导入:我国工信部、部委、发改委等十部委联合印发了《进一步优化供给推动消费平稳增长,促进形成强大国内市场的实施方案(2019年)》,对稳定汽车消费提出了六条具体措施。实施方案提出的促进汽车消费的政策,主要包含有序推进老旧汽车报废更新、持续优化新能源汽车补贴结构等方面,致力于推动汽车产业节能减排,优化汽车消费环境,实现高质量发展。

教师:哪些证据可以证明新能源汽车的环境友好度比燃油汽车好?汽车尾气排放是唯一证据吗?

(2)分小组阅读相关材料,归纳影响汽车环境友好度的因素有哪些。在线拓展阅读资料如下:

①绿色出行,新能源汽车是否真的环保?(http://news.bitauto.com/hao/wenzhang/1199484)

②论文《中国汽车尾气控制政策的减排效果研究》;

③王秉刚释放新能源汽车信号:高耗能电动汽车碳排放高于燃油汽车;

④电动汽车换锂电池,是三元锂好还是磷酸铁锂好呢?

⑤新能源汽车能否取代燃油汽车?

(3)组内进行头脑风暴,比较燃油汽车与新能源汽车在生产和使用过程中对环境的影响(如表5-2所示)。小组间进行交流,完善结果。

表5-2 燃油汽车与新能源汽车在生产和使用过程中对环境的影响

动力类型	环节	产生的污染物	对环境的影响
燃油汽车	原料开采		
	能量产生		
	使用能耗		
	废弃物处理		
	……		
新能源汽车	原料开采		
	能量产生		
	使用能耗		
	废弃物处理		
	……		

(4)运用相关知识,初步制订定量分析的具体策略,构建模型。小组间进行交流,完善成果。

4. 政策对新能源汽车的影响

(1)情境导入:2020年6月,海南省省委书记刘赐贵在国务院新闻办公室举行的新闻发布会上强调"到2030年不再销售燃油汽车",打响了禁售燃油汽车"第一枪"。小明一家正准备买车,看到这个新闻,面对市场上众多的汽车品牌和天花乱坠的广告,对于该买什么动力类型的汽车犹豫不决。有人认为,燃油汽车在短期内将退出汽车市场,被电动汽车取代。

在2019年第十一届中国汽车蓝皮书论坛上,中国工程院院士杨裕生指出:"最近几年有股风说传统燃油车会停止销售,我认为是错误的。燃油车可能会减少,但效率会不断提高。如果和电动车结合起来,两者优势互补会更节能减排、更减少用户负担。"

教师:燃油汽车真的很快会被电动汽车取代吗?你如何看待海南"到2030年不再销售燃油汽车"的政策导向?

> 海南省省委书记刘赐贵强调,"到2030年不再销售燃油汽车",该政策会对社会各方面产生什么影响?
> ①对传统燃油汽车生产厂家;
> ②对新能源汽车生产厂家;
> ③对石油产业;
> ④对电力产业;
> ⑤对即将购车的消费者;
> ⑥对已拥有燃油汽车的消费者;
> 其他自由补充＿＿＿＿＿＿＿＿＿＿

(2)学生分组查找和阅读相关资料,论证新能源汽车是否会很快取代燃油汽车。在线拓展阅读资料如下:

①燃油汽车想要延续,电动汽车想要胜出;
②燃油汽车与电动汽车的发展抉择不该如此两难;
③在2030年,新能源汽车能否取代燃油汽车?
④中国新能源汽车发展与挑战;
⑤电动汽车全面取代燃油汽车可能吗?

小组间进行交流,完善结果。

(3)学生分组讨论海南省"到2030年不再销售燃油汽车"的政策导向。小组间进行交流,完善结果。

教师:小明家住海口,最近想买车,听到海南省"到2030年不再销售燃油汽车"的新闻,开始犹豫。现在该购买燃油汽车还是电动汽车呢?请各小组为小明提出一些建议。

5.学习评价

形成性评价:教师仔细观察、倾听,记录学生的分组合作、课堂讨论和展示等情况,给予描述性评价或进行等级评定。

总结性评价:撰写报告,说明选择不同动力类型的汽车产生的典型争议及各种观点考虑的主要因素。

活动2

燃油汽车与电动汽车是如何工作的

驱动性问题

燃油汽车与电动汽车的能源利用效率有何差异?

学习目标

1. 应用牛顿第二运动定律、功率、电功率、安培力等概念解决燃油汽车与电动汽车的驱动原理,发展学生的科学思维,提升学生运用证据解释现象的能力。
2. 通过比较燃油汽车与电动汽车的节能效率,树立节能意识和可持续发展观念。

活动设计

1. 通过课前收集资料和小组讨论,学习燃油汽车与电动汽车的驱动原理。
2. 根据收集的证据解释电动汽车为什么比燃油汽车加速快。
3. 小组讨论,提出计算燃油汽车与电动汽车能源利用效率的方案。

学习重点

学习计算燃油汽车与电动汽车能源利用效率的方法。

活动过程

1. 学习燃油汽车与电动汽车的驱动原理

(1)学生在课前收集家用车的特征参数。课堂上,教师随机挑选数位同学向大家介绍家用车的特征参数。

教师:如何将这些汽车进行分类?燃油汽车与电动汽车有什么不同特征?

(2)小组讨论,得出结论。燃油汽车的原始能量是汽油,由内燃机和变速箱组成驱动系统;电动汽车的原始能量是电能,由电动机将电能转化为电动汽车的机械能。学生通过观看燃油汽车与电动汽车的驱动原理动画视频,建立燃油汽车与电动汽车的简略驱动模型(建立简化模型)。

(3)学习评价:注意学生的参与程度和科学方法(归纳法)的应用。

2.搜集证据,解释"电动汽车为什么比燃油汽车加速快"

(1)教师提供燃油汽车发动机和电动汽车电动机的工况图像,介绍工况图像的物理意义和功率的算法。

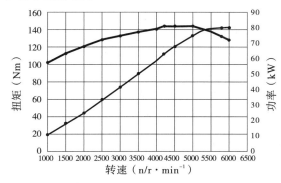

某燃油汽车发动机工况曲线　　某电动汽车电动机工况曲线

图 5-1

教师:电动汽车为什么比燃油汽车加速快?

(2)学生分小组讨论,解释电动汽车比燃油汽车加速快的原因。

(3)学习评价:关注学生寻求证据的意识,推理的逻辑,对功率、电功率概念的正确理解,数形结合方法的体现。

3.小组讨论,提出计算燃油汽车与电动汽车能源利用效率的方案

(1)教师先提出问题:"如何计算燃油汽车与电动汽车的能源利用效率?"然后描绘燃油汽车与电动汽车的能量走向图(引自"中学生物理思维方法"丛书第四册《图示与图像》第72页)。

(2)小组讨论,提出计算燃油汽车与电动汽车能源利用效率的方案,并进行交流。

(3)教师提供材料1和材料2,学生根据资料确定计算燃油汽车与电动汽车的能源利用效率的方案,估算燃油汽车与电动汽车的能源利用效率。

材料1:研究资料显示,传统燃油汽车原油提炼效率约为92%,燃油输送效率约为98%,发动机能量转换效率约为9.6%。经过计算可得到,燃油汽车的能量转换总效率约为8.65%。电动汽车发电效率约为53%,输电效率约为96%,充电效率约为85%,电机能量转换效率约为80%。计算得出电动汽车的能量转换总效率约为34.6%。

(郭胜,石琴,李彦保,等. 纯电动汽车与传统汽车能耗与排放对比分析[J]. 北京汽车,2014,1:20-23)

材料2：经试验测得某燃油汽车百公里油耗 8.0L。取汽油的密度 0.725 kg/L，汽油热值 43124 KJ/kg，可得 8.0L 汽油所含热量为 250119 KJ。试验测得该燃油汽车百公里的有用功为 45007.6KJ，热效率为 17.99%。

将我国火力发电效率取为 36%。发电厂内机组的运转和控制设备的工作都要消耗一定的电能，此电能直接来自厂内发电，称为厂用电，通常的厂用电率为 5%~10%，而像拥有 300 MW 机组的发电厂则达到 5%，这里取用 5%。发电厂生产的电能首先要经过变压器转化成高压交流电后，才能通过高压电缆传送到企业、工厂和普通家庭中，虽然高压输送可以有效地减少能量损失，但仍然有电缆和变压器的电阻能量损耗。2009 年，全国电网输电线路损失率为 8%。目前，国内的充电机效率一般在 94%。纯电动汽车采用的磷酸铁锂动力电池组，电池由于受到内阻的影响，其放电效率不能达到 100%，此外电池的放电效率还受到放电电流大小因素的影响，因此取电池的放电效率为 91%，电动机传动系统的效率为 85%，所以纯电动汽车的效率为 22%。

（王展.电动汽车电机与传统燃油汽车发动机的对比分析[J].汽车维护与修理，2019，342(02):79-80）

表 5-3　发动机和电动机的比较

项目	发动机	电动机
能量转换效率	10%~15%	30%~90%
零件总数	1000 个以上(多，结构复杂)	100 个左右(少，结构简单)
控制	不能反转，转速范围窄	能实现反转，转速范围宽
维护	需要定期维护	免维护
使用寿命	机械摩擦剧烈，寿命相对短	机械摩擦少，寿命长
噪声与振动	噪声大，需要消音器，有废气，发热大	安静无噪声、振动小
再生发电	不可能变成发电机	部分电机可以再生发电
是否空转	从启动到发挥性能需要空转	不需要空转

(4) 同学之间交流学习感受。

(5) 学习评价：归纳方法的应用，模型建构，学生在交流学习中表现出的科学态度和责任（能源与可持续发展观念）。

4. 课后拓展

(1) 请学生在课后思考：混合动力汽车是如何节能的？

(2) 制作一个电动汽车模型，思考如何做到更节能。

活动3

燃油汽车与电动汽车对环境有何影响（一）

驱动性问题

1. 燃油汽车中燃料产生热量的原因有哪些？
2. 汽车尾气的成分有哪些？其产生的原因是什么？
3. 电动汽车电池的工作原理是什么？
4. 废弃电动汽车电池中的成分有哪些？
5. 废弃电动汽车电池会造成哪些污染问题？

学习目标

1. 认识物质具有能量，认识吸热反应与放热反应；了解化学反应体系能量改变与化学键的断裂和形成有关。知道化学反应可以实现化学能与其他能量形式的转化。能从物质及能量变化的角度评价燃料的使用价值。
2. 以原电池为例，了解化学能可以转化为电能，从氧化还原反应的角度初步认识原电池的工作原理。能说化学电源对提高生活质量的重要意义。
3. 体会提高燃料的燃烧效率、开发高能清洁燃料和研制新型电池的重要性。
4. 建立微粒观，了解人类探索物质微观结构的重要成果。通过实验掌握研究化学反应原理的方法。

活动设计

1. 通过资料和相关教学过程，学习汽车中的动力来源，以及化学反应伴随的热量变化，并从微观角度解释原因。分析汽车尾气的主要成分，根据资料分析三元催化剂减少污染的原理
2. 通过资料学习化学电池的工作原理，分析不同电池的工作原理及其可能带来的环境问题。
3. 通过所学知识分析燃油汽车和电动汽车的优劣，说出自己的初步选择及理由。

学习重点

1. 基于事实和证据,运用对比分析、归纳总结等方法,探讨燃油汽车的动力来源以及产生汽车尾气的原因。

2. 运用原电池原理了解化学电池的工作过程。

3. 通过学习,对各种汽车的动力来源进行交流与评价。

活动过程

1. 通过学习,从微观角度解释汽车的动力来源、化学反应伴随的热量变化的原因。分析汽车尾气的主要成分,根据资料分析减低污染的原理

(1)教师播放气缸运动模拟动画,让学生说一说汽车的动力来源是什么。

(2)小组内交流、汇报,学习对现象的描述和分析等科学方法。通过分组阅读资料,在学生有了完整丰富的感性认识后,引导学生进行高质量的理性分析——分析化学反应过程中反应物和生成物的能量储存与化学反应是吸收能量还是放出能量的关系,为后面强调"与质量守恒一样,能量也是守恒的"这一观点奠定基础。

(3)汽油燃烧为什么会放出热量?学生阅读教材:《化学必修2》(山东科学技术出版社第46~49页)。

充分利用学生已有的化学知识、化学键模型和图表等教学资源,将"化学键的断裂和形成是化学反应中能量变化的主要原因"这一抽象复杂的知识直观化和形象化,力求用直观的图表说明问题,注意新、旧知识的衔接,启发学生进行讨论和对比。

(4)分析尾气中有害气体产生的原因及消除方法。

学生查阅资料:《城市汽车尾气排放污染及防治》《中国汽车尾气控制政策的减排效果研究》《新能源车旧电池再生利用技术分析》《中国新能源汽车发展与挑战》《浅谈废铅酸蓄电池污染防治技术及政策》《电动汽车报废的电池是怎么处理的?》《燃油汽车想要延续、电动汽车想要胜出》《燃油汽车与电动汽车的发展抉择不该如此两难》《新能源电动汽车发展历程、现状以及制造技术》。

让学生在课余进一步拓展学习。例如:去图书馆查阅资料;到社会上去调研,了解汽车尾气的排放造成的污染及防治方法。

2. 学习化学电池的工作原理,分析不同电池的工作原理和可能带来的环境问题

(1)分析铅蓄电池产生电能的原因。

初步了解原电池原理(氧化还原反应是分开进行的)。教师展示铜锌原电池,帮助学生了解铅蓄电池的组成、结构和基本原理。

(2)根据氢氧燃料电池结构,推论预测所发生的化学反应,并评价此电池。

进一步了解氢氧燃料电池,感悟化学电池对科技发展的重大作用,尝试从多角度进行评

价,丰富评价电池的角度。

(3)电动汽车电池的工作原理及废旧电池的处理。

学生查阅资料:《新能源车旧电池再生利用技术分析》《中国新能源汽车发展与挑战》《浅谈废铅酸蓄电池污染防治技术及政策》《电动汽车报废的电池是怎么处理的?》。

通过阅读资料,了解电池的后续处理和可能造成的污染问题。

3.通过所学知识分析燃油汽车和电动汽车的优劣,说出自己的初步选择及理由

(1)学生阅读资料:《燃油汽车想要延续、电动汽车想要胜出》《燃油汽车与电动汽车的发展抉择不该如此两难》《新能源电动汽车发展历程、现状以及制造技术》,运用前面所学的知识,分小组制作海报,对比燃油汽车和电动汽车的优劣。最终进行小组汇报,作出本组的选择。

(2)通过展示海报,评价学生在运用所学知识分析问题时,角度是否全面、是否形成了清晰的分析问题的思路。

评价方式:组间互评(总分:30分)

评价方法:每个同学从以下三个维度评价海报(如表5-4所示)。三节课后,教师给每位同学发一张选票,请他们贴在自己认为最好的海报上。

表5-4 海报评价标准

评价内容	海报制作(10分)	海报内容(10分)	海报讲解(10分)
评价维度	具有艺术性、制作精美	内容科学、丰富、全面	讲解清晰、有感染力
赋分			

活动4

燃油汽车与电动汽车对环境有何影响(二)

驱动性问题

燃油汽车排放的尾气和电动汽车的废旧电池对环境分别有哪些危害?

学习目标

1. 分析和探讨人类活动对生态系统的影响,并尝试提出人与环境和谐共处的合理化建议。
2. 面对社会热点话题,能基于证据运用生物学基本概念和原理表明自己的观点并展开讨论。

活动设计

1. 通过阅读资料分析汽车尾气中的主要污染物及其危害。
2. 以汽车尾气中的铅为例,分析其对生物和环境的影响。
3. 通过阅读资料分析汽车尾气的防控措施。
4. 通过实验分析废旧电池中的电解液对土壤微生物的影响。
5. 基于前期的讨论,分析如何选择不同动力类型的汽车,并提出合理化建议。

学习重点

1. 关注汽车尾气和废旧电池造成的全球性环境问题,及其对造成生物圈的威胁,对人类的生存和可持续发展造成的影响。
2. 阐明某些有害物质会通过食物链不断富集的现象。
3. 形成关注社会问题的良好习惯,提高社会责任感,进一步增强保护环境、爱护生物的意识,并能将内在的情感转化为外在的行动,愿意为地球的可持续发展贡献自己的力量。

> 活 动 过 程

1. 分析汽车尾气中的主要污染物及其危害

(1)情境导入:教师展示汽车尾气对人类造成危害的相关图片,并提出问题:结合汽车尾气的主要成分,分析汽车尾气对生物和环境有哪些危害?

(2)学生分小组阅读资料《汽车尾气的危害》,通过讨论分类列出汽车尾气的成分及其对环境的影响。

2. 以汽车尾气中的铅为例,具体分析铅对生物和环境的影响

(1)情境导入:在2000年之前,我们使用的汽油被称为有铅汽油,因为汽油中添加了四乙基铅。2000年之后,有铅汽油逐渐被淘汰,现在使用的都是所谓的无铅汽油。这样可以有效控制车尾气中铅的污染。无铅汽油是指含铅量在0.013 g/L以下的汽油,并非是铅含量为零的汽油,因此,汽车尾气中仍然含有少量的铅。

教师:汽车尾气中的铅对生物有哪些影响?

学生阅读与"汽车尾气含铅量"有关的资料,讨论汽车尾气中铅对生物和环境的危害。

教师:汽车尾气中铅如何对生物产生影响?

学生查阅文献《生物对铅吸收、富集的初步探究及铅污染危害与防治》,讨论、分析,并以思维导图的形成阐述铅在生物体内的富集过程。

教师:哪些生物学方法可以治理铅污染?

学生根据文献《生物对铅吸收、富集的初步探究及铅污染危害与防治》,从动物、植物、土壤微生物三个层面回答问题。

3. 阅读资料,分析汽车尾气的防控措施

教师:通过刚才的学习,我们了解到汽车尾气会给我们带来严重的危害。但是燃油汽车已经成为重要的交通工具,那么有没有具体针对汽车尾气的防控措施呢?

学生阅读资料《我国汽车尾气污染及治理技术》,讨论我国针对汽车尾气污染采取的防控措施。

4. 分析电动汽车对环境的影响

教师:众所周知,电动汽车在解决能源紧缺方面以及环境保护方面有着重要作用。它的动力来自电能,正因为这一特点,电动汽车无需使用不可再生资源——石油,并且有着零排放的特点。但是,它真的如人们所愿的那样既经济又环保吗?请大家阅读文献《电动汽车与环境保护》,分析电动汽车对环境有哪些影响。

教师:纯电动汽车的最大瓶颈是电池,废旧电池的处理对环境的影响也很大,请大家继续阅读文献,列出电动汽车电池的发展过程及其带来的环境问题。

学生查阅《电动汽车电池技术的发展及环境影响》《乡镇土法蓄电池回收对环境及儿童健康的影响》《锂电池电解液对人体的危害》,以流程图的形式呈现电动汽车电池的发展过程,并标注其对环境的危害。

5. 撰写小论文

教师引导学生基于前期的学习和探索,针对不同动力类型汽车的选择问题撰写小论文,提出合理化的建议。

燃油汽车与电动汽车市场的发展现状及前景预测

驱动性问题

你看好燃油汽车还是电动汽车的市场发展前景？

学习目标

1. 明确政策导向是燃油汽车和电动汽车市场发展的重要影响因素，能阐明影响路径。
2. 能够从供应端和需求端入手，对比分析燃油汽车和电动汽车市场的发展现状。
3. 能够运用对比分析的方法，阐述汽车市场发展的利弊条件，提高逻辑思维和辩证思维能力。
4. 能够通过预测燃油汽车和电动汽车市场发展前景，作出理性的判断和选择。

活动设计

1. 探究出台并实施宏观调控政策的原因，以及政策是如何影响燃油汽车和电动汽车市场发展的。
2. 燃油汽车和电动汽车市场发展现状对比分析。
3. 列表对比分析燃油汽车和电动汽车市场发展的有利条件和不利条件。
4. 预测燃油汽车和电动汽车的市场发展前景，说明预测依据。

学习重点

1. 影响燃油汽车和电动汽车市场发展的政策因素和经济因素。
2. 预测燃油汽车和电动汽车的市场发展前景。

活动过程

1. 探究出台并实施宏观调控政策的原因，以及政策是如何影响燃油汽车和电动汽车市

场发展的

(1) 情境导入:2020年4月,四部委联合发布了《关于完善新能源汽车推广应用财政补贴政策的通知》。

教师:我国政府出台这一政策的经济社会发展的背景是怎样的?这一政策的出台将对燃油汽车、电动汽车市场的发展有什么影响?

学生分小组阅读资料、记录整理要点(如表5-5所示)。小组间分享交流,完善成果。

表5-5

一、财政补贴政策要点	二、双积分政策要点
1.	1.
2.	2.
3.	3.

(2) 教师提供材料:汽车双积分政策(https://zhuanlan.zhihu.com/p/149969168)。

教师:有观点认为,财政补贴和双积分政策决定了汽车市场的发展,对此你怎么看?

学生分组研读政策及相关资料,分析宏观调控政策对市场发展的影响。可能会出现两种观点,一种观点认为宏观调控政策起决定作用,一种观点认为宏观调控政策起导向作用。各小组以思维导图的形式呈现自己的观点,并进行组间交流。

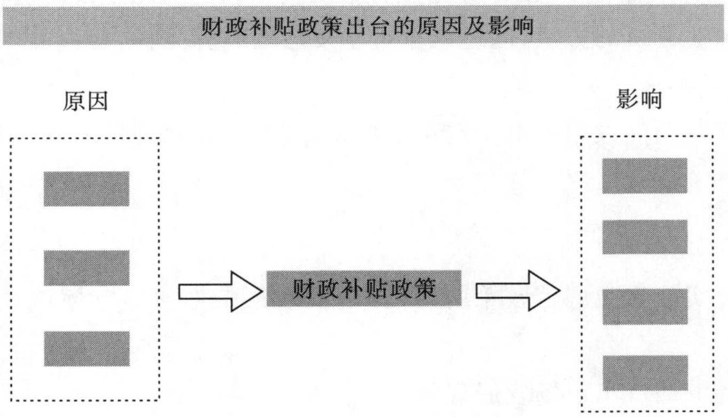

财政补贴政策出台的原因及影响

原因 ⇒ 财政补贴政策 ⇒ 影响

图5-2

2. 燃油汽车和电动汽车市场发展现状对比分析

(1) 情境导入:中汽协数据显示,2019年6月,我国汽车销量为205.6万辆,同比下降9.6%;乘用车6月份销量为172.8万辆,同比下降7.8%,环比增长10.7%。上半年,我国汽车累计销量为1232.3万辆,同比下降12.4%。其中乘用车上半年累计销量为1012.7万辆,同比下降14.0%。

值得一提的是,我国新能源乘用车市场依然保持强势增长。中汽协公布的数据显示,2019年6月,我国总计售出13.7万辆新能源乘用车,同比增长87.6%。其中纯电动汽车销量为11.5万辆,同比增长123.6%;插电式混合动力汽车销量为2.2万辆,同比增长1.5%。(数据来源:https://www.sohu.com/a/326493864_190663)

学生在线查找资料:与电动汽车需求相关的报告。

教师：目前，燃油汽车和电动汽车市场哪一个发展得更好？你能从销量、供应端的成本、售价、服务、产业链、商业运作模式等方面以及需求端的用户结构、产品结构和区域结构等方面展开对比分析吗？

（2）学生阅读相关资料，分小组讨论。从销售情况，供应端的成本、售价、服务、产业链、商业运作模式等方面以及需求端的用户结构、产品结构和区域结构等方面展开对比分析，以表格的形式呈现对比分析的结果（如表 5-6 所示，可列举典型汽车企业案例进行说明）。

表 5-6　燃油汽车与电动汽车供应端与需求端比较

		燃油汽车	电动汽车
供应端	销量		
	成本		
	技术		
	售价		
	服务		
	产业链		
	商业模式		
需求端	用户结构		
	产品结构		
	区域结构		

（3）组间交流展示，分析结果。

3. 对比分析燃油汽车和电动汽车市场发展的有利和不利条件

（1）情境导入：展示有争议性的社会观点。

观点一：燃油汽车将在短期内退出汽车市场，被电动汽车取代。

观点二：在 2019 年第十一届中国汽车蓝皮书论坛上，中国工程院院士杨裕生指出："最近几年有股风说传统燃油汽车会停止销售，我认为是错误的。燃油汽车可能会减少，但效率会不断提高。如果和电动车结合起来，两者优势互补会更节能减排、更减少用户负担。"

教师：燃油汽车真的很快会被电动汽车取代吗？

（2）学生在线搜索资料《中国传统燃油汽车退出进度研究报告》。

教师：燃油汽车和电动汽车市场发展的有利条件和不利条件分别是什么？

学生由上一个活动的探究深入到整理、分析燃油汽车和电动汽车市场发展的有利条件和不利条件。各小组自行设计表格进行对比，整理数据、文字材料等（如表 5-7 所示）。

表 5-7

观点一：宏观调控政策决定汽车市场的发展 ……	观点二：宏观调控政策对汽车市场发展不起决定作用 ……

(3)学生用上面的具体分析来回应问题"燃油汽车真的很快会被电动汽车取代吗?"

4.预测燃油汽车和电动汽车市场发展的前景

(1)情境导入:2020年8月12日,在青岛举办的新能源汽车与可再生能源融合论坛上,有专家指出——新能源汽车销量下滑,未来3年是产业"破晓"时刻(https://auto.163.com/20/0813/07/FJT5OHER000884MM.html)

教师:你怎么看燃油汽车和电动汽车市场的发展前景呢?

(2)学生阅读资料《2020电动车需求专题分析报告》(节选,来源:百度文库)

> 产业加速:预计2020年全球新能源车销量同比增长33%至370万辆,2023年达千万辆量级。2020—2025年全球新能源车复合增长率有望达32.4%,其中欧洲及美国复合增速分别有望达44%、25%。
>
> 对我国新能源车市场的判断:"新冠"疫情的影响程度远小于乘用车行业。预计2020年,新能源乘用车销量为134万辆,同比增长26%。我国汽车市场仍处于调整周期,受新冠肺炎疫情影响,预计Q1汽车产销受明显压制,全年乘用车产销量承压而同比下降6%。新能源汽车为国家级战略产业,在低基数及低渗透率水平下无需悲观……预期2020年,新能源汽车将在2019年的低基数实现增长,2020—2025年我国新能源车销量复合增长率有望达28%。

(3)学生继续阅读资料《2020电动车需求专题分析报告》政策倾斜方面的内容。

> 政策端:向间接扶持过渡,2020年补贴退坡或温和,但退出趋势不减。
>
> 新有源汽车行业补贴历经三个时期,即补贴企稳期(2013—2016年)、加速退坡期(2017—2020年)及全面退出期(2020年后)。
>
> 补贴企稳期(2013—2016年):自2013年开始实施的补贴催生行业从0~1发展,经历4年较稳定的补贴政策后(退坡5%),产业雏形显现。
>
> 加速退坡期(2017—2020年):2017年,补贴在秉承重点支持高续航、高能量密度、低能耗的优质产品的目标下加速退出……
>
> 全面退出期(2020年后):行业整体盈利被最大程度压缩,出量为唯一出路,产业链仍具较大降本压力。补贴退潮,行业唯有硬抗应对,目前难以转移压力至终端。三电、热管理系统、高压零部件等零部件单元相较于燃油汽车仍然有较高的溢价,车企为稳销量大概率将持续压缩自身利润空间。

(4)学生阅读资料《中国传统燃油汽车退出进度研究报告》(来源:百度文库)。

2020年6月,能源与交通创新中心(iCET)发布《中国传统燃油汽车退出进度研究与环境效益评估》报告,为中国"禁燃"研究领域首个分区域、分车类、分阶段的传统燃油汽车退出进度研究(具体内容略)。

(5)学生撰写小论文,预测燃油汽车和电动汽车市场的发展前景,要结合前面的分析说明预测依据,并在小论文的最后回应本单元的社会性科学议题:你会选择燃油汽车还是电动汽车。

5. 学习评价

形成性评价:教师根据学生的分组合作、绘制表格和思维导图、课堂讨论和展示等情况,给予描述性评价或进行等级评定。

总结性评价:有关"燃油汽车和电动汽车市场发展前景预测"的小论文的提交时间截止第六课时结束。

汽车动力类型选择模型

驱动性问题

如何理性选择汽车动力类型？

学习目标

1. 选择不同动力类型的汽车受多种因素的影响，各因素在不同情形下的影响程度不同。
2. 建立汽车动力类型选择模型。
3. 基于科学与社会因素作出决策。

活动设计

1. 结合所学，总结影响选择不同动力类型的汽车的因素。
2. 根据各因素影响程度的不同，分组讨论不同情形下的决策依据，建立汽车动力类型选择模型。
3. 各小组汇报展示汽车动力类型选择模型，小组互相打分。
4. 结合所学和材料，对于我国电动汽车的发展提出建议。

学习重点

1. 全面思考影响选择汽车动力类型的因素，比较各要素影响程度的差异。
2. 讨论不同情形下的决策依据，建立汽车动力类型选择模型。

活动过程

1. 总结影响选择汽车动力类型的因素

教师展示阅读资料1"新能源汽车消费者购买决策模型"。

EKB消费者行为模型认为消费者行为发生的出发点是消费者对一种必须得到满足的需求的感知,这激励了对内在信息、外在信息和来自市场资源的信息的搜索。这个搜索过程确定了各种需求的满足方式,并且使消费者确定了用来评价和比较供选择产品的标准。消费者的购买行为的发生与否取决于消费者诉求与商品所提供的利益的契合度,也就是在对所提供的商品进行评价后的决策行动。

新能源汽车作为创新型产品,对消费者而言是商品。商品的二重性在消费者的购买决策中有突出的显现。从产品自身价值所反映出的产品特性和从使用者需要角度所反映出的使用价值共同构成了新能源汽车的消费者购买的影响因素,即新能源汽车的产品特性因素和使用特性因素。从消费者使用的角度,产品特性因素与使用特性因素相互交汇和融合,集中提炼出动力性、功能性、安全性、经济性、可靠性、便捷性和外观等7项消费者购买决策的关键因素。

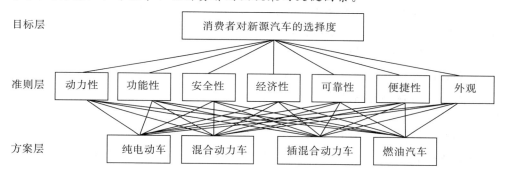

图 5-3

(来源:《基于AHP群决策法的市场实验技术研究与应用——以家用新能源汽车消费者决策模型为例》)

(2)教师出示阅读资料2"新能源汽车出行的特征"。

调查显示,不同城市新能源汽车用户特征差异显著,尤其是车型差异特征明显。北京、武汉、石家庄以国产纯电动中端车电动汽车为主,上海、成都以插电混合动力电动汽车为主,临沂以国产低端电动汽车为主。

新能源车主的出行目的呈现多元化特征,但"上下班代步"占比超过50%。从各城市日均行驶里程看,主流新能源汽车的续驶里程基本能满足消费者的出行需求,一、二、三线城市无明显区别。新能源汽车进入家庭后,汽油车出行强度显著降低,新能源汽车替代作用明显。通过使用,新能源汽车车主绝大多数表示越来越喜欢新能源汽车,会推荐给自己的亲属和朋友。

大多数新能源汽车的车主都能够积极充电,自有桩建设情况好的城市主要依赖自有桩和单位桩充电,自有桩建设情况不佳的城市,飞线充电比例显著上升,超

> 过半数的用户表示如果不能建设自有桩,将不会选择购买新能源汽车。新能源汽车的充电次数为一周3次左右,插电混合动力电动汽车的充电频率略高于纯电动汽车,消费者充电习惯良好。
>
> 调查还发现,指标单独配置政策是激励用户购车的首要因素,"购车成本"和"产品的多样化"是用户选购纯电动汽车的主要原因。然而,"可选车型少""无人推荐"和"对售后保养的忧虑"影响了消费者尝试购买新能源汽车。与同价位汽油车相比,"车辆的外观""内部空间做工"和"主流配置"等细节体验决定了消费者最终是否选择新能源汽车。
>
> (来源:《2017年中国六城市新能源汽车消费者调查》)

教师:除了资料中呈现的动力性、功能性、安全性、经济性、可靠性、便捷性和外观这7项影响消费者购买电动汽车的因素,结合本单元的学习,还有哪些影响汽车动力类型选择的因素?

学生分组讨论,结合资料和本单元学习,总结影响选择不同动力类型的汽车的因素。

2.建立汽车动力类型选择模型

(1)比较影响选择汽车动力类型的因素在影响程度上的差异。教师出示阅读资料3"新能源汽车主要产地与销地比较"。

> 中国新能源汽车产业的空间分布在一定程度上沿袭着传统汽车产业的空间布局,在西南地区与西北地区都有分布。但是,新能源汽车与传统汽车产业的空间分布也有差异,东北地区和华北地区的新能源汽车生产基地数量远远小于传统汽车。
>
> 根据前瞻产业研究院对新能源汽车产业的长期监测数据显示,中国新能源汽车产业基地(包括规划建设中)数量达357个,广泛分布在26个省市,西藏、新疆、青海和内蒙暂未布局。其中江苏省处于第一梯队,生产基地数量高达78个;浙江、山东、广东、湖北、安徽等省份处于第二梯队;上海、北京、陕西、重庆、河北、河南和吉林等省份处于第三梯队,湖南、江西、福建等省份等处于第四梯队。
>
> 表5-8 2018年全国各地新能源汽车销量前十名情况
>
> | 地区 | 销量(万辆) | 纯电动车销量占比(%) | 插电式混合动力车销量占比(%) |
> | --- | --- | --- | --- |
> | 深圳市 | 8.42 | 45.50% | 52.50% |
> | 上海市 | 8.05 | 24.50% | 75.50% |
> | 广州市 | 6.27 | 58.20% | 41.80% |
> | 北京市 | 6.25 | 95.80% | 4.20% |
> | 杭州市 | 5.64 | 64.80% | 35.20% |
> | 合肥市 | 5.25 | 98.90% | 1.10% |
> | 郑州市 | 3.78 | 93.00% | 7.00% |
> | 天津市 | 3.35 | 73.70% | 26.30% |
> | 郑州市 | 2.56 | 99.50% | 0.50% |
> | 南昌市 | 2.53 | 98.50% | 1.50% |
>
> (来源:《中国新能源汽车产业发展及空间布局研究》)

教师：东北地区的新能源汽车生产基地数量远远小于传统汽车，其原因是什么？

教师：新能源汽车的主要产地与主要销地是否一致？请说明原因？

教师：影响不同城市的居民选择燃油汽车还是电动汽车的主要因素有哪些？

（2）建立汽车动力类型选择模型。

学生根据影响选择汽车动力类型的因素，讨论不同情形下的决策依据，以思维导图的形式建立汽车动力类型选择模型，完成"汽车动力类型选择模型"记录表。

表 5-9 "汽车动力类型选择模型"记录表

班级：	姓名：	小组成员：

影响选择汽车动力类型的因素

汽车动力类型选择模型

3. 汇报、展示汽车动力类型选择模型

各小组汇报、展示汽车动力类型选择模型，可利用实物投影仪展示汽车动力类型选择模型或放映 PPT，教师和所有小组的组长在学生的"汽车动力类型选择模型"展示评价表上打分，作为本次活动的评价。

学生从"影响因素是否考虑完整、决策依据是否科学合理、选择模型是否逻辑清晰、语言表述是否流畅准确"四个维度开展评价，每个维度分为 15 分、20 分、25 分三档，总分为 100 分。

表 5-10 "汽车动力类型选择模型"展示评价表

序号	组长姓名	影响因素是否考虑完整			决策依据是否科学合理			选择模型是否逻辑清晰			语言表述是否流畅准确			总分
1		15	20	25	15	20	25	15	20	25	15	20	25	
2		15	20	25	15	20	25	15	20	25	15	20	25	
3		15	20	25	15	20	25	15	20	25	15	20	25	
……		15	20	25	15	20	25	15	20	25	15	20	25	

4. 给我国新能源汽车的发展提出建议

结合下列资料和本单元所学的内容,学生进行小组讨论,给我国新能源汽车的发展提出建议,并交流分享。

> 对于一线城市来讲,政策的主要着力点应放在如何引导汽油车主主动更换为新能源汽车;并依据出行需求,优化交通豁免政策,实现精细化交通管理。对于二线城市来讲,重点在于营造消费环境,加大宣传及市场开放力度,减少消费顾虑,刺激消费欲望;并依据本地实际情况,大胆创新,从出行、充电各方面制定符合实际情况的推广激励政策。
>
> 对于整车厂商来讲,应注重加速充电技术的突破,减少充电等待时间;加强产品质量的管控,从产品质量、配置、配饰、做工等各方面提升新能源汽车的品质;持续提升新能源汽车纯电续驶里程。
>
> (来源:《2017年中国六城市新能源汽车消费者调查》)

5. 评价方案

活动结束后,教师收集各组的"汽车动力类型选择模型"展示评价表。每个小组的成绩评定如下,教师赋予的分数占50%权重,各组长赋予的分数平均后占50%权重,二者相加作为本次活动的成绩。

后 记

以社会性科学议题学习促学生发展的实践与反思

培养什么人,是教育的首要问题。在深化素质教育的进程中,广大中小学也在不断地探索五育并举、全面发展学生的育人培养体系。社会性科学议题学习(Socio-scientific Issues Learning,SSI-L)这一项目于2020年3月一经公布,得到诸多志同道合学校的积极响应。经专家评审、在线访谈与调研,项目组选定了首批合作校36所,以及北京、浙江、山东、山西四个项目区域基地。经2020年8月的专题研修,首批合作校于2020年秋季开始SSI-L项目校本研究与课堂实施工作。2021年9月,又有一批合作校陆续申请加盟,包括来自北京市海淀区教育科学研究院组织的群体课题学校,现首轮SSI-L项目试点合作校有64所。回顾与反思这一年多的项目团队实践历程,笔者在此汇报以SSI-L助力中小学贯彻立德树人教育目标、提升学生素养的初步成效,以及有待于突破的困境与下一步的工作设想,供批评指正。

回顾:SSI-L项目实施初步成效

由于SSI具有社会性、科学性、伦理性以及开放性等特点,围绕由科技应用而引发的SSI来组织学生开展自主、合作、探究真实复杂问题的学习,能发展学生的伦理和责任意识、有助于学生理解跨学科概念与重要学科概念、提高学生的科学思维与实践能力等,从而促进学生在知识、能力与情感态度价值观方面的整体性发展。因此,SSI-L是当今国际教育探索培养学生面向21世纪、提升可持续发展意识与能力的新趋向。基于我国本土基础教育改革现状,在我国中小学开展SSI-L项目研究,旨在帮助学校提升教师实施素质教育的水平与能力,突破知识为本的教学,全面发展学生素养。

加盟项目的合作校在深化素质教育、提升育人质量方面均有一定的设想与抱负,并具备一定的实践探索经验,这是项目实施一年多能取得初步成效的关键基础。在项目团队的通力合作之下,项目实施在以下三个方面彰显初步成效。

1. 以全国、区域、校本三级联动模式构建教师行动研究共同体

任何教育目标,最终都经由教师的教学落实在学生身上。教师是提升教育质量的主力军。SSI-L 项目的根本目标在于促进学生发展,但工作重心在于通过提升教师的立德树人能力来促进学生发展。因此,合作校组建跨学科教师团队,教师通过合作开展 SSI-L 项目校本行动研究。同一省域以及位置邻近的合作校组建区域联盟,加入区域教研力量,合作校之间定期开展 SSI-L 活动设计与课堂实施的交流研讨。全国分设小学、初中、高中三大年段组,每周定期在线集体备课、交流研讨。全国每月还定期推出在线专题沙龙活动,剖析教师在研究中遇到的疑难问题,给予专业支持。

这三级教师共同体以教师的学习为中心。全国分年段在线集体备课,是"催化"教师作为研究者的一种方式。在线活动中,各校教师选派代表轮流发言,谈学校议题的选定、活动设计以及实施方面的设想与问题;然后各校教师围绕每一个发言内容进行提问与点评,共聚智慧,协同创新。以教师的校本研究为基础,学科指导专家团队作为教师研究的"同行者",在各类活动中与教师开展对话与交流,给予专业支持。区域以及全国的专题研讨会议,也是助推教师成为研究者的一种方式。研讨会议对外开放,学校团队一起商议公开课的结构、内容与方式;在会议上授课后,与参会者一起评课议课。另外,教师在研讨会上的报告,要求是有主题的报告,而非教学设计或案例,以进一步反思与整理自己在项目研究过程中的体验与认识。组织与引领教师撰写案例与文章,是催生研究型教师的另一种方式。

从各类活动中教师的发言与交流,以及正式发表的案例与文章来看,这三级共同体已是"有机"结构,具有生机与活力,滋养教师"教学即研究"的意识与能力,扶持教师朝向研究者、教育家的职业发展方向前进。

2. 联系社会热点问题构建跨学科融合学习情境,促进学生素养整体性发展

议题的选定是教师首遇的难题。教师需要研究社会热点问题,关注国家、地方的时事,并且要和不同学科的教师聚在一起,联系学科课程标准的内容与要求来设计议题的跨学科学习目标,即做好活动的顶层设计。在一年多的团队研究

探讨中,可以发现,选择议题设计活动的过程,就是一个转变教师观念、拓展教师视野的过程。教师不再只盯着教材与教辅、只关注纸笔测评来设计教学,而是探寻现实生活中对学生具有意义、富有情趣的内容,从而为学生提供联系实际、解决实际问题的学习机会。

在研讨中,我们鼓励教师富有深度与广度地挖掘议题的教育价值,牢记开展议题学习是为了促进学生发展,忌讳只为议题而进行议题学习;也约定 SSI-L 项目课程,既不能上成讲授课,也不能上成课外活动课,同时不能布置大量作业。经反复研讨与斟酌,大部分合作校都确立了议题,联系现实设计并组织学生开展富有成效的议题学习活动。例如,山东省威海世昌中学在推翻了转基因工程这个选题之后,着眼于威海市政府要进一步开发利用海洋资源的设想,选择"威海市要不要填海造陆""潮汐能的利用"等议题研发系列海洋主题活动,促进了学生对相关问题的科学认识与理解,提升了学生对家乡发展的了解,锻炼了学生主动合作探究的学习方式,加强了学生环境保护与可持续发展的观念。浙江省温州道尔顿小学以当地人喜食的大黄鱼为话题,引发学生研讨"在禁渔期,能否食用野生大黄鱼"这一议题,发展学生的道德推理能力;之后又设计并实施"减控海洋塑料垃圾"这一议题,有效地促进了学生科学认识、科学探究、伦理与责任等多维度素养发展。

3. 研究学生并基于学情来设计与实施社会性科学议题学习活动

基于学生已知开展教学,是一条非常重要的教学原则。教师在设计 SSI-L 活动时,一方面要着眼社会、联系现实,眼光放大放远;另一方面要联系学生的现实生活与已有认知水平,眼光要聚集,要以小见大地设置学生学习的起点。所以,研究学生、理解学生,从学生视角来确定议题的学习价值与可探究性,是确保活动具有可行性的关键。关联学生生活来切入议题学习,也是触发学生学习动机的要点。

在议题学习研发过程中,教师之间的研讨,尤其是不同年段之间教师的交流,能促进教师反思自己是否基于学情来设计活动。例如,小学、初中、高中都有学校选择"新冠疫情"或者"垃圾分类与处理"这两类议题来设计活动。相互之间观摩交流之后,小学教师体会到应多从识别现象与良好习惯养成角度来让小学生探究这两类议题,初中教师认识到应让初中生多联系科学概念、科学原理来探究疫情防控、垃圾分类处理的道理,高中教师了解到应让高中生拓展微观与宏观的视角,探究其原理与规律。由此,教师之间会逐渐增加关于学情的研讨,如"这个内容是否对学生来说太难了?""学生对这个活动的已知是什么?""学生生活中常见的相关现象是什么?"

关注学情、研究学生、理解学生,是教师有效教学、发展学生的基本前提。在了解学生的基础上,一些合作校在设计活动时,还采用了角色扮演、小制作、辩论赛等多种学习方式,有效激发了学生主动合作探究的兴趣。

反思:SSI-L项目有待于突破的困境

在一年多的SSI-L项目实践研究过程中,也发现诸多挑战与困难。当下亟待突破的关键问题,可概括为以下三个。

1. 如何超越考试评价、促进学生更高更好更长远地发展

以发展学生为宗旨的SSI-L项目,应该助力于学生考试成绩的提高。避免项目活动与考试评价相悖,关键在于准确定位实施项目是为了辅佐国家课程标准的实施。国家课程是学校育人的"主食",好比一日三餐的正餐;而SSI-L项目是学校育人的"辅食",好比三餐之间的点心。由此,学校选定议题之后,一定要关联议题涉及的相关学科课程标准来设计学习目标与活动内容,使得SSI-L为学生提供拓展运用学科所学内容的优质机会,而不是增加学生的学业负担。因此,我们要求合作校团队成员由多学科教师组成,并且要求教师将自己在项目研究中所提升的认识与能力运用于提升自己的学科教学质量。

这一问题,也涉及学校如何对待教研与科研的关系。若将二者分离,则不仅增加学生的学业负担,还增加了教师的工作负担。学校是贯彻落实国家课程标准、系统培养学生素养的场所,学科课堂教学是学校育人的主阵地。高质量地打造这个主阵地,是提升教育质量、落实"双减"政策的正道。学校的各类教研与科研,都应致力于提升教师课堂教学水平与能力,从而通过提升师资水平来提升育人质量。帮助教师关联学科课程标准来创设跨学科融合学习情境,是SSI-L项目促进师生发展的持续重点工作。

2. 如何提高科学思维与实践的教学质量

科学思维与实践能力是人类在当今高新科技时代应具备的核心能力,是学生面对未来的核心竞争力。在协商SSI解决方案的过程中,学生需要进行科学

推理与论证、运用模型进行解释、设计实验来假设检验等科学思维与实践活动。因此,SSI-L项目是发展学生科学思维与实践能力的良好载体。

但是,目前教师普遍熟悉的是提出问题、作出假设、设计与实施实验、分析数据推出结论这一科学探究流程。对于学生而言,知道科学探究流程,并不意味着能进行探究。从科学思维视角与科学实践特性来界定的科学推理、科学论证、科学建模等,涉及探究能力本质,学生能从中锻炼探究能力,而不是熟悉流程。因此,发展教师理解科学推理、科学论证、科学建模等的涵义及其教学模式,能运用科学思维与实践来组织学生开展SSI-L,是亟须突破的工作重点。

3. 如何以嵌入活动之中的发展性评价来促学生发展

SSI-L项目要求教师以有意义、有趣的议题驱动学生学习。教师不仅要围绕议题设计系列驱动性问题,以问题情境发动学生学习;还要以评价的视角来设计活动,使得学生能自我监控探究进程,教师能及时掌握学生的学习情况,从而通过评价来促进学生学习。

评价一直是教育改革的瓶颈问题。在SSI-L项目中,教师不仅要提升诊断学生学习的能力,还要转化评价值取向、变革评价方式,以匹配测评项目目标。例如,制订评价指标时,需要关注学习是否提高学生对科学探究的兴趣、反思性判断能力、对科学本质的理解、道德敏感性和同情心、迁移概念和观点能力、道德推理能力以及可持续发展意识等。在评价方式上,除了纸笔测评,还可有书面论证报告、给相关部门的建议书、辩论赛、微视频、戏剧表演等多种方式。这些评价要求都有待于教师提升评价能力,落实于SSI-L设计与实施之中。

展望:SSI-L项目下一步计划

下一步的工作重心在于巩固初步成效,突破难点,助推学校在项目研究与立德树人方面的新进展。在团队建设上,拟建全国小学、初中、高中合作校联盟,进一步发挥校长、学校在项目行动共同体中的主观能动性,为教师发展提供更优质、更便捷的合作平台。在项目研究上,从关注活动的顶层设计逐步转向关注课堂教学,重点发展教师设计与实施科学思维与实践的教学能力、小组合作主动探究的组织策略等。在专题研修上,将以评价为重点开展系列研修活动,包括试题研制、数据分析、报告撰写等内容,以提升教师评价的基本功。

我们期盼通过继续的团队协同合作,SSI-L项目能进一步促进教师育人观念与育人行为的变革;学校能够彰显办学特色,促进学生素养以及办学质量的提升;希望各校能够协同合作打造立德树人区域模式。最终,SSI-L项目能孕育一批可借鉴、可推广的素质教育优质资源、评价工具包,以及校本与区域应用模式与策略,助推立德树人教育根本目标的达成。

林 静
2021 年 12 月 9 日